公共安全天空地大数据技术丛书

空天地大数据公共安全事件预测建模技术

马国锐　石　岩　眭海刚　刘译璟　李文波 著

科学出版社
北　京

内 容 简 介

公共安全事件突发性强，社会负面影响大，其内在关系复杂、征候性特征强，公共安全事件预知预测预警预防，具有重要的社会意义。本书系统介绍利用空天地大数据挖掘公共安全事件的指征，进行公共安全事件的演化预测和风险分析，主要内容包括公共安全事件空天地大数据、公共安全事件表达与识别、个体异常行为认知理解、个体时空位置演化预测、群体事件认知理解、群体事件演化预测、区域场景异常分析与风险评估。

本书可供从事基于大数据进行公共安全事件挖掘的研究人员和工程实践人员，以及高等学校相关专业的师生参考。

图书在版编目（CIP）数据

空天地大数据公共安全事件预测建模技术/马国锐等著. —北京：科学出版社，2022.8
（公共安全天空地大数据技术丛书）
ISBN 978-7-03-072112-9

Ⅰ.①空…　Ⅱ.①马…　Ⅲ.①公共安全-安全管理-系统建模-研究
Ⅳ.①D035.29

中国版本图书馆 CIP 数据核字（2022）第 068410 号

责任编辑：杨光华/责任校对：高　嵘
责任印制：张　伟/封面设计：苏　波

科学出版社 出版
北京东黄城根北街 16 号
邮政编码：100717
http://www.sciencep.com
北京凌奇印刷有限责任公司印刷
科学出版社发行　各地新华书店经销
*
开本：787×1092　1/16
2022 年 8 月第　一　版　　印张：11 1/4
2025 年 7 月第三次印刷　　字数：270 000
定价：98.00 元
（如有印装质量问题，我社负责调换）

“公共安全天空地大数据技术丛书”序

社会公共安全是影响社会稳定和长治久安的重要因素，是我国社会可持续发展和群众安居乐业的重要保障。经过长期发展，我国社会公共安全面貌已经得到大幅提升，但是某些典型事件的发生，特别是突发公共安全事件的发生，可能严重危及社会安全，需要采取预警和应急处置措施来应对治安管理、事故灾难、公共卫生等各类社会安全事件。公共安全事件往往具有突发性强、事物内在关系关联复杂、社会负面影响大、发生前具有征候性等特点，一直是政府管理和学术研究关注的重点内容。对于公共安全事件内在发展的机制探寻，是一个多领域、多部门、多学科融合发展的课题。

要推动这一目标的实现，必须采取多方协同的方式推进。随着我国推进“一带一路”空间信息走廊建设，以及加强“军民资源共享和协同创新”政策的提出，综合利用多源观测手段，以军警民紧密协同合作的形式，提升我国公共安全事件响应与处理能力业已成为国家重大需求。综合利用军警民天空地多源异构观测大数据，完成对公共安全事件的智能感知与理解，提升公共安全事件预测预警能力，符合国家大数据和军民融合战略，是社会公共安全事件管理的重大需求。

本丛书面向社会公共安全事件理解中的重大问题开展深入阐述，从军警民融合、全天候目标感知、公共安全事件理解预测、服务平台 4 个层面规范和指导公共安全事件的感知理解和预警预测服务。天空地技术的融合，依赖于天空地海量多源异构数据汇聚与关联架构，实现跨时空、多尺度、多粒度的多源异构天空地观测数据的采集、汇聚与关联；通过有效融合多源异构观测数据，深度挖掘观测数据中的敏感语义信息，实现公共安全事件的演化预测；建立具有“跨网协同”“跨系统协同”“跨领域协同”能力的公共安全事件智能感知和理解系统，构建军警民深度融合机制并验证系统实战能力。

本套丛书内容是项目组多年研究成果的总结，具有很高的学术价值和技术引领作用。在社会发展转型的关键阶段出版本套丛书，加强了社会公共安全防范领域的理论和技术基础，有助于提升我国在反恐、治安管控等领域的全天候监测与预警能力，促进我国天空地大数据应用体系的完善，推动天空地大数据的市场应用。

希望本套丛书的读者共同思考和探讨社会公共安全的发展问题，通过推动军警民数据融合、技术发展和应用生态建立，促进军警民天空地一体化大数据的突破和广泛应用，有效提升业务感知与决策能力、智能化响应和处置能力。希望我国公共安全事业与本套丛书同步发展，不断探索核心关键技术，促进军警民天空地自主融合创新走上新的台阶，为“两个一百年”奋斗目标而不断努力奋进。

樊邦奎

中国工程院院士

2022 年 8 月

前　　言

典型的公共安全事件，诸如恐怖袭击事件、刑事案件、群体性事件和安全事故，发生具有偶然不确定性，造成或者可能造成严重的社会危害。公共安全事件预测预警技术对维护社会治安稳定、保障人民生命和财产安全、降低公共安全事件带来的社会经济损失、提高人民群众安全感和满意度等具有重要的社会经济价值。

公共安全事件内在关系及演化关系非常复杂，难以确定事件发生的因果关系，目前对其认知具有不确定性，但公共安全事件具有一定的征候性，可以通过寻找相关关系找到事件发生的指征。将大数据用于公共安全预测预警是目前比较新的研究领域，国内在这方面的研究目前大多是在宏观层面进行一些理论分析，尚处于起步阶段，特别是结合空天地大数据多源信息融合进行公共安全预测预警缺乏理论指导和技术支撑，核心难点在于离散的空天地大数据如何支持区域场景突发事件连续的态势构建、动态演化与风险预测。

本书以空天地一体化大数据为基础，顾及公共安全事件类型的差异性与场景的双重依赖性，建立公共安全事件表达与识别理论与方法，发展场景依赖下的个体行为、群体事件及区域场景的异常理解与风险分析技术，构建公共安全事件的认知预测模型、演化预测模型和风险分析模型。认知预测模型认为人员/车辆/群体等对象或区域环境的运动、变化满足一定规律、具有一定的指征情况下，可定性事件发生；演化预测模型对人员/车辆/群体运动特征的时空位置、数量进行概率计算，推演事件发生的走向；风险分析模型通过分析区域环境中的风险因子，利用风险因子和事件既往发生的时空分布，评估某区域内发生公共安全事件的相对概率分布。本书为解决基于空天地大数据公共安全事件演化预测提供了理论指导，为该领域工程实践提供了技术解决途径。

本书由马国锐、石岩、眭海刚、刘译璟和李文波共同撰写，由马国锐统稿并校阅全书。作者及其课题组的成员包括博士生张海明、吴娇、陈袁芳、苏萌、苏海波、常一帆，以及硕士生徐亮、高体伟、孙晓晴等，他们都为本书的研究工作付出了很多心血。本书能得以顺利完成，特别要感谢樊邦奎院士和公安部第三研究所的齐力研究员，他们对本书的内容提出了许多宝贵的意见。本书的研究内容得到国家重点研发计划项目（项目编号：2018YFB10046）和中国地质调查局地质调查项目（项目编号：DD20191016）的资助和大力支持，在此一并表示衷心的感谢。

鉴于作者水平有限，书中难免存在不足之处，恳请读者不吝批评指正。

作　者

2022 年 2 月

目　录

第 1 章　绪　　论

1.1　概　　述

1.1.1　公共安全事件类型

公共安全是指多数人的生命、健康和公私财产的安全。公共安全事件是指突然发生，造成或者可能造成严重社会危害，需要采取应急处置措施予以应对的自然灾害、事故灾难、公共卫生事件和社会安全事件。自然灾害主要包括水旱灾害、气象灾害、地震灾害、地质灾害、海洋灾害、生物灾害和森林草原火灾等。事故灾难主要包括工矿商贸等企业的各类安全事故、交通运输事故、公共设施和设备事故、环境污染和生态破坏事件等。公共卫生事件主要包括传染病疫情、群体性不明原因疾病、食品安全和职业危害、动物疫情，以及其他严重影响公众健康和生命安全的事件。社会安全事件主要包括恐怖袭击事件、经济安全事件和涉外突发事件等。各类突发公共安全事件按照其性质、严重程度、可控性和影响范围等因素，一般分为四级：I 级（特别重大）、II 级（重大）、III 级（较大）和 IV 级（一般）。

世界范围内的公共安全事件频发，例如，2020 年 8 月 4 日下午 6 时左右，在黎巴嫩首都贝鲁特港口区发生巨大爆炸，爆炸接连发生两次，导致多栋房屋受损，玻璃被震碎，天上升起红色烟雾。专家指出，引发这场事故的“元凶”——2 750 t 硝酸铵，爆炸所产生的威力相当于引爆 1 650 t 烈性炸药[2, 4, 6-trinitrotoluene（TNT），2, 4, 6-三硝基甲苯]，所引发的地震波相当于 3.3 级地震，威力巨大。起先是一股浓烟向天上弥漫，随后浓烟当中出现零星的爆炸火光，大约 5 s 后，巨大的火龙冲天而起，夹杂着小型爆炸的冲击波在 1 s 内席卷了视线内可见的建筑物。外围的白色烟尘率先向外扩散，火红色的蘑菇云紧随其后。爆炸导致贝鲁特多个街区严重受损，到处可见破损的建筑物和散落的玻璃碎片。图 1.1 为黎巴嫩首都贝鲁特港口区发生爆炸前后照片。

2010 年 11 月 22 日是柬埔寨传统节日“送水节”的最后一天。清早，在刚开张的商业区钻石岛上，人们张灯结彩，准备着盛大的音乐会，全国各地约 300 万人涌进了首都金边，但没人想到会以惨剧结束，踩踏事件造成 399 人死亡、735 人受伤。

1.1.2　公共安全事件研究意义

公共安全事件的发生往往相对复杂，它是在众多因素的推动下逐渐演化发生的，各因素之间相互影响、关系复杂，并且其在时间上表现出一定的突发性，前阶段表现出较

（a）爆炸前　　（b）爆炸后

图 1.1　黎巴嫩首都贝鲁特港口区发生爆炸前后照片

强的“潜伏性”，这也在一定程度上为开展公共安全事件的预测增加了难度。因此，为了有效应对突发性的公共安全事件，及时制订应急预警预案，对公共安全事件的发生机制及时空演化特征需要提前做到深入了解。

对突发事件中的个体行为和群体事件进行理解、建模和演化预测一直是全球关注的热点和难点。美国是第一个将数据用于紧急预防研究的国家。1931 年，美国著名安全工程师海因里希（Heinrich）在他的《一个科学的方法》一书中，通过分析 55 万起公共安全事件的概率，提出了著名的“海因里希法则”（游鹏飞 等，2008）。这是第一个使用大数据样本统计分析安全事件发生并实施隐患预测的用例。美国国家科学基金于 2005 年开始资助“人类与社会动态（human and social dynamics）”项目，该项目致力于利用计算技术理解人类及社会行为变化（胡潇，2016）。马里兰大学利用中东地区 118 个极端组织的历史行为数据（包括各种暴力袭击行为）及相关社会文化背景因素和机器学习方法，对中东的恐怖行为进行预测分析（李希若，2016）。目前，国内外研究人员采用空间数据挖掘、神经网络、模糊聚类等方法对犯罪热点时空的分布模式、成因、时空转移及预测等方面进行研究，并取得了良好的研究效果。

随着科学技术的发展，利用大数据和人工智能进行突发公共安全事件的预测正在变成现实。例如，谷歌（Google）公司通过分析搜索指令准确地预测了 2009 年甲型 H1N1 流感的爆发，比美国疾病控制与预防中心（Centers for Disease Control and Prevention，CDC）依靠传统方法的预测提前了两周。美国政府在国家安全战略中引入大数据技术，对恐怖主义活动、黑客攻击、公共卫生事件、舆情危机等进行监测和预警。美国在“9·11”事件后建立的禁飞系统，能够预测搭乘飞机的旅客是否有发动恐怖袭击的可能性。在洛杉矶，大数据系统每天会提供给警员一幅犯罪热点地图。但受限于事物本身的复杂性和不确定性及认知模型的限制，目前大数据分析出错的事例屡见不鲜，美国禁飞系统从

2003～2006 年至少发生过 5000 次将无辜者识别为恐怖分子，因此大数据在公共安全方面真正要实现预测预警任道重远。

国内方面，我国通过金盾工程、公安大数据分析、高分公安遥感应用等各自取得了相当大的成果，但总体上使用大数据技术还处于探索阶段，真正发挥大数据强大功能的实际应用案例还不多；数据孤岛问题突出，大数据预测技术亟待提高，通过空天地一体化，利用新型机器学习方法，变被动处置为主动预测是未来的发展趋势。在大数据时代，由于个体的各种行为都可以被数据化，通过大数据技术分析突发公共安全事件中个体行为模式构筑了突发事件管理的基础，通过分析大量个体的言论和行为从而预测群体性事件发生的可能性。在大数据环境下，利用新一代人工智能技术（深度学习、强化学习、迁移学习等）研究智能化的突发公共安全事件的个体行为和群体理解与预测是公共安全领域必须解决的问题之一。

1.2 国内外研究现状与发展趋势

1.2.1 国内外研究现状

1. 公共安全事件表达与识别

公共安全事件表达与识别是事件表达的一部分。事件是客观世界的活动，是指在某个特定的时间和环境下发生的，由若干角色参与，表现出若干动作特征的事情。如何将公共安全事件特征进行抽取、理解和存储，使其表达成计算机可以接受的用于描述知识的数据结构，一直是人工智能领域中知识表示的研究方向和热点。知识表示研究客观世界知识的建模，以方便机器识别和理解，既要考虑知识的表示与存储，又要考虑知识的使用和计算（焦李成 等，2016）。

知识的表征可分为符号主义和联结主义。符号主义的基础是纽威尔（Newell）和西蒙（Simon）提出的物理符号系统假说，他们认为人类认知和思维的基本单位是符号，认知过程是对符号表征的操作。联结主义认为，人类的认知是由具有一定活动价值的相互连接的神经单元组成的网络的整体活动。知识信息并不存在于某个特定点，而是存在于神经网络的连接或权重中（苏丽 等，2022）。

总的来说，公共安全事件知识表示的方法可以概括为基于符号逻辑的知识表示、面向互联网的知识表示和基于知识图谱的知识表示等。

1）基于符号逻辑的知识表示

基于符号逻辑进行知识表示和推理，主要包括谓词逻辑表示法（如一阶逻辑、描述逻辑）、产生式表示法和框架表示法等。

（1）谓词逻辑表示法。谓词逻辑表示法建立在形式逻辑的基础上，它是指各种基于形式逻辑（ormalogic）的知识表示方式，用逻辑公式描述对象、性质、状况和关系。使用谓词逻辑法表示知识，将以自然语言描述的知识通过引入谓词、函数来加以形式描述，得到有关的逻辑公式，而以机器内部代码表示。在谓词逻辑表示法下可采用归结法或其他方法进行准确的推理。谓词逻辑表示法的优点包括两个方面。①对如何由简单说明构造复杂事物的方法有明确、统一的规定，且有效地分离了知识和处理知识的程序，结构清晰。②一阶谓词逻辑具有完备的逻辑推理算法；逻辑推理可以保证知识库中新旧知识在逻辑上的一致性和演绎所得结论的正确性；逻辑推理作为一种形式推理方法，不依赖于任何具体领域，具有较大的通用性。同时，谓词逻辑表示法具有三个方面的缺点：①难于表示过程和启发式知识；②由于是弱证明过程，当事实的数目增大时，证明过程中可能产生组合爆炸；③表示的内容与推理过程的分离，推理按形式逻辑进行，内容所包含的大量信息被抛弃，这样使得处理过程加长、工作效率低。

（2）产生式表示法（焦李成 等，2016）。产生式表示法是常用的知识表示方式之一，它是依据人类大脑记忆模式中各种知识之间大量存在的因果关系，以“IF-THEN”的形式、产生式规则表示出来。这种形式的规则捕获了人类求解问题的行为特征，通过认识-行动的循环过程求解问题。产生式表示法具有非常明显的优点。①自然性好。产生式表示法用“IF-THEN”的形式表示知识，这种表示形式与人类的判断性知识基本一致，直观，自然，便于推理。②把对求解问题有意义的各种启发式知识引入系统。③表示的格式固定，形式单一，规则间相互独立，整个过程只是前件匹配，后件动作，匹配一般无递归，没有复杂的计算。④由于规则库中的知识具有相同的格式，规则可以被统一处理。⑤模块性好，产生式规则是规则中最基本的知识单元，各规则之间只能通过全局数据库发生联系，不能互相调用，增加了规则的模块性，有利于对知识的增加、删除和修改。⑥既可以表示确定的知识单元，又可以表示不确定的知识单元；既有利于表示启发式知识，又可方便地表示过程性知识；既可以表示领域知识，又可以表示元知识。但是，产生式表示法也存在缺点：①推理效率低下，由于规则库中的知识都有统一格式，并且规则之间的联系必须以全局数据库为媒介，推理过程是一种反复进行的“匹配—冲突消除—执行”的过程，而且随着规则数量的增加，效率低的缺点会越来越突出，甚至会出现组合爆炸问题；②数据库中存放的是一条条相互独立的规则，相互之间的关系很难通过直观的方式查看；③灵活性差，产生式表示的知识有一定的格式，规则之间不能直接调用，因此较难表示那些具有结构关系或层次关系的知识，也不能提供灵活的解释。

（3）框架表示法。框架表示法的最大特点是有利于表达结构性知识，能够表达知识的内部结构关系和知识之间的特殊关系，能够将某个实体或集合的相关特征集合在一起。框架表示法具有的优点：①框架结构表达能力强，层次结构丰富，提供了一种高效的知识组织方式，只要对某些细节进行更详细的描述，就可以扩展到其他框架；②过去获得的知识可以用来预测未来。框架表示法存在的不足：①缺乏形式化理论，没有明确的推理机制来保证问题解决的可行性和推理过程的严谨性；②由于很多实际情况和原型差异较大，该方法适应性不强；③如果框架系统各个子帧的数据结构不一致，会影响整个系统的清晰度，造成推理困难。

总的来说，基于符号逻辑的知识表示技术虽然可以很好地描述逻辑推理，但是机器生成推理规则的能力很弱，往往需要大量的人力，而且传统方法对数据的质量要求较高。因此，在大数据时代，基于符号逻辑的方法已经不能很好地解决知识表示的问题。

2）面向互联网的知识表示

随着互联网的发展，Berners-Lee 等（2008）提出了基于语义网的知识表示的想法。在语义网中，网络内容具有精确的含义，可以很容易地被计算机理解、获取和整合。互联网信息的描述主要包括基于可扩展标记语言（extensible markup language，XML）标签的半结构化标记语言、资源描述框架（resource description framework，RDF）、基于描述逻辑的 Web 本体语言（Web notology language based on description logic）等。可扩展标记语言通过标记内容促进数据交换；资源描述框架通过三元组（主语、谓语和宾语）来描述互联网资源之间的语义关系；基于描述逻辑的 Web 本体语言建立在资源描述框架之上，是一种表达和解释能力更强的语言。这些技术可以在万维网上表示机器理解和处理的语义信息，目前工业上大规模应用的是基于资源描述框架三元组的表示方法。在面向互联网的知识表示中，语义网络和基于本体的知识表示是重要的基础。

（1）语义网络知识表示法。语义网络知识表示法是一种坚实而灵活的知识表示方法。语义网络使用由节点和标记边组成的有向图来描述事件、概念、条件、动作和对象之间的关系。标记的有向图可以很自然地描述对象之间的关系。语义网络具有的优点：①以清晰简洁的方式表达节点之间的联系，是一种直观的知识表示方法；②强调事物之间的语义联系，反映人类思维的关联过程，符合习惯表达事物之间的关系，因此更容易将自然语言转换为语义网络；③它有广泛和强大的表达能力，几乎所有可以用其他表达形式表达的知识，都可以用语义网络知识表示法表达；④明确表达事物的属性和事物之间的各种语义联系，是知识的结构化表示。语义网络表示法存在的缺陷：①推理规则不是很清晰，不能充分保证网络操作推理的严谨性和有效性；②一旦节点数量过多，网络结构复杂，推理难以推进；③表达判断性知识和深入知识并不容易。

（2）基于本体的知识表示方法。基于本体的知识表示方法是对领域实体存在本质的抽象。它强调实体之间的关联，并通过知识表示的各种要素来表达和反映这些关联。这些知识表示元素也称为元本体，主要包括 6 个方面。①概念：表示领域知识元素，包括一般概念及任务、功能、策略、行为、过程等。概念一般是用类来定义的，它们一般具有一定的层次分类关系。②描述一个概念的性质，是一个概念区别于其他概念的特征。③关系：表示概念之间的关联。④Function：表示特殊关系。⑤公理：表示永恒真理的形式，因为属性、关系和函数都有一定的关联和约束，这些约束就是公理。⑥Instance：表示属于某个概念类的特定实体。本体知识的每一个表示元素也可以看作一个知识，每一个知识都包含文件的名称、定义和描述。

3）基于知识图谱的知识表示

随着大数据、人工智能技术的发展，知识表示的研究逐步发展到基于知识图谱（knowledge graph，KG）的知识表示。目前，知识图谱并没有一个标准的定义，比较认同的观点是：知识图谱是由一些相互连接的实体和它们的属性构成的。换句话说，知识图谱是由一条条知识组成，每条知识表示为一个主语-谓语-宾语 （subject-predicate-object，SPO）三元组。基于知识图谱的知识表示与早期的语义网络知识表示具有一定的相似性。语义网络由相互连接的节点和边组成，节点表示概念或者对象，边表示它们之间的关系。

在表现形式上，语义网络和知识图谱相似，但语义网络更侧重于描述概念与概念之间的关系，而知识图谱则更偏重于描述实体之间的关联。知识图谱旨在通过描述客观世界的概念、实体、事件及其关系来表达事物，其中概念是人类认知世界过程中形成的对客观事物的概念表示，如人、组织机构等；实体是客观事件中具体事物，事件是客观世界的活动，如公共安全事件等；关系是描述概念、实体、事件之间的关系。

基于知识图谱的知识表示中，以深度学习为代表的表示学习研究已成为研究热点。学习知识表示就是学习如何表示知识库中的实体和关系。学习知识表示可以高效计算低维空间中实体和关系的语义联系，有效解决数据稀缺问题，实现知识绩效、习得、融合、推理等相关能力的提升。

知识表示学习的目标是通过机器学习或深度学习，将研究对象的语义信息表达为密集、低维、实值的向量。不同粒度知识单元的隐式向量化表示，支持大数据环境下知识的快速计算，主要包括张量重建和势能函数法。张量重建整合了整个知识库的信息，但是在大数据环境下，张量维数非常高，重建计算量比较大。势能函数法认为关系是头实体到尾实体的平移变换，2013 年 Bordes 等提出的 TransE 模型是平移模型的代表，之后人们对 TransE 的扩展和应用做了很多工作，比如优化向量化表示模型，结合文本等外部信息，应用逻辑推理规则，通过学习表达更复杂的关系来增强表示的效果。与传统方法相比，学习知识表示的方法可以显著提高计算效率，有效减少数据稀缺性，促进不同来源异构信息的融合。

2. 个体行为理解与预测

进入 21 世纪以来，恐怖活动也表现出了一些新特征，比如目标更加广泛、目的极具政治性，以及组织非常严密等，这给维护公共安全提出了挑战。目前一些研究人员已经深刻意识到维护公共安全的必要性，正致力于该方面的研究。

对于个体行为理解，可以通过仿真邮件系统挖掘异常通信行为（刘威 等，2007）、个人特征数据维度进行分析（陈鹏 等，2018）、使用算法模型对恐怖事件进行预测（战兵 等，2015）。

1）基于个性特征仿真邮件分析系统的犯罪网络核心挖掘

目前恐怖、犯罪分子为了躲避执法机关监听，普遍会利用电子邮件传达命令或进行信息收集，传统的邮件数据挖掘并不能够基于犯罪心理学知识分析恐怖组织成员特征与通信行为之间的内在联系，亟须开发智能化工具对犯罪网络进行分析。个性特征仿真邮件分析系统主要包含以下内容。

（1）对数据信息的处理。①信息获取及过滤包括数据清理，数据提取、转换和装载（extract-transform-load，ETL）及过滤。数据清理和过滤阶段，噪声和不一致数据经过数据提取、转换与装载，将邮件数据装载到数据仓库中。②数据挖掘与知识发现包括参数设置、社会网络生成器、时间序列预测器、异常通信行为检测器及数据挖掘工具等功能模块。

用户的行为特征可以通过社会网络生成器、时间序列预测器、异常通信行为检测器获取并可以对异常事件进行报警处理。通过系统提供的数据挖掘工具可以挖掘用户感兴趣的邮件通信行为模式。

基于个性特征的仿真邮件分析系统由邮件客户端和个性特征模型两部分组成：邮件客户端属性包括邮件地址、邮件服务器名称、社会联系列表；个性特征模型由用户的个性特征维度及每一维对应的取值构成。

通过对犯罪心理学的研究和咨询犯罪心理学专家，将仿真邮件系统的个性特征模型用6个特征维描述，即乐群性、稳定性、兴奋性、有恒性、敏感性及独立性。每一个个性特征维用来刻画每个个体特殊层面的性格特征，揭示了内在的性格特征与其外在行为之间的联系。例如高乐群性的人比低乐群性的人表现得外向、热情、善于与人打交道、适应环境能力较强，但容易冲动。高稳定性的人比低稳定性的人表现得情绪稳定、具有更好的心理素质、能很好地面对现实。有恒性高的人做事持久、有恒心及责任感，相反，有恒性低的人表现为做事缺乏恒心和毅力。高敏感性主要表现为对周围事物敏感、易受周围人和事的影响。低敏感性的人做事理智、重事实，他们能够从客观的角度处理遇到的问题和困难。

（2）模拟邮件通信的正态分布算法。采用正态分布模型与仿真邮件系统设计器结合，计算每个邮件客户端收发邮件的时延，进而统计在一段时间内用户收发邮件的数量。该正态分布模型受邮件行为模式中个性特征维取值的约束。发送时延受乐群性和敏感性的约束；回复时延受稳定性、兴奋性和有恒性的约束。仿真邮件系统模拟邮件的发送时延和回复时延均符合正态分布规律。

计算发送和回复时延的时间间隔设置为一周，因为一般超过一周时间大多数用户都会对邮件的收发产生遗忘，对使用的正态分布模型进行改进，将每个用户个性特征维度的影响赋予不同的权重，而不仅仅利用外向度计算发送时延、利用责任度计算回复时延。

借助于个性特征的仿真邮件分析系统，通过改变个体的属性特征值，利用符合个性特征和情报属性的正态分布模拟收发邮件的情况，并将社会网络图和时序图相结合共同分析发掘异常的通信行为，该系统不仅能准确地模拟大量用户的通信行为，而且能准确地判断异常行为。

2）基于身份、行为和关系三个维度的个人特征数据分析

首先使用聚类算法来判断用户的行为是否存在异常点信息；其次使用决策树、支持向量机对身份数据进行分类学习从而得到涉恐主体的身份异常性结果；再次运用网络分析方法分析关注个体在关系网络中的地位、重要性，从而得到关系的异常性。综合分析个体三个维度的信息对目标识别取得比较好的结果。

身份特征数据包含生物特征，如性别、DNA、血型等；社会特征，如籍贯、民族、学历等；物理特征，如身份证号、驾驶证号、手机号等。行为特征数据包含交通轨迹数据、通信数据、物流寄递数据、治安违法数据等。关系特征数据是指行为伴随关系特征、社会族群关系。基于个人特征数据，对涉恐人员按照特征分类，组织成身份、行为、关系等多个特征数据集，然后从多维度进行分析，挖掘出异常身份、异常行为及异常关系。

3）事件类型归总三要素的划定

根据事件真实数据，将事件划分为恐怖主体、恐怖客体、恐怖手段和获取资源，并

将其归总为输入、状态和输出三种要素。

使用隐马尔可夫模型进行状态分析和贝叶斯网络参数的学习，分别在完备数据与不完备数据条件下对恐怖事件的预测算法进行分析，实验表明该预测模型能够对恐怖事件进行较好的概率预测。

4）基于本体、行为、多源数据的个人数据分析

个人数据主要是由本体数据、行为数据、多源数据组成，通过挖掘本体数据可以准确确定恐怖分子身份，并实现精准定位；分析行为数据，可以通过话单分析、轨迹追踪等形式对恐怖分子行为进行大数据监测，实时追踪掌握其运行轨迹；研判多源情报，从海量数据中挖掘个人数据，包括基于网络的开源数据、基于视频监控的数据、基于地理空间的数据，来对恐怖主义活动加以分析，达到预防和打击恐怖主义活动的作用。

此外还有学者使用洛杉矶警察局（Los Angeles Police Department，LAPD）的犯罪数据，将犯罪分子的特征划分成容易收集的基本特征和不容易收集的额外特征。针对这种情况提出了物理学引导的神经网络（physics-guided neural networks，PGNN）结构，分别在数据完备和数据缺失的情况下，对犯罪团伙和犯罪类型进行预判。实验表明，不论数据缺失与否，该算法取得的结果比逻辑回归（logistic regression，LR）、支持向量机、决策树（decision tree，DT）等其他算法结果的准确率都高。

基于动态的知识图谱深度学习框架将实体作为图谱的节点，事件作为联系实体的边，并从时序的事件中汲取知识动态，更新实体的向量表示，进而使用知识推理的技术预测事件的类型和发生时间。

3. 群体事件理解与预测

分析敏感地区群体的意图，及时发现公共安全事件并迅速做出反应，已成为国外公安系统亟待解决的问题。根据应用的不同，目前分析异常行为的方法分为两类。①从个体对象建模，即群体中一个或多个个体表现出的非群居行为。目标运动方向的方法提出后，使用主成分分析（principal component analysis，PCA）降维算法降维，再用一对多的支持向量机得到行为的分类。稀疏重构分析（sparse reconstruction analysis，SRA）方法收集给定视频场景中正常行为的轨迹，并从三次B样条曲线中提取控制点的特征，从而构建字典集法线。在集合中，最小的残留物用于识别和分类目标群体。②基于全局对象的建模，即组的整体表现异常。另外还有使用社会熵来衡量相关势场的不确定性，并直接使用支持向量机对群体行为进行识别和分类。在使用背景高斯混合模型的基础上，有学者提出了粒子熵的概念。通过计算光流和种群分布指数，确定动能能量，然后与阈值比较后进行异常行为检测的方法也被应用到实践中。

此外，特定场景下公共安全事件的分析也引起了越来越多研究者的关注，并取得了一定的成果。法国心理学家古斯塔夫·勒庞（Gustave Le Bon）率先研究了危险环境中的人群聚集行为和心理变化，提出了从众理论；还有学者对疏散过程中的人群恐慌和从众行为进行了模拟和研究，将著名的“社会力量”凸显出来；随后有学者提出了一个微观模拟模型，为过度拥挤的拥挤事故疏散提供了科学的基准和依据；有学者基于法国科学家的运动波理论，比较了交通运动与人群运动、人群运动周期和心理学之

间的相似性，并构建了连续的人流模型；另外，有学者提出使用移动技术和感知方法来监控和管理大型事件。

国外众多学者研究了群体事件的仿真与预警模型，其研究趋势逐渐从指标预警评估向群体特征模型研究发展。相关学者分别从不同角度开展群体事件预警模型研究，其方法主要包括宏观模型[如人群流动模型（Hughes，2002）]及微观模型[如社会力模型（Mehran et al.，2009）、元胞自动机模型（Wang et al.，2010）和磁场力模型]。

目前国内研究主要集中在群体事件事故机理、人群疏散、应急对策三方面。国内研究对公共场所群体异常行为的探测主要是通过对视频、影像进行信息提取和分析。根据视频中提取的特征分类，现有方法主要为根据运动特征识别群体意图。胡凤苓等（2015）使用 Lucas-Kanade 光流法提取运动特征（速度）、Gabor 小波变换提取纹理特征，颜色均值及颜色方差计算得到颜色特征，组合为 166 维的新特征，并用支持向量机进行训练，判断是否有群体异常事件（即人群聚集或踩踏事件、群架、恐怖袭击）及分类。侯北平等（2010）提出了一种利用多级神经网络进行运动目标实时分类的方法。

我国学术界根据特定国情，密切关注特定场景下的公共安全事件。对于公共场所的踩踏事件，在防控方面，有学者提出以现场人群密度作为预警分级指标，制订了与此级别对应的人群管理控制方案，提出了拥挤踩踏事故的防控对策。在事故机理方面，有学者基于风险等理论方法，构建了理论拥挤踩踏事故风险模型（4 个阶段），并分析了事件发生的原因；有学者提出使用 SimCrowd 实验模拟系统，模拟现场，分析事故原因（张青松 等，2008）；张青松等（2009）基于牛顿第二定律和“社会力”模型对区域内行人之间的力进行建模，引入“拥挤力”的思想，构建微观行人力仿真模型并结合移动代理服务（mobile agent server，MAS）技术进行仿真分析；还有专家采用灰色层次分析法、多层反向传播（back propagation，BP）神经网络安全评估方法、加权相关算法，对风险数据进行分析评估，为其他研究人员研究碰撞事故提供了评估方法。毛振军等（2010）分析了非法集会和集会的可能原因和风险，提出了制度、宣传、监控等应对政策。针对人群运动的能量特征，张兵（2016）根据人群运动的能量特征和人群快照的能量特征，分别提出了检测集会、游行等群体突发异常行为的方法。

4. 区域场景异常分析与风险评估

区域场景异常分析的可研究内容广泛，通常包括对场景中对象的识别、运动物体的追踪、人群行为分析、异常行为与语义的检测和预测。它所涉及的研究领域包含计算机视觉、图像分析处理、公共安全、人工智能与数据分析等。基于公共安全事件的发生会在其潜伏期表现为特定的规律性变化特征，通过对场景的多源监控数据进行学习和分析，总结并发现其中存在的特征，以此为基础构建场景异常事件的描述模型，最终实现对场景异常的分析和评估，在公共空间设计、智能环境及公共空间安全等方面有重要的意义。

在已有的区域异常分析研究中，影像数据是分析异常规律特征的重要基础。通常是以地面监控设备获取的视频影像和图片为主，目前的研究对视频中异常行为定义和检测已经相对成熟，但是地面监控数据存在时空范围的局限性问题。与视觉直观的视频数据相比，高光谱遥感数据凭借其特有的数据优势，即极高的光谱分辨率及巨大的地理空间覆盖范围，开始在区域场景异常分析中发挥重要作用，例如将其应用在边境线重点区域或特定区域场景的关注和监控。

1）空天遥感影像场景异常分析

从广义上说，异常也是一种变化。因此，区域场景的异常分析实际上就是一种对区域进行变化检测的分析。两者之间有许多共同之处，只是异常检测更关注于临时性的模式变化。因此遥感影像的异常检测实际上是大量借鉴了变化检测的方法，高分辨率的遥感影像为实现精细化的变化检测及异常分析提供了可能。因此，在进行场景异常分析时，往往需要解决4个问题：判断地物是否发生了变化、变化发生的位置、鉴别变化的类型及确定变化的时空分布模式。

近年来，各国研究人员相继提出了多种基于遥感影像的异常检测方法：直接比较法和分类后比较法；根据选择的对象，粒度可分为像素级、特征级和对象级三种检测方式；根据是否需要先验信息，可分为有监督比较法和无监督比较法；根据采用的数学方法不同，可分为代数运算法和变换法、分类法、地理信息系统法和高级模型法（眭海刚 等，2018）。此外，一些研究人员提出了新的变化检测算法，如基于图像分割的变化检测方法、基于统计的变化检测方法、考虑空间域等的变化检测方法（Chen et al.，2020）。影像色彩特征，还考虑了影像的纹理、形状和结构特征，在实际应用中取得了良好的效果。目前，基于时间序列数据的异常检测已在医学、经济分析等领域得到应用。遥感领域异常检测的研究仍有很大的发展空间。目前针对遥感时间序列中异常检测的方法主要有以下几大类。

（1）相似性分析方法。利用遥感影像时间序列数据进行信息提取的关键步骤是相似度分析，即利用一定的标准，定量评估目标像素的实际时间序列与基于参考的预测目标像素时间序列之间的相似度。如果它们的相似度大于一定范围，则认为该像素当时是正常的；如果不是，则认为该像素当时是异常的。对于不同类型的遥感应用，这种方法可以直接用于判断，直观易懂，可以应用于无监督的参数。难点在于用户需要根据问题的特点在几种相似性度量中进行区分和选择，并且在获得相似性计算的结果后，必须使用阈值或其他方法来提取结果异常。

（2）机器学习方法。数据驱动的机器学习是现代智能技术的一个重要方面。研究从观察数据（样本）开始寻找规则，并使用这些规则来预测未来的数据或不可观察的数据。机器学习方法可以分为两类：一类是人工神经网络，一类是支持向量机。这两种方法也各有优缺点。人工神经网络在处理小规模问题上有很好的应用效果，但对于大规模问题，人工神经网络的构建会非常复杂，因此无法推广到大规模问题。与人工神经网络相比，支持向量机不仅具有相同的处理能力，而且计算效率也有显著提高。但是，支持向量机不仅在理论上和建立模型方面都相对复杂，而且在实际应用中也存在一定的困难。

（3）基于模型的方法。当异常发生时，遥感影像的时间序列将反映与正常情况不同的模式。因此，可以构建各种时间序列模型来检测遥感影像中的异常事件。目前，比较常用的模型包括自回归滑动平均（autoregressive moving-average，ARMA）模型、马尔可夫模型、季节趋势分解模型等。自回归滑动平均模型是一种常见的平稳时间序列模型，应用范围很广。它在遥感影像时间序列分析方面也相当成熟，例如利用微波影像构建自回归滑动平均时间序列模型，用于北极海冰异常检测和预测未来发展趋势。马尔可夫模型作为一种强大的统计建模方法，主要用于遥感领域卫星影像时间序列变化的分类和检测。季节趋势分解模型是一种非常经典高效的时间序列分解模型，可以很好地分解季节元素和趋势元素，分别进行检测变化。

高光谱遥感数据中的异常检测不同于可见光影像数据，对于高光谱影像而言，异常检测的目标是定位与背景光谱特征显著不同的像素，即表现出与历史时空变化特征和语义信息所表现的规律存在偏差的目标。这一过程可以归结为一个二分类问题，即能正确地分类背景和异常目标。过去的研究中，通常是没有关于目标的或背景的先验光谱信息，仅仅依靠对所设定的参考背景进行建模，寻找不满足背景模型分布的点，根据对背景分布的不同假设确定异常。因为缺少足够的遥感影像数据，对于这类情况下的异常检测问题，很难使用机器学习或深度学习的方法实现分类。

高光谱遥感影像的异常信息检测可以分为两类。①基于均匀光谱分布假设的异常检测，这类方法通常假定背景是单一类型，可以使用定义好的正态分布或高斯混合模型进行描述，最具有代表性的是由 Reed 和 Yu 于 1990 年提出的 RX 算法，在假定背景服从相同的多元正态分布的基础上，利用马氏距离衡量待检像素与背景光谱分布的偏离程度。在 RX 算法的基础上，研究者不断提出新的方法来克服该算法的一些问题，例如一些学者将信号子空间处理扩展到异常检测领域，从自适应滤波的角度进行考虑，避免了协方差矩阵的计算。②基于多类光谱分布假设的异常检测。这种方法假定复杂的背景包含多类不同的分布。典型算法有多元正态逆高斯检测算法，它假设每一类服从 MNIG 分布，通过对像素属于各类分布进行负似然估计计算，判断异常。另外一个具有代表性的算法是基于聚类的检测方法，首先通过聚类进行图像分割，再对每一类进行高斯混合模型假设，随后使用 RX 算法进行异常目标或信息的检测。

2）空天地遥感视频数据异常分析

自 20 世纪 90 年代，国内外很多高校和科研机构都致力于公共场景的监控研究，其中以对人体行为的检测为主，主要包括目标检测、动作特征提取及肢体运动识别与分析等；对个体行为检测的研究已经大范围地应用在实际生产生活中，目前已有的主要成果包括：动态视觉监控，避免犯罪的发生；运动人体跟踪和人体特征识别，利用人体模型对人进行跟踪及行为识别等。在算法方面，以传统的帧差法、光流法、背景减除法为基础，出现了各类高效率、低复杂度的改进方法。

国内外很多学者都在致力于智能监控及个体异常行为识别的研究，国内由中国科学院自动化研究所总结了英国 VIEWS 车辆交通监控原型系统的研究经验，自行设计了 Vstar 系统，可以识别威胁安全的可疑行为并进行反馈处理。而在大数据分析的背景下，对个体的检测还涉及社交关系网络及信息传递监控等方面。除此之外，还有视频姿势变化检测系统这类通过检测视频数据中人的姿势变化，定位位置变化超出阈值的异常位置，实现异常事件检测。针对个体的异常检测很少使用遥感数据，它的应用被局限在时空位置的变化，很难具体分析个体的行为。除此之外，针对个体的异常检测可以类似地应用在其他对象或运动物体的异常分析中。

考虑个体是人群的组成元素，个体的行为在一定程度上可以反映出群体运动的趋势，在单一目标的研究基础之上，可以发展出针对群体的异常检测。但是相对于个体的检测，因为公共场景普遍都具有较高的人群密集性和无关信息的干扰，所以群体异常检测的难度也相对较大。一般而言，异常依赖于特定的场景，与从历史事件数据中学习到的正常的运动模式相比，可以认为它是出现的较低频或偏离预期运动的行为。

根据定义异常的指标类型，视频数据组检测方法可以分为两类。①轨迹检测方法。异常轨迹是指出现频率较低的轨迹或明显偏离正常轨迹的轨迹。②基于运动矢量的检测方法。人群的异常运动模式与正常人群的运动模式有显著差异。

第一种方法一般称为传统方法。当使用传感器或跟踪器获取轨迹，然后使用分类器或聚类算法找到明显偏离学习轨迹的运动轨迹时，可能会考虑异常。如利用拉格朗日粒子轨迹的混沌不变特征建模人群异常模式，但是该方法需要极尽地追踪每一个代表性粒子。通过跟踪兴趣点计算潜在的交互能量，有效地产生了人与人之间的交互关系。通过分析不同运动模型特征的表征，使用支持向量机分类器对异常检测进行补充。尽管基于轨迹的算法具有较高的定义异常的语义，但它仍然不适合高密度人群场景，因为在这种情况下难以实现对每个个体的精确跟踪。

针对人群密度高的问题，基于运动矢量建模的方法成为人群异常检测的主要研究方向。第二种方法将视频数据中的对象抽象为光流变化和像素变化进行模式搜索。一些学者使用多尺度光流直方图来表示视频序列的运动模式算法，并使用训练完备的系数字典重构待检测的运动模式，将重构损失较大的运动模式判断为异常。还有人提出了一种混合概率主成分分析模型来模拟局部光流，然后完成对运动模式的分析。此外，有学者利用时空拉格朗日特征图获取人群的活动信息，该方法是通过在一个嵌入空间学习局部运动的时空变化特性而实现的。

进入 21 世纪，计算机的信息处理能力和视频图像的编解码效率也大大提高，网络和宽带水平有了实质性的提高。因此，闭路电视系统逐渐向全数字化、大规模网络化发展，闭路电视系统通常安装在特定的区域场景中，对现场的异常信息进行实时监控和分析。该系统主要以模式识别、人工智能、概率论和图像处理等相关领域的知识为基础，以主机为处理中介，对监控数据进行处理，在场景中去除冗余信息和噪声信息，学习研究深入有效检测异常或突然运动行为的关键信息。目前，国内外相关领域的学者，基于各种视频监控技术，利用机器学习、模式识别、人工智能和数据挖掘等领域的知识，对监控场景中运动物体的运动行为进行分析，实现在移动物体识别、客流统计、人群行为分析和异常检测等方面的应用。例如，卡耐基梅隆大学和麻省理工学院联合参与的视觉监视监控（visual surveillance and monitoring，VSAM）工作、战兵等（2015）提出的突发恐怖袭击事件预测模型等。

3）区域场景风险评估

风险评估是指在风险事件发生之前或之后，对某一事件或事物可能产生的影响或损失程度的定量评估。概率论在定量风险评估中的应用起源于 17 世纪中叶。20 世纪初，概率论首先应用于保险和金融领域；1960 年，英国的法默（Farmer）提出了一种基于可靠性的核电站安全评估新方法，极大地提高了核电站运行的效率和安全性。后来，许多研究人员分别提出了不同的概率方法进行核电站安全评估，此后概率方法被用于对风险进行定量研究并扩展到社会领域，在技术和社会问题之间架起了一座桥梁。概率风险评估技术在复杂系统安全分析中的转向始于20世纪70年代，拉斯穆森（Rasmussen）提出风险评估不仅可以应用于核电站，也可以应用于核电站的其他技术系统。从那时起，人们提出了许多用于定量风险评估应用的新方法。自“挑战者号”事故以来，航空航天系统也开始使用定量风险分析，美国军方在处理化学制剂和军用物资时也开始进行风险管理。后来，这种方法被广泛应用于核管理、环保、能源、农业、国防、食品药品管理、航空航天、交通运输、工业和石油等领域。自“9·11”事件后，人们开始使用定量风险分析方法来研究恐怖袭击的风险。美国联邦科学咨询机构认为，美国应利用现有技术在一些重要领域进行研究，以帮助美国打击恐怖主义。2002年，美国组建了国土安全部，2009年出台了《国家基础设施保护计划》。

公共安全事件的环境风险评估主要是评估环境中的不确定性和突发性问题，关心的是事件发生的可能性及其发生后的影响。目前，环境风险评估还没有形成统一的方法和程序，通常完整的环境风险评估包括4个部分：资料收集、风险识别、频率估算与风险计算。

（1）基于威胁-脆弱性-后果模型的恐怖袭击风险评估。恐怖袭击定量风险分析的关键是在研究过程中综合考虑恐怖威胁和系统漏洞。恐怖组织在确定目标时必须首先考虑自身的能力。同时，还必须考虑目标的吸引力和目标的脆弱性。威胁是指导致系统状态发生不利变化并破坏系统的潜在危险。恐怖组织构成的威胁可以理解为“恐怖分子通过特殊方法或武器对特定设施或目标造成破坏的目的”。脆弱性是指“对设施或目标进行恐怖袭击的风险，包括袭击的后果”。定量风险分析方法首先要建立逻辑树形式的威胁模型，通过系统的威胁评估，发现最可能的初始事件，然后将情报信息转化为可用于威胁评估的数学表达式。开展这项工作，首先要研究单位时间内恐怖袭击的次数，也就是频率。研究中引入时间概念，将研究的内容（情报、武器、传输系统、信息等）交给不同的专家进行分析，专家获得第一事件的频率，然后将专家分析的结果表示为恐怖袭击目标的频率并分配概率分布。

恐怖袭击事件风险评估主要考虑恐怖组织袭击成功的概率及袭击所造成的损失，对恐怖事件来说，其袭击风险计算公式为风险=威胁（T）×脆弱性（V）×后果（S）。

城市关键基础设施防恐的风险评估研判是在明确评估指标、脆弱性因素和脆弱性权重的基础上，通过风险评估模型的构建，对城市关键基础设施面临的恐怖主义威胁进行整体防范控制的过程。

（2）危爆品存储区风险评估。风险评估主要针对波动性较大、且易对社会产生严重影响的领域，如地震灾害、气象灾害等。欧美发达国家和地区采用化工园区中危爆品集中存储的发展模式的时间较早、资金投入充足，已经在评估方法、预警制度和体系上进行了深入研究。在对历史事故的统计分析基础上，有学者提出了多米诺效应统计学评估与预警模型，一些科研团队建立了化工园区多米诺事故的预防框架和决策支持理论，并开发园区安全管理系统（safety management system，SMS），应用在比利时安特卫普化工区。有研究人员开发的危化品废弃场所的有机物多通道实时监测系统，记录危险物质的释放浓度，实时监测挥发性有机物的曲线。

我国在相关研究上虽然开展时间不长，但国内研究人员也对化工园区风险预警进行了研究。陈清光等（2014）运用仿生学方法整体分析园区事故预警体系与生物免疫系统的相似性，借鉴抗原与抗体相互作用的机制，结合曼达尼（Mamdani）模糊模型、艾尔曼（Elman）网络算法构建了化工园区安全生产风险评估指标体系、化工园区事故免疫预警指标体系和评估模型；周剑峰等（2010）提出多 Agent 远程监控下的重大危险源动态风险评估模型，在卡尔曼（Kalman）滤波的移动平均预测基础上，对风险预警的实时性做了改进。

传统的化工园区风险评估方法中，其中一类通常是以整个化工园区为对象，从化工厂管理、个人因素及自然环境因素等方面构建评价指标体系，从宏观上对化工园区的整体风险进行评价；另一类则是基于具体的危爆品类型，对其可能影响的空间距离进行风险分析。

风险评估通常是作为对预测结果的分析，是实现概率预测的一种应用。在完成对区域的异常分析后，需要由观测到的异常情况得到出现某个事件的可能性。针对这一问题，传统的预测方法主要有 4 类：①趋势外推预测技术，如多项式趋势预测模型、S 型曲线预测模型等，其应用前提是假定现象在过去和未来的变化规律是保持一致的；②回归预测技术，即常见的一种机器学习方法，利用历史数据构造现象的描述模型；③时间序列预测技术，即基于时间序列变化来研究现象的特征变化，常见的有自回归模型、滑动平均模型、马尔可夫链等；④灰色预测技术，是指对含有不确定因素的数据进行预测的方法，属于应用广泛的小样本预测模型。

通常情况下，贝叶斯网络、隐马尔可夫模型等概率网络在目前被应用得相对广泛，通过历史事件数据训练得到的先验观测概率，建立对应事件的描述模型，实现对异常情况的风险概率预测。而随着神经网络的广泛应用，这类基于时序的问题，可以用递归神经网络、长短期记忆网络等深度神经网络模型来代替。

1.2.2 发展趋势

从国际国内实践来看，公共安全事件的预测亟须充分发挥大数据优势，利用智能的手段实现预警预测的一体化管理。

（1）公共安全事件预测预警亟须利用基于空天地遥感手段的动态监测技术。空天地遥感技术是最具发展前途的高新技术之一，是保障国家安全、经济社会发展的重要手段。空天地遥感技术所涵盖的数据类型众多，各种类型的航天卫星数据、航空无人机数据及地面数据等，可为公共安全的预测预警提供强有力的技术和数据保障。

随着我国航天事业和空间技术的发展，空天地遥感在国防军事、民用经济等领域得到了广泛应用。我国已经逐步构建了面向不同行业和领域的卫星应用服务体系，配合航空和地面遥感数据，逐步形成了我国独特的遥感手段保障体系。空天地遥感数据能够为公共安全事件的预测预警提供全方位、多角度的不同类型数据，可从通信、导航和遥感等多个层面为事件的预测和评估提供技术和数据支持，保障全天时、全天候和全地域的实时应用服务。我国的卫星设计制造、火箭推进器的研发，以及卫星发射技术、地面控制技术、卫星运维技术的全产业链发展，使我国近40年来的卫星对地观测遥感技术取得了卓越的成就，形成了多个卫星系统，并服务于国民经济建设和国防安全的多个领域。伴随着空间数据处理技术的突破，卫星遥感数据的智能化处理和实时传输能力也在不断增强。卫星监测体系的建设则为全时空感知、全周期实时监测和全要素评估提供了可能。航空工业的发展则为公共安全在低空域内获取实时数据提供了支持，特别是最近几年发展迅猛的无人机摄影测量技术，能够做到在距离被摄物体较近的情况下，快速获取准实时或实时的现场影像和视频数据，通过相关技术的处理，得到能够判断被摄区域形状、大小、位置和属性的影像或立体模型等。同时，低成本、适用范围广的无人机数据获取手段能够克服传统方法在数据更新周期、应用条件等方面的限制，为诸多行业的发展提供了便利的技术手段。另外，通信技术和5G、6G技术的发展，则为地面数据的获取和更新提供了更为便捷和强有力的硬件和软件支持。大数据支持下的视频监控数据、物联网电子信息数据等，则为公安事件的分析和研究提供了更多维度的观测视角，是公共安全事件预测预警研究有力的数据补充。

（2）公共安全事件预测预警亟须发挥大数据优势。大数据背景下，利用数据带来的独特优势，“数据反恐”理念被提出，在反恐工作中已经开始利用“数据到人”的模式，并伴随着反恐战法的深度变革。

涉及反恐工作的信息具有数据量大、价值密度低、类型多样复杂、隐蔽性强、传播速度快等新特点，反恐工作与大数据技术有效融合已经成为必然趋势。当今社会国际环境复杂，恐怖事件时有发生，严重影响社会安全稳定。在当今大数据技术发展迅猛的环境下，人们的各种活动都不可避免地会留下各种痕迹，恐怖分子也不例外。充分研究和利用大数据相关技术的优势，有效收集、分析、预测、研判反恐情报，建立和完善涉恐情报机制，对于监测预警反恐态势、有效打击恐怖主义非常重要。

基于大数据的反恐情报分析工作有着独特的业务需求，需要对庞杂的数据资源实施采集、分析、鉴别、洗涤、拼合等流程，需要先进大数据技术手段的紧密支撑。特定的涉恐人员应进行涉恐活动鉴别，分析其涉恐行为模式，构建积分模型，将特定人员从庞杂的社会人群中剥离出来；涉恐热点分析应将庞杂数据结合地图软件实施描述性梳理与重点区域检查；恐怖主义犯罪地理画像也应有数据软件的强大检索与解算功能的支持；快捷性情报信息的智能融合、时序排列基本要素鉴别等，也应完成结构化数据、半结构化数据与非结构化数据的融合；有效堵塞数据安全漏洞，破除反恐决策的不可控因素，最终实现对相关数据的有效管控等更需要相关大数据技术的深度支撑。目前公安机关配置的技术手段仍无法完成以上大数据涉恐数据分析处理的需求，公安机关应在立足自主研发的基础上，积极引进国际和国内的先进技术，在海量数据分析、分布式计算、数据融合等一些大数据关键技术上取得突破与创新，为实现反恐情报数据快速高效支撑的反恐决策提供坚实的手段与安全保障。

本体数据是指恐怖分子独有的、与生俱来的数据，以及与生命体有关的所有数据。生物特征是本体数据的根本，也是个人数据的重要组成部分。情报部门可以根据生物特征的唯一性，准确找到涉恐人员。生物特征包括指纹、虹膜、DNA、血型等。行为数据是指恐怖分子通过个人行为或社会行为产生的所有数据。恐怖分子的行为数据是由其活动所产生的，主要包括：恐怖分子的行动轨迹、通话记录、社会交往、刷卡消费等数据。恐怖分子在实施恐怖活动前，必然会有较为频繁的活动，因此会留下大量的行为数据，情报部门对这些行为数据进行监测，可以发现其实施恐怖活动前的端倪。

随着世界范围内恐怖活动的不断加剧，反恐战法研究也被各国政府高度重视，并在领域广泛的反恐斗争中取得了大量辉煌的战果，同时也积累了丰富的经验，反恐战法也经历了深度变革。如今，恐怖分子在制造恐怖事件时，所用手段之残忍，方式之多样，战术之狡猾，后果之惨重，均达到了前所未有的程度。对此，必须及时研究和采取有效的对策，打击和遏止愈加猖狂的恐怖主义活动，以保护人们的正常生活和社会秩序的稳定。在打击恐怖犯罪的过程中，形成了多种反恐对策和手段，例如，主动出击、隐真示假、连环施计、快速遏制等深化手段。并且，随着恐怖场景的不断演化，战法战术也在不断优化。

（3）公共安全事件预测预警亟须提升智能化水平。公共安全事件预测预警智能化水平有待提升，以满足大数据驱动的各种任务场景。未来，处理公共安全事件的目标将向着实现“精准处置”方向发展。同时，公共安全事件的处理效率也有待提升，并对大数据的深层解释做出研究。

公共安全事件的处置向着更多维度的“精准处置”发展，在时间上精准把控、舆论上精准引导、工作上精准作业，同时在流程管理、次生危机防控等方面也要精准处理。

公共安全事件的处理向更高效率方向发展。公安系统采用了更加现代化的技术和设备，为警务工作的开展提供保障。例如，无线电设备的利用。现代化的警用无线通信设备成为警方的好助手，这些装备适应警方工作的特点，具有高移动性，能够满足各种场合、各种情况下的使用需求。大信息量：可以查询各种信息数据，为执行任务提供全面的支持；快速反应：满足对数据实时查询的要求，提高工作效率；经济实用：充分考虑实际情况，使用方便且能很好地控制成本。公安系统是一个具有工作移动性、突发性、紧急性强的行业，一线部门需要实时和公安数据中心交换信息，对常住人口、暂住人口、重点人口、在逃人员、车辆等信息进行及时、迅速的查询，特别是照片和相关图片的传输应用，能够极大地提高公安人员的办案效率。

大数据时代，“得数据者，得天下”，特别是在全球一体化进程不断深化的当下，实施公共安全大数据深层次应用已成为推进公安治理体系和治理能力跨越式发展的重要一环。然而，公共安全大数据在给公安工作带来便捷的同时，也带来了一定程度的考验，这些考验不仅有传统网络信息安全方面的风险，更有伴随新技术架构和应用带来的诸多新风险和挑战。公共安全大数据深层挖掘与理解是一个重要的、需要长期研究和全社会共同关注的重要课题。

（4）公共安全事件预测预警亟须构建一体化平台。信息科技向智能科技的发展，不仅更新了人们认识世界的思维方式和改造世界的方法，也为公共安全工作现代化提供了新途径、新手段。作为具有资源性效能的公共安全数据，“数据孤岛”现象需要打破，亟须在风险可控原则的基础上，完善共享规范、明确共享原则、优化共享程序。

随着信息技术的高速发展，社会数据化程度得到不断提升，数据源的多样化、数据量的巨大化及数据集的关联化为信息的获取与分析提供了更为有利的条件，通过对多源数据进行组合或综合，利用多源数据的交叉印证与关联分析，可得到比单一数据源更精确、更全面的信息。在当前大数据时代，多源数据的融合已成为大数据分析处理的关键环节，尤其在公共安全领域中，基于多数据源融合的信息高效查询和分析，更有利于有价值情报的获取，为公安办案提供线索。

不断增多的公共安全数据已经成为公安机关的新型核心资源，对数据的实时有效利用直接影响着公安大数据实战效能的发挥。随着时代的进步，对数据的处理应用已经在各个层面发挥了作用。在公安部门开展社会治安管理时，大数据有着绝对的影响作用。合理高效地使用大数据，不仅仅可以加强公安对相关案件的侦破效率，也可以有效地杜绝刑事案件的发生，更加有效地保障人们的正常生活与生命财产安全。大数据高效利用可以为公安侦破案件提供有效的助力，对社会险情的预控和处理都有很好的帮助。

第 2 章　公共安全事件空天地大数据

2.1　公安大数据

“大数据”的深度应用，开启了公安警务工作的新纪元。传统方式的治安防控体系已逐渐被以“大数据”为核心的信息化新技术所取代，信息化转型已成为公安机关掌控当下和赢得未来的必由之路。公安大数据的应用方式主要包括统计查询、数据挖掘和预测预判。具体到实际业务系统，包括图侦系统、车辆特征分析系统、人员特征分析系统、视频侦查系统等。这些系统以普通视频监控、车辆/人员卡口、智能进程间通信（inter-process communication，IPC）等监控前端获取的视频、图片、结构化描述为基础，通过大数据平台的智能分析，实现如以图搜图、语义搜图、车辆/人员布控、疑似案件对比、详细特征分析等深度大数据应用，能够帮助公安干警快速、科学地侦破案件。

2.1.1　公安大数据特性

公安大数据应用于不同警种，由于其实际应用需求的区别，解决的问题也有所区别。公安大数据具有动态、泛在、全类型和全关系的特性。

动态性方面，传统的公安数据集是静态的数据对象，公安大数据则是实时动态更新的。每名民警的每一次查询、研判或是鼠标点击，每个业务的每次流转、分配、提交、考核，每个公民的每一次请求、询问、评价等操作都可以成为有效的数据源。公安大数据将突破传统汇集的静态数据，成为鲜活动态的数据源。

泛在性方面，传统的公安数据库积累的是通过各种手段汇集到公安网上的数据资源，而公安大数据不再局限于公安网，也包含了互联网、视频专网、技网专网、物联网，甚至暗网的任何网络空间。网络的泛在性要求公安大数据也具有泛在特性。

全类型性方面，公安大数据中，随着物联网和各种新技术、新感知设备的广泛应用，结构化数据所占比例将越来越小。未来的公安大数据，99%的数据量将是非结构化数据。同时公安工作 100%和空间位置相关，如何使用非结构化数据和时空大数据，开展数据挖掘和分析研判，将成为实战中亟待解决的问题。

全关系性方面，传统的公安数据更多的是人、事、地、物、组织等方面的结构化属性信息，而公安大数据则不仅包含这些实体的属性信息，更包含实体的时空信息及实体间的关系信息，这些关系构成了实体之间的知识图谱，成为案件研判和公安实战中最为关键的情报支撑。

2.1.2 公安大数据内容及分类

1. 公安大数据内容

信息海量化、多元化的时代背景下，以大数据为核心的信息化新技术正逐渐取代传统方式的治安防控体系和侦察破案体系。大数据已经成为公安警务工作中各类业务数据、案件线索、电子证据的重要来源之一。有效利用公安内部和外部大数据分析、大数据应用的特点，拓展大数据应用领域，可以进一步从效率、质量、动力等方面推进公安警务工作的变革。

公安大数据的内部数据一般包括户籍信息、出入境信息、驾驶证信息、居住证信息、纳税信息、社会保险信息、实有人口基本信息等。户籍是对自然人按户进行登记并予以出证的公共证明簿，户籍信息记载的事项有自然人的姓名、出生日期、亲属、结婚、离婚、收养、死亡等。它是确定自然人作为民事主体法律地位的基本法律文件。出入境信息，是由国家移民管理局（中华人民共和国出入境管理局）负责的，含个人的出国和归国综合信息。驾驶证信息记录了以个人身份证证件号为基础的准驾车型和准驾年限等信息，系统数据中可以涵盖个人在某时间内的驾驶车型信息、车牌号、驾驶人档案号等信息。居住证信息，是个人在某地居住半年以上的地址信息等。2014 年 1 月，北京市出台规定，居住证制度将替代暂住证；同年 12 月 4 日，国务院法制办就《居住证管理办法（征求意见稿）》向社会征求意见。征求意见稿规定，公民离开常住户口所在地，到其他设区的市级以上城市居住半年以上，符合有稳定就业、稳定住所、连续就读条件之一的，可申领居住证。纳税信息，是由国家税务总局负责的纳税人或单位向国家缴纳的税务金额、税务类型及企业或组织等信息。社会保险信息，可以包含个人社保编号、身份证信息、社保缴费证明信息及帐户信息等。实有人口基本信息，是国家人口普查的结果，可具体到国家人口分布、人口密度、人口流动等具体信息。

公安大数据的内部数据属于公安内部业务工作所产生的数据，具有内部流动性，对外不开放。该类数据可为公安部门的警务工作分析提供重要的数据支撑。经过专业化的管理之后，可基于内部数据产生的成果优势，提高部门管理水平、改善服务质量、预测社会治安形式、预防违法犯罪等。

外部数据是社会其他单位，通过日常经营、管理、记录和存储的业务信息，这类信息具有分散性，并且信息呈分散性独立状态。各个信息来源相互独立，并且信息具有多样性，能够根据该类数据分析社会人员的流动、社交、消费、位置变迁等细节。外部数据的统计整理较为复杂、困难，这也给公安大数据的管理和应用提出了新的要求，即公安大数据需要新处理模式才能具有更强的决策力、洞察力，才能够形成固有的信息资产，形成优化的流程处理能力来应对海量、高增长率和多样化于一体的外部数据。

外部数据具体包括旅馆数据、网吧数据、通信数据、交通数据（公交、出租车、高铁、民航等）、交易数据（银行、支付宝、财付通等）、社交网络数据（QQ、微信等）、快递数据等。外部数据的有效提供源，除国家相关部门外，往往是各大科技公司和电商、快运服务平台等。利用外部数据，可以进行社会现象的分析和挖掘。一些社会现象的轻微变化，往往能够在外部数据的衍生结果中得到表征，并可以通过分析来预测未来的人员动向、发展趋势等。并且，外部数据是公安部门进行调查的有利线索，一些特殊位置的细节信息，往往是侦破案件的重要线索，也是案件分析的重要数据支撑。无论是旅馆、网吧还是交通、通信等数据，都可以在一定程度上承载社会人员的主要信息，并且承载社会人员的主要社会活动等。

此外，公安部门适时地引入高分辨率空天遥感技术，快速有效地获取空间动态信息，可以从一个全新的角度为公安实战业务拓宽技术思路、夯实工作基础，提高精确打击水平和快速反应能力。

2. 公安大数据分类

以下从卫星遥感数据、航拍遥感数据、地面视频数据、网络信息、电磁信息、业务信息和地理信息共 7 类进行一般性说明，阐述公安大数据的数据分类。

（1）卫星遥感数据。卫星遥感数据包括空间编目数据和产品实体数据。空间编目数据包括编目浏览图、编目拇指图和编目元数据文件，一般用于数据信息的发布与更新。产品实体数据则包括产品影像、产品浏览图、产品拇指图和产品元数据文件，主要按照基于时空记录体系的标准景方式进行组织，采用基于文件和数据库的混合存储管理方式，通过提取元数据的属性值建立关系型数据库来关联文件系统。其中，影像属于非结构化数据，元数据属于结构化数据，目前分别存储于军民数据交换系统和民星数据管理系统中，其中军民数据交换系统中的遥感数据需要经过脱密处理，所处的网络体系安全等级较高，数据的外部分发需要通过专线来保障；民星数据管理系统中的遥感数据可以通过互联网向外分发。

（2）航拍遥感数据。航拍遥感数据一般包括可见光、红外、合成孔径雷达（synthetic aperture radar，SAR）类型的航空遥感影像数据，可见光、红外类型的视频数据及目标航迹、飞行航迹、文字报文等遥测数据。无人机飞行过程中获取的航空遥感影像数据一般通过相机的安全数字（secure digital，SD）卡进行存储，不进行网络传输处理，飞行任务完成后需从 SD 卡导出数据进行整理，并根据项目需要处理成正射影像图（ortho-photo map，DOM）和数字高程模型（digital elevation model，DEM）数据，格式为 GeoTIFF。无人机获取的视频数据在飞行中可以实时传输至服务器端，服务器端对视频数据进行视频压缩、编目和分发处理。飞行中的遥测数据可通过航空数据链进行实时传输，传输至服务器后进行航迹加载、经纬度值提取等数据处理操作。

（3）地面视频数据。地面视频数据在打击违法犯罪、维护社会治安方面具有独特的先天优势，能够在公共安全维护过程中起到其他数据无法替代的重要作用。就我国实际情况来看，一些公共场所的监控设备多是由公安相关部门设立，用于监控公共场所的实时动态，保存历史数据、打击违法犯罪、维护社会公共治安。目前，我国的大量城市均已经实现了视频监控的全覆盖，能够多角度地对固定场所实施 24 h 监控，以此来预防和及时发现犯罪行为，为社会治安提供强有力的数据支持。

（4）网络信息。网络媒体凭借其强大的信息传播能力，成为了社会公共安全大数据最重要的信息来源。习近平总书记在网络安全和信息化工作座谈会上的重要讲话中指出："互联网是一个社会信息大平台，亿万网民在上面获得信息、交流信息，这会对他们的求知途径、思维方式、价值观念产生重要影响，特别是会对他们对国家、对社会、对工作、对人生的看法产生重要影响。”在过去的二十余年里，网络空间已经演变出了极为复杂的信息生态。有效利用好网络信息资源，对公共安全的建设同样具有重要作用。随着互联网通信技术的发展，网络中每天呈现和传递的信息呈指数级增长。公共安全不可避免地被网络信息所影响，通过网络信息可以窥视社会中一些微观的风气变动和意识形态更新等。公共安全已经深深地被网络信息所牵动，网络信息的获取、分析和系统建设，对公共安全的维护和保障具有重要作用。新时代的公共安全网络体系建设是智慧警务时代的必然要求，网络信息充当了公共安全保障系统的流体，通过网络信息分析可以为公共安全的任务开展建立数据底座。信息流高速流转，违法犯罪分子跨地区流窜，公共安全需要大量的有效网络信息进行保障。

（5）电磁信息。电磁信息日益深入我国经济、社会发展的各个方面，为广大用户提供遥感、通信、导航等产品与服务。随着实际应用对空间电磁信息的覆盖广度、服务精度、数据维度、响应速度、安全程度等诸多方面需求的不断增长，空间电磁信息技术相关产业得到发展，将对科技产业格局，以及社会经济发展产生重大深远的影响。

（6）业务信息。业务信息主要包含人员、车辆、机构、案件、物品、轨迹、重大事件情报等信息，来自公安信息网的警务信息综合应用平台等业务系统，其安全等级较高。

（7）地理信息。地理信息系统的基础信息数据是地理测绘获得的各方面数据，而该系统集数据采集及输入、存储及管理、分析为一体，其中涉及的数据均有对应的空间地理位置，属于一种可供资源和环境及区域性研究、规划管理等的人机系统。基于地理信息的城市公共安全应急系统安全性高，并可显著提高城市公共安全应急的及时性和便捷性，可有效提高城市重大事件或者活动的管理效率，这对城市公共安全应急系统水平的提高具有积极作用。

2.2 高分辨率卫星遥感数据

2.2.1 国内高分辨率卫星遥感数据

截至目前，我国已形成资源、气象、海洋和环境四大遥感卫星系列，正在进行高分系统建设，届时将形成由五大民用遥感卫星系列构成的天基遥感卫星系统，逐步形成立体、多维、高中低分辨率结合的全球综合观测能力。

1. 资源卫星

自 1999 年 10 月资源一号 01 星（CBERS-01）发射以来，我国已经发射了 6 颗资源卫星，在国土资源调查与监测、防灾减灾、生态环境保护等领域取得了丰富应用成果，对我国卫星遥感应用与推广起到了基础作用。

1）资源一号 01 星

资源一号 01 星于 1999 年发射，是我国第一代地面传输型资源卫星。卫星上的三台遥感相机可以昼夜观测地球，使用高码率数据。传输系统将获取的数据传回地球上的地面接收站，数据处理后加工成各类用户需要的各种图像以供使用。

2）资源一号 02C 星

资源一号 02C 星是资源一号 01 星的接替星，其功能、组成、平台、有效载荷和性能指标与资源一号 01 星相同。资源一号 02C 星于 2011 年发射成功，卫星搭载全色多光谱相机和高分辨率全色相机。资源一号 02C 星的主要任务是获取全色多光谱影像数据，可广泛应用于国土资源研究与监测、防灾减灾、农林水利、生态环境、国家重大工程等领域。

3）资源二号卫星

资源二号卫星是传输型遥感卫星，主要用于国土资源勘探、环境监测与保护、城市规划、作物产量估算、防灾减灾和空间科学实验。分别于 2000 年 9 月 1 日和 2002 年 10 月发射了资源二号 01 星和 02 星，两颗卫星仍正常在轨，并已返回大量数据。2004 年 11 月，资源二号 03 星发射升空。相比之前的两颗星，资源二号 03 星的整体性能和技术水平都有了提升。

4）资源三号卫星

资源三号卫星是我国第一颗高分辨率光传输立体测绘卫星。它于 2012 年 1 月成功推出，填补了我国立体测绘的空白，具有里程碑意义。资源三号卫星配备 4 台光学相机：前置全色电荷耦合器件-时间延迟积分（charge coupled device-time delay and integration，CCD-TDI）相机 1 台，地面分辨率为 2.1 m；前后全色 CCD-TDI 相机 2 台，地面分辨率为 3.6 m；1 台面向地面的多光谱相机。

资源三号卫星的主要任务是获取覆盖全国的长期、连续、稳定、快速的高分辨率三维影像和多光谱影像，用于国土资源调查监测、防灾减灾、农林水利、生态环境、城市规划，为建筑、交通、国家大型工程等领域的应用提供服务。

2. 高分卫星

2015 年，我国提出发展陆地观测、海洋观测、大气观测三个系列，构建由 7 个星座及 3 类专题卫星组成的遥感卫星系统，逐步形成高、中、低空间分辨率合理配置、多种观测技术优化组合的综合高效全球观测和数据获取能力。

1）高分一号卫星

高分一号卫星（GF-1）是我国高分辨率对地观测系统的第一颗卫星，于 2013 年 4 月成功发射，开启了中国对地观测的新时代。高分一号卫星搭载了 2 台 2 m 分辨率全色/8 m 分辨率多光谱相机、4 台 16 m 分辨率多光谱相机。高分一号卫星的宽幅多光谱相机幅宽达到了 800 km。

高分一号卫星增加了高分辨率多光谱相机，在我国已投入使用的对地观测卫星中高分一号卫星性能更优。此外，高分一号卫星大画幅多光谱相机宽度为 800 km，在空间分辨率相近的同时，可以在更短的时间内对一个区域进行重复拍摄，具有一段时间的重复周期。仅4颗全球同类卫星的重复周期一般大于10天。高分一号卫星发射成功后，已经为国土资源部门、农业部门和环保部门提供了高精度、大范围的空间观测服务。在应对突发公共卫生事件、地球系统科学研究等领域发挥着重要作用。

卫星工程突破了高空间分辨率、多光谱和高时间分辨率相结合的光学遥感技术、多电荷图像拼接融合技术、高精度高稳定性姿态控制技术、长寿命高可靠性卫星技术、高分辨率数据处理和应用等关键技术，对促进我国卫星工程水平的提升，提高我国高分辨率数据自给率具有重要要意义。

高分一号的02星、03星和04星是国家民用空间基础设施规划的首批业务化应用卫星，于2018年3月发射成功。高分一号是我国第一个民用高分辨率光学商业卫星星座，主要用于国土资源调查、监视和应急响应等活动，可用于环境保护、农业、林业、海洋、测量和地图行业。我国遥感卫星地面站密云站、喀什站、三亚站、昆明站和北极站负责接收这些卫星的数据。

2）高分二号卫星

高分二号卫星（GF-2）于2014年8月成功发射，它能很快开机成像并下传数据，是我国目前分辨率最高的民用陆地观测卫星，星下点空间分辨率可达0.8 m，标志着我国遥感卫星进入了亚米级“高分时代”。

高分二号卫星是我国自主研制的第一颗空间分辨率大于1 m的民用光学遥感卫星，搭载高分辨率1 m全色和4 m多光谱相机。米级空间分辨率、高定位精度和快速姿态机动性，有效提高了卫星整体观测效率，达到国际先进水平。

高分二号卫星在多个方面取得了技术突破：①实现了米级空间分辨率、全面的多光谱光学遥感数据采集，克服了长焦距、大F数、相机发光和卫星系统设计等问题；②突破高精度、高稳定姿态机动和高精度图像定位，提高了低轨遥感卫星的长寿命和高可靠性性能，对促进我国卫星工程水平的提升，提高卫星自给率具有重要意义。高分二号卫星投产后，与高分一号在轨卫星合作，推动高分辨率卫星数据在土地利用动态监测、矿产资源研究、城乡规划监测评价等方面的应用。另外，高分二号卫星也为交通路网规划、森林资源调查、荒漠化监测等行业和首都圈等区域应用提供服务支撑。

3）高分三号卫星

高分三号卫星（GF-3）是我国首颗分辨率为1 m的多极化C波段合成孔径雷达成像卫星。高分三号卫星的成功发射标志着高分专项全时制、全天候对地观测能力初步形成，对服务经济社会发展、保障国家安全和民生安全具有重要意义。高分三号卫星成像模式如图2.1所示。

高分三号卫星是世界上成像模式最多的合成孔径雷达卫星，拥有12种成像模式。它不仅涵盖了传统的绘图和扫描成像模式，还可以自由切换为聚光、绘图、扫描、波浪、全局观察、高低入射角等多种成像模式，可用于勘探和地面观察，达到了“一星多用”的效果。

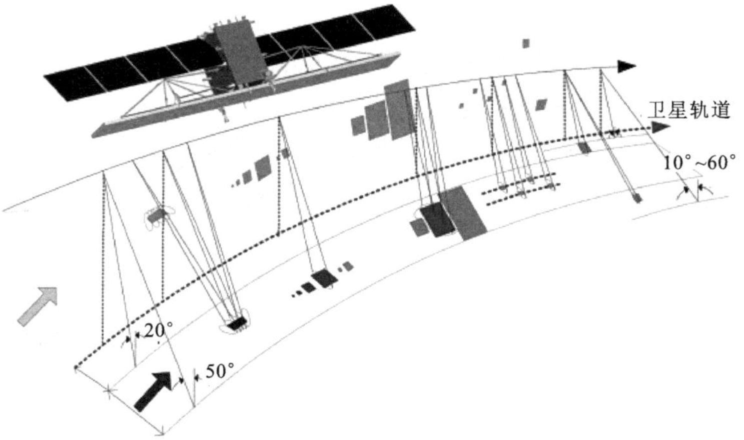

图 2.1　高分三号卫星成像模式

高分三号卫星的空间分辨率为 1～500 m，宽度为 10～650 km，不仅可以进行大规模普查，还能一次形成 650 km 以内的最大影像；它还可以清晰地区分陆地上的道路、一般的建筑物和海上的船舶，高分三号卫星由于其 1 m 分辨率的成像方式，已成为全球多极化 C 波段合成孔径雷达卫星中分辨率最高的卫星。此外，它可以同时发射和接收水平波和垂直波，是我国第一颗多极化合成孔径雷达卫星，帮助人们更好地区分和识别地面和海上物体。高分三号卫星不受云、雨等天气条件限制，可在任何天气、任何时间监测海洋和陆地资源。实现全天时空协同、全天候对地观测目标，对高分专项工程具有重要意义。另外高分三号卫星服务于海洋、减灾、水利、气象及其他多个领域，为海洋监视监测、海洋权益维护和应急防灾减灾等提供重要技术支撑，对海洋强国、“一带一路”建设具有重要意义。

4）高分四号卫星

高分四号卫星（GF-4），是地球静止轨道高分辨率对地观测卫星，于 2015 年 12 月成功发射升空。经过在轨运行测试，于 2016 年 6 月投入使用。

高分四号卫星作为第一颗高轨道高分辨率光学遥感卫星，在宽 400 km×400 km 以上的高轨道上进行高分辨率观测。该卫星利用与地面相对静止的优势，利用区域观察、快速调点、作业调度灵活、目标区域动态变化检测等优势，为各种应急任务提供及时的影像数据支持。

5）高分五号卫星

高分五号卫星（GF-5），是实现对大气和陆地综合观测的全谱段高光谱卫星。2018 年 5 月高分五号卫星成功发射，可满足环境综合监测等方面的迫切需求，是实现高光谱分辨率对地观测能力的重要标志。

高分五号卫星与此前发射的高分一号、高分二号和高分四号卫星有所不同，其具备的光谱成像技术，可以使光谱与影像结合为一体，探测物质的成分。作为我国光谱分辨率较高的卫星，高分五号卫星装载了 2 台全新研制的陆地观测载荷（短波红外高光谱相机和全谱段光谱成像仪）及 4 台全新研制的大气类观测载荷（大气主要温室气体检测仪、大气环境红外甚高光谱分辨率探测仪、大气气溶胶多角度偏振探测仪和大气痕量气体差分吸收光谱仪）。高分五号卫星可对内陆水体、陆表生态环境、蚀变矿物、盐矿类别进行探测，为我国环境监测、资源勘查、防灾减灾等行业提供高质量、高可靠的高光谱数据。

6）高分六号卫星

2018 年 6 月，高分六号卫星（GF-6）成功发射。高分六号卫星是一颗低轨道光学遥感卫星，也是一颗用于精准农业观测的高分辨率卫星。与高分一号在轨卫星联网运行，大幅提升农林草原等资源监测能力，为农业农村发展、生态文明建设等重大需求提供遥感数据支撑。

高分六号卫星具有高分辨率、宽覆盖、高质量成像/国产化率高等特点，配置 2 m 全色/8 m 多光谱高分辨率相机和 16 m 多光谱中分辨率宽幅相机，2 m 全色/8 m 多光谱高分辨率相机观测幅宽 90 km，16 m 多光谱中分辨率宽幅相机观测幅宽 800 km。

7）高分七号卫星

2019 年 11 月 3 日高分七号卫星（GF-7）成功发射，卫星上搭载了双线阵立体相机和激光测高仪等载荷，突破了亚米级的立体测绘相机技术，能够获取高空间分辨率的光学立体观测数据和高精度激光测高数据。

高分七号卫星是光学立体测绘卫星，可以在高分辨率立体测绘影像数据获取、高分辨率立体测图、城乡建设高精度卫星遥感和遥感统计调查领域发挥重要作用。高分七号卫星的空间分辨率是亚米级的，其定位精度较高，能够在太空拍摄地球的 3D 影像。高分七号卫星投入使用后，能够为我国乃至全球的地形地貌测绘提供支持，满足绘制误差在 1 m 之内的立体地图。高分七号卫星的立体测绘能力，可以对所观测的地物进行立体模型的生成。在国土规划、农业、环保和税务等领域的应用前景巨大，也是民用导航领域的竞争优势所在。可以打破地理信息产业上游的高分辨率立体遥感影像市场大量依赖国外卫星的现状，开启我国自主大比例尺航天测绘的新时代。

3. 商业遥感卫星

1）北京一号、北京二号卫星

截至 2005 年 9 月，二十一世纪空间技术应用股份有限公司与英国萨瑞卫星技术有限公司（Surrey Satellite Technology，SSTL）合作发射“北京一号（DMC+4）”卫星，将其列入英国萨瑞卫星技术有限公司牵头的国际灾害监测星座（disaster monitoring constellation，DMC）中。北京一号卫星重 166 kg，在轨寿命为 5 年。该卫星配备了双 4 m 全色和 32 m 多光谱传感器、32 m/600 km 幅宽的对地观测相机，是在轨卫星幅宽较宽的中分辨率多光谱相机，可实现对热点地区的重点观测。北京一号卫星三度提供了覆盖全国的几乎无云的 32 m 多光谱影像，为减灾救灾提供数据支持。

北京二号卫星星座是二十一世纪空间技术应用股份有限公司自主投资的，于 2015 年 7 月成功发射。北京二号卫星设计寿命为 7 年，由 3 颗 1 m 全色、4 m 多光谱光学卫星组成，可向全球提供空间和时间分辨率俱佳的光学遥感数据。

2）吉林一号卫星

“吉林”系列商业遥感卫星是由长光卫星技术股份有限公司组织建设的。长光卫星技术股份有限公司是我国首家集遥感卫星研制、运营管理到遥感信息服务于一体的全产业链卫星公司。目前，公司在研的卫星包括高分辨率光谱详查卫星、宽幅光学遥感普查卫星、多功能灵巧视频卫星、中分辨率多光谱卫星和技术验证卫星 5 个系列。多数卫星主要从现有卫星的基础上继承，部分卫星的载荷和单机进行了大的技术改进或升级。技术特色上，高分辨率光谱详查卫星全色分辨率为 0.5 m，幅宽为 20 km，且配备 13 个谱段；宽幅光学遥感普查卫星全色分辨率为 1 m，幅宽为 135 km，是我国亚米级分辨率光学卫星幅宽最大的卫星；多功能灵巧视频卫星系列兼具视频成像和光学推扫两类成像模式，空间分辨率优于 1 m，幅宽不少于 20 km；中分辨率多光谱卫星全色空间分辨率为 5 m，具有 25 个谱段，幅宽为 110 km，属于根据行业特色化应用定制的卫星。

2015 年 10 月，吉林一号卫星成功发射，该卫星由长光卫星技术股份有限公司自主研发，拉开了我国商业航天大幕。吉林一号卫星包括 1 颗光学 A 星、2 颗灵巧视频星及 1 颗灵巧验证星。吉林一号光学 A 星主要完成高分辨率推扫影像获取，吉林一号灵巧视频星能够获取 4K 的高清彩色视频影像，吉林一号灵巧验证星主要积累卫星新技术。目前，已完成多种成像技术及国产高灵敏度互补金属氧化物半导体（complementary metal oxide semiconductor，CMOS）芯片验证。

2017 年 1 月，长光卫星技术股份有限公司自主研发的吉林一号视频 03 星（林业一号）成功发射。该卫星具有专业的图像质量和高敏捷性、多种成像模式和高度集成的电子系统，可以获取 11 km×4.5 km 幅宽、0.92 m 分辨率的彩色视频，大幅提升吉林省森林遥感信息化水平，为吉林省森林资源调查、预警、火灾防控等林业重点任务提供森林、野生动物保护、荒漠化防治、湿地保护与监测、预警与病虫害防治服务。卫星数据服务更精准、覆盖更广、反应更灵敏。

2017 年 11 月，由长光卫星技术股份有限公司自主研发的吉林一号视频 04 星、05 星、06 星（佐丹力 159 吉林一号卫星星座）成功发射。吉林一号视频 04 星、05 星、06 星继承了 03 星成熟单机及技术状态，根据用户及市场的反馈，对载荷、电源、数传等分系统进行了升级，提高卫星的业务运行能力。2018 年 1 月，由长光卫星技术股份有限公司自主研发的德清一号卫星（吉林一号视频 07 星）、林业二号卫星（吉林一号视频 08 星）成功发射。

3）高景一号卫星

2015 年，中国航天科技集团有限公司正式启动商业遥感卫星星座项目，提出了高景星座计划，以拓展商业卫星遥感领域业务。2016 年底，高景一号 01/02 星发射成功，高景一号 03/04 星于 2018 年 1 月发射成功，高景一号 03/04 星与同轨道的高景一号 01/02 星组网运行，在轨均匀分布，四星相位差 90°，对任意地区的重访周期为 1 天，组成 SuperView-1 星座。

高景一号的全色波段的分辨率为 0.5 m，多光谱波段的分辨率为 2 m，轨道高度为 530 km，幅宽为 12 km，过境时间为上午 10:30。由于高景一号卫星具有很强的敏捷性，可设定拍摄连续条带、多条带拼接、按目标拍摄的多种采集模式，此外还可以进行立体采集。高景一号单次最大可拍摄 60 km×70 km 的影像，其核心优势体现在超高分辨率、优化的光谱波段设置、大幅宽的拍摄、突出的敏捷性及优异的数据采集能力上。

2.2.2 国外代表性国家高分辨率卫星遥感数据

1. 美国和加拿大

1）美国

1960 年 4 月 1 日美国成功发射泰罗斯 1 号（TIROS-1）气象试验卫星，进入倾角 48.4°、高度 641 km 轨道，载有 2 台电视摄像机进行地面摄影并传递云层照片。这是世界上第一颗数据传输型光学遥感卫星。同年的 8 月 18 日成功发射发现者 14 号（Discoverer XIV），进入倾角为 79.65°、近地点 187 km/远地点 808 km 轨道，在轨运行 27 h 后成功回收。卫星质量为 850 kg，搭载的科罗娜（Corona）相机共拍摄约 914 m 长的胶片（重约 9 kg），地面分辨率约为 10.7 m。陆地卫星（Landsat）计划为第一个长期运作的普查型卫星遥感项目。Landsat-1 于 1972 年 7 月 23 日发射，进入高度为 908 km 的太阳同步轨道，地面分辨率（多光谱）为 80 m、幅宽为 185 km。

目前，锁眼-11（KH-11）与天基红外系统（space based infrared system，SBIRS）卫星是美国主要的军用侦察卫星。数字全球星座（digital globe constellation）的 5 颗大型卫星（QuickBird-2、GeoEye-1、WorldView-1/2/3）和 SkyBox Imaging 公司的两颗小型卫星（SkySat-1/2）是商业遥感卫星的主要组成部分。其中，WorldView-3 地面分辨率（全色）为 0.31 m，SkySat 分辨率（全色）为 0.9 m。此外，美国基于薄膜展开和衍射光学技术开展了地球静止轨道高分光学卫星的研制工作，设计的卫星地面分辨率（全色）为 1 m。同时，也在开展微小卫星星座对地观测系统的验证和试验计划，行星实验室（Planet Labs）研制的 Flock 系列纳卫星/立方星星座地面分辨率已达到 3 m。

从 1959 年开始，美国就开始研制照相侦察卫星，“发现者”是其研制的第一代回收型照相侦察卫星，采用的回收方式是可见光照相和胶片两种方式。1962 年，美国将应用于侦察的卫星的代号命名为“锁眼”（key-hole，KH）。其中，KH-1 至 KH-9 为胶片回收型侦察卫星，KH-10 为载人空间实验室的侦察卫星（后被取消），KH-11 为传输型光学卫星。KH 系列演变见图 2.2。

20 世纪 90 年代中期，美国早期的导弹预警项目国防支持计划（defense support program，DSP）被天基红外系统替代。导弹预警、导弹防御、战事感知及技术情报采集是天基红外系统的使命。天基红外系统由地球静止轨道（geostationary Earth orbit，GEO）卫星（4 颗）、大椭圆轨道（highly elliptical orbit，HEO）载荷（2 颗）、国防支持计划已有卫星（2 颗）及地面处理系统与指挥控制中心组成。天基红外系统星座标称构型见图 2.3。

GeoEye-1 卫星（前身为 OrbView-5）是 GeoEye 商业成像公司（2013 年被 Digital Globe 公司并购）的卫星，于 2008 年 9 月 6 日由 Delta-II 运载火箭成功发射，在轨工作可获得地面分辨率为 0.41 m 的全色及 1.65 m 的多光谱影像。WorldView 系列是美国 NextView

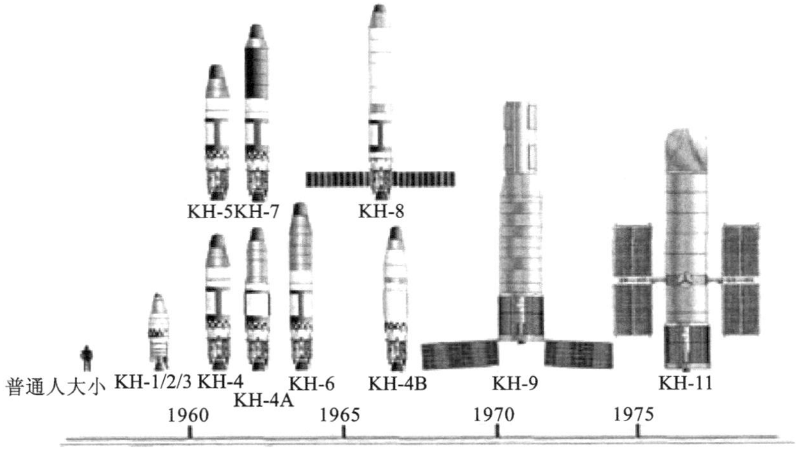

图 2.2　KH 系列演变图

所有卫星等比例绘制

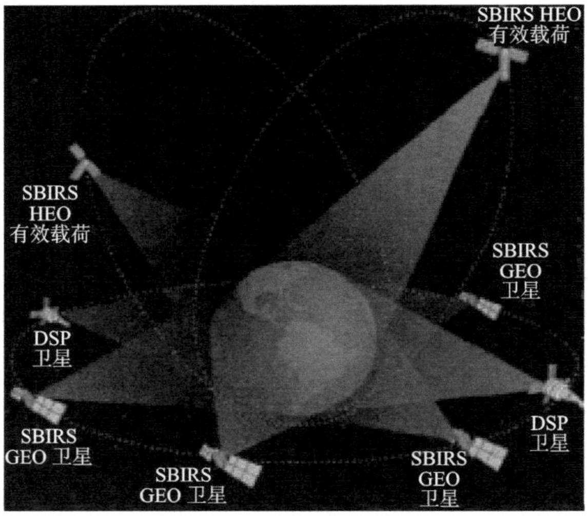

图 2.3　天基红外系统星座标称构型

计划的重要组成部分，该计划是由美国国家地理空间情报局（National Geospatial Intelligence Agency，NGA）发起的一项军民两用对地观测计划，除为 Google、Microsoft、Digital Globe 等公司提供高品质商业影像外，还为美国情报部门提供高分辨率军用影像。目前在轨的有 WorldView-1/2/3，WorldView-4 原计划于 2016 年中期发射。

2）加拿大

加拿大开发的光学卫星主要用于监测空间碎片和小型近地天体，并开发了用于极地天气服务的光学空间相机。近年来，加拿大在地球观测和近地空间监视领域与美国合作，在天气探测、极地监视领域与俄罗斯合作。

加拿大对地观测卫星主要是合成孔径雷达成像卫星，美国国家海洋和大气管理局提供了其主要的光学影像数据。加拿大光学卫星主要应用于近地空间探测，监测高轨道空间碎片并进行卫星及近地小天体的轨道跟踪，为空间环境安全性评估提供相关数据。此外，“国际空间站”Zvez-da 服务舱段连接的平台在 2013 年安装了加拿大 UrtheCast 公司的两台相机，这两台相机可拍摄地面分辨率为 1 m 的高清视频及 6 m 的多光谱影像。2013 年 2 月 25 日，由印度极轨卫星运载火箭-C20（polar satellite launch vehicle-C20，PSLV-C20）同时搭载的蓝宝石（Sapphire）军用卫星和近地天体监测卫星（near Earth object surveillance satellite，NEOSSat）进入高度为 786 km 的太阳同步轨道。极地通信气象卫星计划于 2008 年提出，2009 年完成技术可行性评估，两颗通信气象卫星分别于 2016 年 8 月和 11 月发射，2017 年正式运行工作。

Sapphire 卫星为加拿大空间监测系统（Canadian space surveillance system，CSSS）的核心，用来跟踪定位轨道高度在 6000～40000 km 的空间碎片。卫星每天可在轨处理 360 个常驻空间物体（resident space object，RSO）目标，对每个常驻空间物体目标平均生成 8 幅照片。

NEOSSat 用于跟踪观测近地小天体和地球高轨卫星与碎片，更新其轨道参数信息，以验证小卫星对 15000～40000 km 高度的物体提供度量（位置/时间）数据的能力。卫星发射质量为 74 kg，所载相机采用 Rumak-马克斯托夫-卡塞格林（Maksutov-Cassegrain）望远镜，成像敏感器为 CCD，每天对常驻空间物体共拍摄 300 张照片。NEOSSat 小卫星示意图见图 2.4。

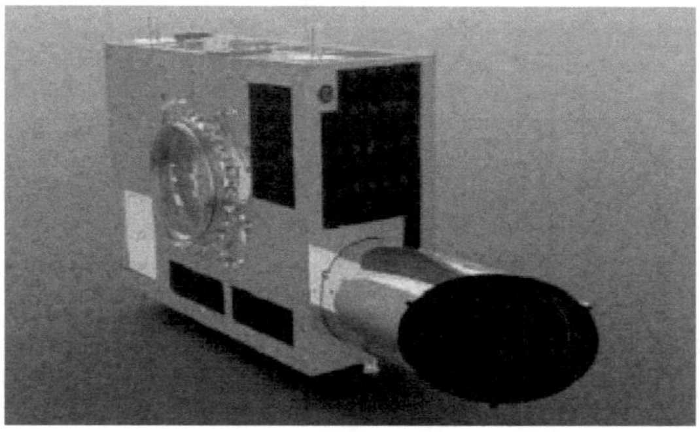

图 2.4　NEOSSat 小卫星示意图

极地通信气象（polar communication & weather，PCW）卫星由加拿大空间局、加拿大环境部门和加拿大国防部联合研制。该卫星主要对北极地区进行探测，同时提供高纬度（70° N）地区的稳定通信和导航及高时间/空间分辨率气象数据。

极地通信气象卫星观测系统的两颗卫星成像区域在 50° ～90° N，这两颗卫星位于不同轨道平面，轨道采用的是临界倾角大椭圆轨道，即所谓的“闪电”型轨道。卫星在远地点运行速度较慢，在近 12 h 周期内就有 8 h 以上运行于远地点附近的轨道段，可较长时间对极地附近高纬地区进行观测。卫星上搭载的传感器有双向 Ka 频段高速通信载荷、空间气象探测仪及光学相机。其中，光学相机在可见光/近红外和红外共 20 个谱段成像，可见光/近红外成像分辨率为 0.5～1 km（折合低轨分辨率为 7.5～15 m），红外成像分辨率为 2 km（折合低轨分辨率为 30 m）。

2. 欧洲主要国家

1）法国

由法国国防部采购局负责的军用光学侦察系统 Helios 项目，于 1995 年开始实施，法国国防部采购局保持对地面部分管理的直接控制。同时，委托法国国家航天研究中心（Centre National d'Etudes Spatiales，CNES）负责空间部分。

（1）Helios-1。Helios-1 为法国、意大利和西班牙的合作项目，由地面部分和空间部分组成，地面部分包含测控站及位于法国、意大利和西班牙的图像接收中心，空间部分为 Helios-1A/1B。1995 年 7 月 7 日和 1999 年 12 月 3 日由阿里安-4（Ariane-4）火箭分别发射了 Helios-1A 和 Helios-1B，进入了高度为 680 km、倾角为 98.1° 的近圆太阳同步轨道。2004 年 10 月，由于供电系统出现故障，Helios-1B 任务终止。2012 年 1 月，Helios-1A 使命终结并于同年 2 月坠入地球大气。Helios-1 卫星设计特点：①采用的平台是 SPOT-Mk.2，发射质量为 2 537 kg，设计寿命为 5 年；②幅宽为 10 km，地面分辨率为 1 m；③采用星敏感器测定卫星姿态；④程序控制和应用动量轮可使卫星指向偏离星下点 400 km；⑤卫星通过转动一面反射可横向成像；⑥星座重访周期为 1 天。Helios-1 卫星概念图见图 2.5。

图 2.5　Helios-1 卫星概念图

（2）Helios-2。Helios-2 为法国、比利时、西班牙和希腊的合作项目，法国控制中心及位于法国、比利时和希腊的地面站形成专用地面部分，另外还包括空间部分（Helios-2A/2B），空中客车防务及航天公司是其主要承包商。2004 年 12 月 18 日和 2009 年 12 月 18 日由 Ariane-5 火箭分别发射了 Helios-2A/2B，进入高度约为 700 km 的太阳同步轨道，两颗卫星的在轨相位成 180°。Helios-2 卫星相比 Helios-1 卫星性能改进之处：①SPOT-Mk.3 是其改用的搭载平台，卫星发射质量增大至 4 200 kg；②载有高分辨率相机[泰雷兹-阿莱尼亚空间公司（Thales-Alenia Space）研制]，卫星质量为 1 124 kg，地面分辨率为 0.35 m；③载有宽视场相机（用于制图）和红外系统（用于夜间监测）；④重访周期缩短。Helios-2 卫星概念图见图 2.6。

图 2.6　Helios-2 卫星概念图

2010 年 12 月，欧洲提出 CSO 计划（替代 Helios-2 系统的空间光学部分），第一颗卫星于 2016 年发射。卫星平台与电子仪器设备的研制由主承包商空中客车防务与航天公司（Airbus Defence and Space）负责，另外该公司还负责整星的总装、测试和转运工作。另外，甚高分辨率光学相机由泰雷兹-阿莱尼亚空间公司提供。新一代力矩陀螺、光纤陀螺、星载电子和控制软件配备进卫星，卫星质量与惯量得到优化，卫星侧摆速度得到提高。卫星还将配备空中客车防务与航天公司研制的伽利略导航系统。CSO 卫星概念图见图 2.7。

图 2.7　CSO 卫星概念图

地球观测卫星（satellite for observation of Earth，SPOT）是欧洲第一个地球观测卫星项目，于 1977 年由法国国家航天研究中心提出，用于探测地球资源，观测人类活动，监测和预测气候变化、海洋活动等自然现象。SPOT 可分为两个阶段：①SPOT-1/2/3/4/5（1986～2015 年）；②SPOT-6/7（2012 年至今）。

2012 年 9 月 9 日，空中客车防务与航天公司研制的 SPOT-6 由印度极轨卫星运载火箭发射。2014 年 6 月 30 日，SPOT-7 由同型火箭发射。SPOT-6/7 加入 Pleiades 星座，并与 Pleiades-1A/1B 协同观测：①SPOT-6/7 以 1.5 m 的地面分辨率（全色）覆盖较广的区域；②Pleiades-1A/1B 对目标区域以亚米级地面分辨率（全色）进行详查。4 颗卫星组成的星座构型见图 2.8。

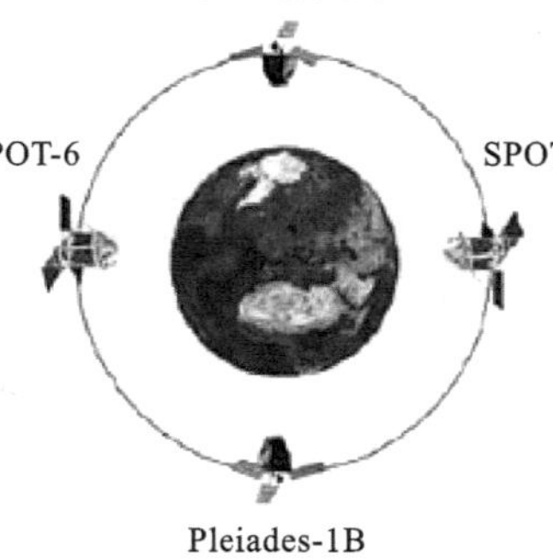

图 2.8　Pleiades-1A/1B 和 SPOT-6/7 星座构型

SPOT-6/7 采用的 AstroSat-250（AstroSat-Bus-L）平台，是中国台湾福卫-2（FormoSat-2）采用的平台 Leostar500XO（Astrium SAS 设计）的改进版。

Pleiades 包含 Pleiades-1A 和 Pleiades-1B 两颗卫星，为法国国家航天研究中心高分光学成像星座（high-resolution optical imaging constellation of CNES）。2011 年 12 月 16 日和 2012 年 12 月 2 日分别发射了 Pleiades-1A 和 Pleiades-1B 两颗卫星，分布在相同轨道上的两星相位成 180°。Pleiades 星座的应用领域，主要包括大面积区域测绘、军事区域及自然灾害的监测等。相机采用 Korsch 型望远镜，该望远镜的次镜位于主镜光轴上，目的是满足良好的热稳定性要求（主镜和次镜的支撑结构），否则易发生失焦，造成波前误差（wavefront error，WFE）。

法国国家航天研究中心于 2012 年提出的演示项目，即超高分辨率光学地球观测（super-resolution optical Earth observation，OTOS），旨在研发应用于下一代高分辨率地球观测卫星的新技术。计划于 2020～2022 年期间发射的 OTOS 卫星，轨道高度为 700 km，是太阳同步轨道卫星。卫星的地面分辨率为 0.3 m 全色、1.2 m 多光谱（4～6 谱段），幅宽为 15～18 km。OTOS 项目在 Pleiades 卫星基础上对望远镜和成像敏感器进行了改进。

2）英国

英国光学卫星以萨瑞卫星技术有限公司研制的小型卫星为主，主要包括灾害监测星座（DMC）系列卫星。此外，采用立方星结构的成像纳卫星星座和下一代亚米级彩色视频成像小卫星也在研制之中。

由英国牵头的国际合作项目——灾害监测星座，卫星均采用英国萨瑞卫星技术有限公司研制的小卫星平台，获取图像信息是利用星座内各国家地面站进行的，同时遥感数据可以共享，还能提供环境监测与灾害预警（较大的陆地覆盖面积）。阿尔及利亚、英国、尼日利亚和土耳其参与了第一代灾害监测星座的建设。中国、英国、西班牙和尼日利亚是第二代灾害监测星座 DMC-2G 的参与国家。中英合作的北京二号小卫星星座属于第三代灾害监测星座 DMC-3G。

DMC-1G 为英国于 1996 年提出的国际合作项目，采用多颗低轨小卫星组网，每天提供全球中低分辨率、多光谱（3～4 谱段）成像。DMC-1G 包括 4 颗星：ALSAT、UK-DMCSat-1、NigeriaSat-1 及 BILSAT。DMC-1G 星座轨道为圆形太阳同步轨道，平均高度为 686 km，倾角为 98.2°，周期为 97.7 min，升交点地方时为上午 10:15。卫星均采用英国萨瑞卫星技术有限公司的 MicroSat-100（SSTL-100）平台。

由英国萨瑞卫星技术有限公司承担的 DMC-3G 为中英合作项目，卫星的一些运营管理工作，如在轨任务测控和数据接收等由中国二十一世纪空间技术应用股份有限公司承担，公司负责生成数据产品并提供相关服务。萨瑞卫星技术有限公司从 2011 年开始筹建 DMC-3G 星座，该星座由三颗星组成，地面分辨率为 1 m 全色、4 m 多光谱，幅宽为 23.4 km。2015 年 7 月 10 日，由 PSLV-C28 火箭发射了星座内的三颗卫星，三颗卫星均分在同一轨道平面上，相邻卫星相位成 120°。2014 年 4 月 15 日，萨瑞卫星技术有限公司发布了最新研制的亚米级彩色视频成像小卫星（VIC），可应用于情报收集领域，如地面目标的监视、探测和识别。VIC 卫星基于 SSTL-X50 平台研制，采用致密型设计，质量为 50 kg，具备大型星上数据存储及实时下传能力。VIC 卫星可提供高清自然色（红、绿、蓝）视频，星下点地面分辨率优于 1 m，幅宽为 10 km，帧率达 100 帧/s。同时，VIC 卫星可以静态成像模式运行。根据卫星发射的数量，VIC 卫星可构建多种卫星星座模式。

若 VIC 卫星以 30～60 min 间隔布放在同一轨道，可在一天内的某一特定时间段提供近连续的视频覆盖。

3）德国

以商业遥感为主要应用目的德国高分光学卫星，主要是“快眼”（RapidEye）星座系列卫星，同时还包括研制中的环境测绘与分析项目（environmental mapping and analysis program，EnMAP）。

RapidEye 商业地球观测星座是世界上第一个完全端对端的星座，包含 5 颗相同的小卫星，多光谱地面分辨率为 6.5 m，星座成像面积为 500 万 km^2。德国 BlackBridge 公司负责该星座的运营，在农业、环境、林业、测绘、防务、安全应急等领域为全球用户提供地球观测产品和服务。空间部分和地面部分的交付由主承包商麦克唐纳·迪特维利公司（MacDonald，Dettwiler and Associates，MDA）负责，另外卫星发射及相机在轨调试与校准也由该公司主导。卫星的结构与控制系统研制，以及卫星组装和整星测试由英国萨瑞卫星技术有限公司负责。2008 年 8 月 29 日，俄罗斯第聂伯（Dnepr）火箭承担了 RapidEye 星座 5 颗卫星的发射，5 颗卫星均分布在同一轨道平面，两颗星之间时间间隔为 19 min。

卫星上搭载的是 SSTL-150 平台，德国 Jena Optronik GmbH 公司提供的快眼地球成像系统（RapidEye Earth imaging system，REIS）部署在 SSTL-150 平台上。全铝制成的相机望远镜，采用了同一规格的材料，目的是有利于准无热化设计。镜面和支撑结构之间实现了精密机械接合。光学器件表面处理采用超精密研磨和抛光技术，铝制反射镜表面覆盖镍涂层。滤光片置于靠近每个 CCD 阵列的位置处。

EnMAP 为德国航空航天局（Deutsches Zentrum fur Luft-und Raumfahrt，DLR）研制的高光谱卫星，旨在以全球尺度监测地球环境，并描述全球环境特性。EnMAP 卫星于 2018 年由印度极轨卫星运载火箭发射。卫星所载高光谱成像仪（hyper spectral imager，HSI）包含两个光谱成像仪：①可见光/近红外；②短波红外。可见光至短波红外光谱谱段数超过 240，高光谱地面分辨率为 30 m。可见光/近红外谱段采用的 CMOS 敏感器已研制出并经过性能测试。

4） 俄罗斯

2015 年，俄罗斯的胶片回收型侦察卫星已退役。2015 年 6 月 5 日发射了最后一颗卫星（Kobalt-M 系列第 10 颗星），主载荷舱于同年 9 月 17 日返回地面。服务舱、仪器舱和载荷舱组成了质量约 6 600 kg 的卫星主体，胶片可分时由两个副返回舱与一个主返回舱返回地面。望远镜估计孔径直径为 0.6 m，焦距为 3～4 m，地面分辨率可达 0.3 m。俄罗斯传输型侦察卫星 Persona-3 地面分辨率达 0.5 m，资源卫星 Resurs 系列地面分辨率（全色）优于 1 m，测绘卫星 Bars-M1 地面分辨率可达 1.1 m。

俄罗斯在苏联 Yantar 侦察卫星的基础上相继研发出了 Persona 系列卫星，俄罗斯进步国家科研与航天火箭生产中心（Progress State Research & Space Rocket Production Center，TsSKB Progress）负责研制了卫星平台，该卫星质量为 6 500 kg，设计寿命为 3～5 年。改进型 Korsch 望远镜是相机新采用的设备，主镜直径为 1.5 m，焦距为 20 m，地面分辨率为 0.5 m。Persona 系列卫星示意图见图 2.9，LOMO 望远镜光学系统见图 2.10。

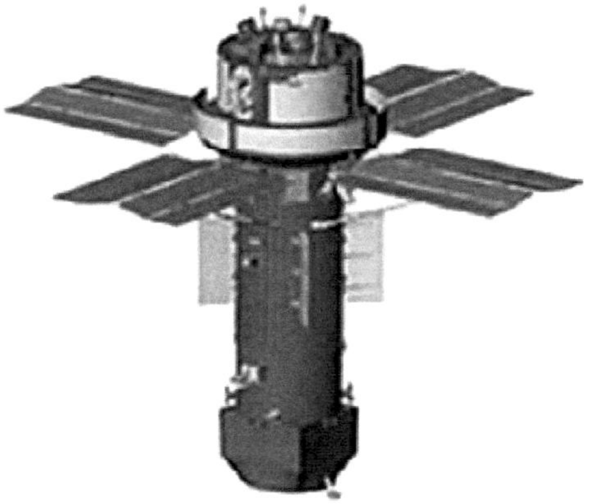

图 2.9　Persona 系列卫星示意图

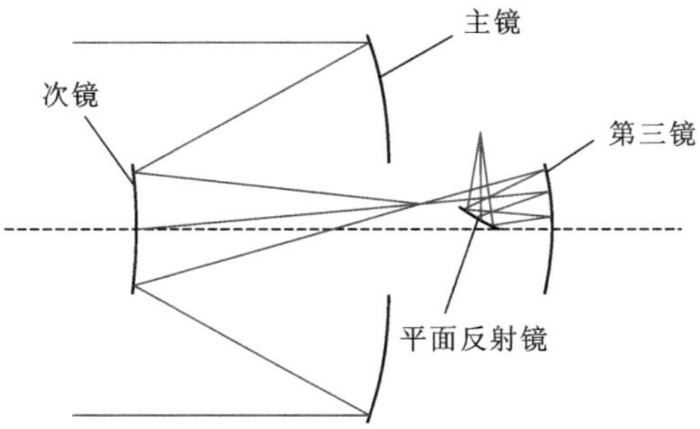

图 2.10　LOMO 望远镜光学系统

（1）2008 年 7 月 26 日发射的 Persona-1（Kosmos-2441），轨道高度为 720 km（太阳同步轨道）。2009 年 2 月，卫星星上电子设备和控制系统出现故障，已无法向地面传输照片。

（2）Persona-2（Kosmos-2486）于 2013 年 6 月 7 日发射，是太阳同步轨道卫星，近地点高度为 703 km，远地点高度为 721 km。2013 年 11 月 4 日，由于卫星推进器多次点火，造成了近地点高度小幅度（2 km）的震荡，地面站存在观测误差的情况下，卫星无法被捕捉。2014 年 6 月，Persona-2 星载主控计算机中上载了新的程序，卫星执行轨道机动修正了偏离的轨道，地面和卫星间的通信得到恢复。

（3）Persona-3 于 2015 年 6 月 23 日发射，是太阳同步轨道卫星，近地点和远地点高度分别为 714 km 和 732 km。通过激光数传系统，并利用地球静止轨道上的中继卫星传输图片，能够实现下行数据高速数传。

最初于 1965 年提出并开始研制的苏联/俄罗斯天基导弹预警系统，包含 3 个阶段：①OKO 系统（1972～1997 年）；②OKO-1 系统（1991～2012 年）；③EKS 系统（2015 年至今）。各系统均由大椭圆轨道和地球静止轨道卫星组成。其中，OKO 系统由早期的 US-K（73D6）卫星和 US-KS（74Kh6）卫星组成，OKO-1 系统由后期 US-K（73D6）卫星和 US-KMO（71Kh6）组成。

2011 年，俄罗斯启动了新的预警系统的开发，即用于探索、指挥和控制作战的综合空间系统，该系统的卫星是 Tundra。系统不仅可以探测和定位弹道导弹和巡航导弹的发射，而且可以在整个射程范围内跟踪导弹的飞行，在 25 s 内可以检测到导弹发射。卫星相机具有侧视扫描功能，可在紫外、自然光和红外光谱三个波段成像。此外，EKS 系统具有通信功能，卫星可以通过抗干扰频段传输大量数据。卫星还可以接管最初在地面上进行的数据处理工作。Tundra 卫星示意图见图 2.11，Tundra 卫星光学系统见图 2.12。

图 2.11　Tundra 卫星示意图

图 2.12　Tundra 卫星光学系统

EKS 星座由大椭圆轨道和地球静止轨道上的至少 8 颗卫星组成，原计划到 2018 年发射 10 颗卫星（含备用卫星）。首颗星 EKS-1 于 2015 年 11 月 17 日发射，进入近地点 1 626 km、远地点 38 552 km 的大椭圆轨道，倾角为 63.79°，轨道周期为 12 h。第二颗卫星于 2016 年发射，与 EKS-1 同轨的 4 颗卫星理论上可以 24 h 监测北美大陆；地球静止轨道上的 2～3 颗卫星可以提供全球覆盖，地球静止轨道上的两颗卫星可以跟踪从太平洋和大西洋发射的弹道导弹。俄罗斯预警卫星系统拟用构型如图 2.13 所示。

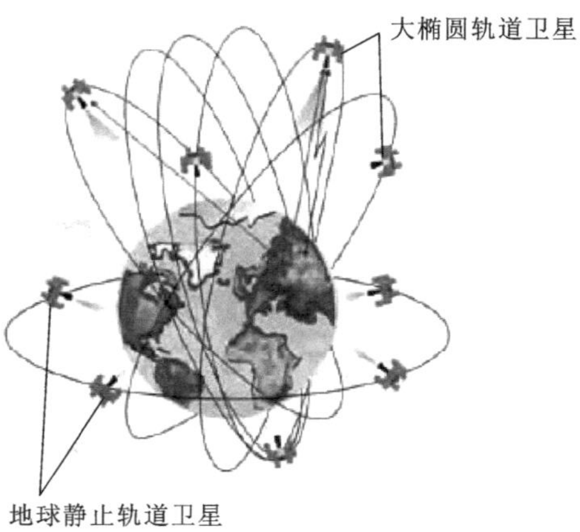

图 2.13　俄罗斯预警卫星系统拟用构型

3. 亚洲主要国家

1）日本

1998 年研发的日本情报收集卫星（information gathering satellite，IGS）是光学/雷达侦察卫星系列，由日本宇宙航空研究开发机构（Japan Aerospace Exploration Agency，JAXA）和内阁卫星情报中心（Cabinet Satellite Information Center）负责运作。日本情报收集系列卫星由三菱电机集团（Mitsubishi Electric）研制，采用商业卫星平台。根据 H-IIA 火箭的运载能力（4000 kg），日本情报收集卫星成对发射时单星发射质量为 1 000～1 400 kg。日本情报收集卫星系统中，光学卫星已发射 8 颗（其中 1 颗发射失败）。

在成功发射的光学卫星中，光学一号（IGS-1A）、光学二号（IGS-3A）、光学三号试验星（IGS-4A）已退役，仍在轨运作的光学卫星有：①光学三号（IGS-5A），2009 年 11 月 28 日发射，地面分辨率优于 1 m；②光学四号（IGS-6A），2011 年 9 月 22 日发射，分辨率约为 0.6 m；③光学五号试验星（IGS-8B），2013 年 1 月 27 日发射，分辨率优于 0.5 m；④光学五号（IGS-Optical 5），2015 年 3 月 26 日发射，分辨率达到 0.4 m。图 2.14 为光学一号（IGS-1A）和雷达一号（IGS-1B）卫星示意图。

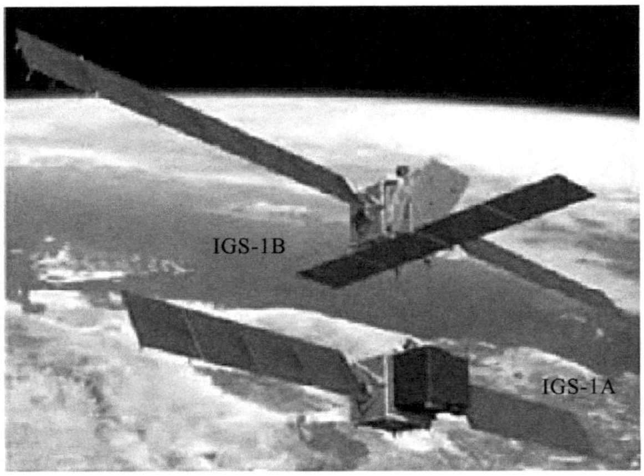

图 2.14　IGS-1A/1B 示意图

先进陆地观测卫星（advanced land observing satellite，ALOS）系列包括：①ALOS-1，载有合成孔径雷达和光学相机；②ALOS-2，继承 ALOS-1 的合成孔径雷达使命；③ALOS-3，继承 ALOS-1 的光学成像使命。

ALOS-1 于 2006 年 1 月 24 日发射，2011 年 5 月 12 日与地面失去联络而终止任务。卫星载有光学探测器和微波探测器，用于制图、测绘和环境与灾害监测。全色遥感立体测绘仪（panchromatic remote-sensing instrument for stereo mapping，PRISM）和先进可见光/近红外辐射计 2 型（advanced visible and near-infrared radiometer-2，AVNIR-2）分别提供地面分辨率为全色 2.5 m、多光谱 10 m 的影像，用以绘制 1∶2.5 万比例尺的地图。其中，全色遥感立体测绘仪采用三线成像仪成像方式，同一相机可提供星下点、前视、后视成像，实现沿轨迹方向的立体测绘。

ASNARO-1 即先进的地球感知小卫星（small advanced satellite for knowledge of Earth，SASKE），旨在验证高性能低成本对地观测卫星平台的性能。2014 年 11 月 6 日，

ASNARO-1 由俄罗斯 Dnepr-1 运载火箭发射，地面分辨率全色优于 0.5 m、多光谱优于 2 m。

遥感与创新空间使命纳卫星（picosatellite for remote-sensing and innovative space missions，PRISM）是由日本东京大学智能空间系统实验室研制的新一代技术试验纳卫星，于 2009 年 1 月 23 日由日本 H-IIA 型火箭发射，进入高度为 660 km 的太阳同步轨道。卫星质量为 8.5 kg，地面分辨率为 10 m，旨在在轨验证纳卫星提供中/高分辨率影像的能力。

GRUS 为日本 Axelspace 公司研制的下一代微小卫星遥感星座。第一代 3 颗星于 2017 年发射，后续将发射更多卫星，实现高重访率（1 天）观测。GRUS 采用太阳同步轨道（600 km），地面分辨率为全色 2.5 m、多光谱 5 m，适合农业、林业、渔业、测绘、地理信息系统、灾害监测等商业应用。

2）印度

印度遥感卫星（Indian remote sensing satellite，IRS）系列是印度空间研究组织（Indian Space Research Organization，ISRO）研制的地球观测卫星系统。自 1988 年 3 月起，印度遥感卫星系列陆续发射，从技术上支持印度农业、水资源、森林与生态、地质、水利设施、渔业、海岸线管理等方面的发展。目前，印度遥感卫星系列发展为 Resourcesat 资源卫星系列和 CartoSat 制图/地球观测/侦察卫星系列。此外，印度正在研制地球成像卫星（geo imaging satellite，GISAT），地面分辨率（多光谱）为 50 m。

技术实验卫星（technology experiment satellite，TES）于 2001 年 10 月 22 日发射，旨在验证低轨全色成像技术，并只为政府和国防应用提供影像，2012 年起每天仅在轨工作几分钟。卫星采用印度遥感卫星系列平台，三轴稳定设计，具有沿轨迹方向和沿横向的星体指向能力。所载高分辨率全色成像相机（high resolution panchromatic imaging camera，HRPIC）由以色列光电工业公司（Electro Optics Industries，EL-OP）研制，地面分辨率（全色）优于 1 m。高分辨率全色成像相机与以色列 EROS-A 搭载的 PIC 相机相类似，采用两反射镜光学系统。技术实验卫星的成功发射和对地观测应用推动了印度高分光学卫星技术的发展。TES 卫星示意图见图 2.15。

图 2.15　TES 卫星示意图

Resourcesat-1（IRS-P6）于 2003 年 10 月 17 日发射，进入高度为 817 km 的太阳同步轨道。Resourcesat-2 于 2011 年 4 月 20 日进入和 Resourcesat-1 相同的轨道，相位成 180°，提升对地观测连续性和时间分辨率。卫星平台延续 IRS-1C/1D-P3 的设计。相比 Resourcesat-1，Resourcesat-2 质量减少约 160 kg，并改进 LISS-4 相机性能，全色和多光谱幅宽均达到 70 km。

CartoSat-1（IRS-P5）于 2005 年 5 月 5 日发射。卫星平台继承 IRS-1C/1D-P3 设计，

载有全色前视相机（panchromatic forward-pointing camera，PAN-F）和全色后视相机（panchromatic after-pointing camera，PAN-A），提供 2.5 m 地面分辨率（全色）的测绘数据，用于建立数字高程模型与数字地形模型。

CartoSat-2 是 CartoSat-1 后续卫星，于 2007 年 1 月 10 日发射。卫星所载全色相机地面分辨率（全色）为 0.8 m。相机反射镜由微晶玻璃制成，质量约为 CartoSat-1 全色相机反射镜的 60%。CartoSat-2A 和 CartoSat-2B 分别于 2008 年 4 月 28 日和 2010 年 7 月 12 日发射。两颗卫星采用与 CartoSat-2 相同的平台，地面分辨率（全色）为 0.8 m，幅宽为 9.6 km，为印度武装部队提供定点高分辨率影像。CartoSat-2C/2D/2E 于 2016～2017 年发射，进入高度为 500 km 的太阳同步轨道。卫星地面分辨率为全色 0.64 m、多光谱 2 m，拍摄的立体影像用于制图与城市规划。

印度空间研究组织研制的甚高分辨率多光谱/高光谱地球观测卫星 CartoSat-3/3A/3B，于 2018～2020 年发射，进入高度为 450 km 的太阳同步轨道。卫星采用 IRS-2 平台结构，设计寿命为 5 年。卫星设计地面分辨率为全色 0.25 m、多光谱（4 谱段）1 m、高光谱（200 谱段）12 m。相机主镜直径为 1.2 m，光学器件质量比 CartoSat-2 减少 60%。

GISAT 于 2012 年由印度空间研究组织开始研制，于 2017 年初发射，进入 93° E 赤道上空同步高度。GISAT 在轨可提供实时图像，用于国土边境监视，自然灾害、洪水和火灾监测。GISAT 具有两种成像模式，即多光谱与“多光谱＋高光谱”，每 5 min 卫星可对所选择的区域拍照一次，每 30 min 可对印度大陆地区拍照一次。多光谱地面分辨率可达 50 m。

3）韩国

KOMPSAT，韩国多用途卫星，全称为 Korea multi-purpose satellite，中文译为阿里郎卫星，是基于韩国国家空间计划（Korea national space program），由韩国空间局研制的卫星。目前 4 颗卫星在轨，分别为 KOMPSAT-2、KOMPSAT-3、KOMPSAT-3A、KOMPSAT-5。

KOMPSAT-1 卫星发射于 1999 年，设计服役时间为 3 年。卫星重 500 kg，太阳同步轨道，携带有三种传感器，其中电子光学照相机（electro-optical camera，EOC）获取遥感数据，用于韩国全境 1∶2.5 万比例尺的地图制图；海洋扫描多光谱图像（ocean scanning multi-spectral image，OSMI）传感器用于检测全球水色，以服务于海洋生物学；空间物理传感器（space physics sensor，SPS）则主要用于检测低海拔环境中的高能粒子及研究微电子对辐射环境的影响等。

KOMPSAT-2 卫星发射于 2006 年，获取 1 m 空间分辨率的全色影像和 4 m 空间分辨率的多光谱影像，4 个波段包括可见光（蓝、绿、红）及近红外。KOMPSAT-2 影像的地面覆盖面积为 15 km×15 km。KOMPSAT-2 卫星安装的韩国航空宇宙研究院与以色列共同开发的 1 m 高解析度的相机，使韩国一跃成为当时世界领先的遥感强国。

KOMPSAT-3 卫星发射于 2012 年，其在距离地面 685 km 的地球上空每天可绕地球 14.5 次，携带有分辨率达到了 0.7 m 的数字照相机，不仅可以分辨出道路上行驶的汽车的大小和型号，甚至还能看出人们的一列排队。KOMPSAT-3 卫星获取 0.5 m 空间分辨率的全色影像和 2.8 m 空间分辨率的多光谱影像，4 个波段包括可见光（蓝、绿、红）

及近红外。

KOMPSAT-5 卫星发射于 2013 年，高 4 m，直径 2.6 m，重 1.4 t。作为韩国国内首颗搭载合成孔径雷达的卫星，无论是在夜间还是在恶劣的天气条件下，都可在距离地面 550 km 的高空拍摄高分辨率的影像。KOMPSAT-3 卫星能够提供分辨率高达 1 m 的雷达数据，具有极化测量的能力，能够实现全天时、全天候的对地观测，能够反映地表甚至地下信息。

KOMPSAT-3A 卫星发射于 2015 年，该卫星是继 KOMPSAT-3 之后韩国发射的又一颗超高分辨率的商业成像卫星。影像产品光谱波段丰富，具有全色波段、4 个多光谱波段和 1 个中红外波段，可实现夜间观测，对城市的热点分布进行成像监测，而且影像的空间分辨率很高，全色波段的分辨率达到 0.4 m，多光谱波段的分辨率达到 1.6 m，中红外波段的分辨率为 5.5 m。KOMPSAT-3A 卫星主要应用于国土测绘、灾害管理、国防安全、城市热岛及夜间成像跟踪。

2.3 航空遥感数据

航空遥感又称机载遥感，是指利用各种飞机、飞艇、气球等作为传感器运载工具在空中进行的遥感技术，是由航空摄影侦察发展而来的一种多功能综合性探测技术。

航空遥感中的光学载荷，是应用最早、最为广泛的航空遥感载荷。航空遥感具有机动灵活、影像分辨率高的特点，是获取自然资源信息的重要手段之一。同时，航空遥感中的光学载荷，由于其在可见光波段实现“所得即所见”，符合人类视觉解译的特点，也是应用最为古老和广泛的载荷。

航空遥感具有技术成熟、成像比例尺大、地面分辨率高、适于大面积地形测绘和小面积详查及不需要复杂的地面处理设备等优点。缺点是飞行高度、续航能力、姿态控制、全天候作业能力及大范围的动态监测能力较差。

飞机是航空遥感主要的遥感平台，飞行高度一般为几百米至几十千米。具有影像分辨率高、不受地面条件的限制、调查周期短、测量精度高及资料回收方便等特点，可根据需要调整飞行时间和区域，特别适合局部地区的资源探测和环境监测。不足之处是航空平台的飞行高度和续航时间有限，只能小范围进行，而且受天气和飞行姿态影响较大。遥感方式除传统的航空摄影外，还有多波段摄影、彩色红外和红外摄影、多波段扫描和红外扫描、侧视雷达等成像遥感；也可进行激光测高、微波探测、地物波谱测试等非成像遥感。航空遥感是非常先进、完善的遥感技术。

无人机方面，按照平台构型的不同，可将无人机分为无人直升机、多旋翼无人机、倾转旋翼和垂直起降固定翼无人机、无人伞翼机和无人飞艇等。警务工作中应用的无人机类型多为多旋翼、固定翼两种类型。多旋翼无人机通过来自多个悬翼产生的升力保持机身的平衡，并可以通过机翼的旋转速度控制机体平衡与状态，具备可悬停、操作简单、半智能化、机动灵活和稳定性强的特点，其缺陷主要是高度和距离受限大，续航能力弱。固定翼无人机的动力来自螺旋桨和涡轮发动机，由机翼和空气之间的相对运动提供升力，其优点主要是速度快、运载能力强和续航能力强，缺点是灵活性差、无法悬停。

1. 无人直升机

无人直升机（图 2.16）有多种类型，按动力来源不同，分为油、电和油电混合三种类型。油或油电混合类型的无人直升机噪声和机身震动都比较大，成本比较高且结构复杂、寿命短；在低温和海拔较高处使用时，点火很困难且操控性比较差。电动直升机操控性和机动性都较好，在各种海拔和低温环境下都可正常使用，且其维护简单、成本低、飞行噪声小、抗风能力强、反应速度快。因此，电动直升机应用优势较多。警用无人直升机应满足特殊行业的需求，具备较强的载荷、抗风、续航、速度、机动能力，同时应该具备较快的反应时间和在高海拔、低温、高盐等极端环境下正常工作的能力，并可以挂载不同类型的载荷，能够执行不同的任务。

图 2.16　无人直升机

2. 多旋翼无人机

多旋翼无人机（图 2.17）造价低、操作简单，是一种消费级的航拍飞行器，目前市场上被广泛使用的就是这种类型的无人机。但是，由于其机身材质和机型大小的限制，在抗风、续航和速度等方面都有很大的缺点。国内无论是民用还是警用无人机，使用最多的都是大疆品牌的系列无人机，此款无人机也是国内执法机构使用最多的机型。

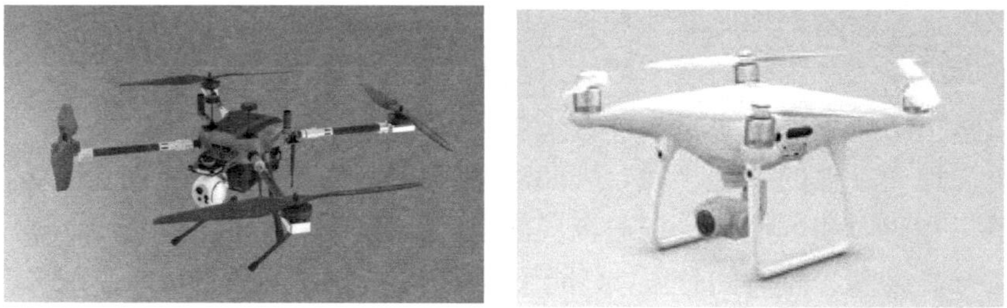

图 2.17　多旋翼无人机

3. 倾转旋翼和垂直起降固定翼无人机

倾转旋翼和垂直起降固定翼无人机（图 2.18）具备垂直起降的能力，没有良好的低空飞行和悬停性能。另外，载荷小、体积大、速度慢也是其主要缺点，不适合用于公安机关处理突发情况。

倾转旋翼和垂直起降固定翼无人机具有滞留时间长、飞行距离远等特点，在起降时候对场地的要求比较高。并且，其抗风性能和载荷能力都较弱，低空飞行和可操作性都不高，很难在城镇、山地和森林等复杂环境中使用。在需要对目标进行详细侦察的警务行动中，其不具备悬停能力和目标跟踪能力，因此并不适用。

图 2.18　倾转旋翼和垂直起降固定翼无人机

4. 无人伞翼机

无人伞翼机（图 2.19）也属于无人机类型的一种，也可用于警务工作。该款无人机由飞行员在地面全程控制，其遥控系统安全可靠。可搭载的负荷较大，能够完全满足航拍、通信中继、巡逻和空投等任务。

图 2.19　无人伞翼机

5. 无人飞艇

无人飞艇（图 2.20）是对现有无人机的一种补充，它可以依靠囊内储存的氦气所提供的升力克服自重升空，具备天然的悬停能力，并且载重能力强，可以长时间滞空。基于其自身设计特点，无人飞艇一般具有续航时间长、垂直起降、安全平稳、低速等特点，并且价格低廉、操作方便、安全可靠。依靠艇上搭载的测控系统，可将飞行数据实时地传回地面。

图 2.20　无人飞艇

2.4 地网大数据

地网大数据主要包括地面视频监控数据、网络信息、电磁信息、公安业务信息、地理信息等，该类数据是公共安全大数据的重要组成部分，是国家公共安全事业现代化技术的重要数据支撑。依托这类数据，并借助计算机和网络的保障能力，可以提高公共安全事业的优化管理水平，进一步缩短刑事侦察及公安办案的时长。

2.4.1 地网大数据类型

1. 地面视频监控数据

地面视频可涵盖视频中的细节信息，例如：卡口车辆身份、通行数据，闸机行人身份核验，重点场所人脸数据等视频监控数据，还可以涵盖边防监控信息等。卡口车辆身份、通行数据是电子警察与部分专用车辆管控卡口对违法违规骑车进行监控拍照及车辆通行监控拍照获得的监控视频。能够二次处理后获得车辆的子类型、驾乘人员的信息。闸机行人身份核验是对闸机过往行人进行身份核验检查时获得的视频数据。重点场所人脸数据是对地铁、网吧、车站等重点场所监控所获得的人脸识别视频。边防监控数据是对边防口岸、要道的人员、车辆进行可见光和红外视频监控获得的数据。社会面监控、治安卡口、车辆卡口和治安检查站视频数据可以通过公安视频专网的地市级一体化视频信息指挥调度系统获取，其所处网络的安全等级为中等，数据类型包括离线和在线视频监控数据，离线视频数据格式包括 MPEG、MPG、DAT、MP4、AVT、MPAI、WMV、RM、VB 等，在线视频数据符合《公共安全视频监控联网系统信息传输、交换、控制技术要求》（GB/T 28181—2016）中相关压缩编解码协议和视频流获取协议，主要为 H.264 格式。公共监控视频具有关键的社会性功能，其具有的特点如下。

（1）显微性和直观性。监控设备获取到的视频数据能够真实、客观地反馈给工作人员，基于此工作人员进行的后续工作是一种直观的对真实情况的判断和理解。同时，随着科技手段的进步，一些设备允许工作人员对视频数据进行缩放和连贯跟踪等处理，能够从更加细微的角度分析场景。

（2）扩展性和兼容性。公安系统可以通过互联网获取公共安全的相关视频数据，这是一种社会信息资源的快速获取过程，与此同时获取到的信息将会被赋予法律效应，并为案件的侦察和判断提供帮助。从实际的角度来讲，公共监控视频数据的扩展性和兼容性能够根据功能的需要添加对应模块，满足各种场景的需要。

（3）侦察性和预防性。鉴于监控设备的情景嵌入模型，监控视频数据的存在对犯罪行为起到一定的警示作用，在一定程度上使进入监控区的人员不自觉地开始规范自己的行为，从而减少违法犯罪行为的发生。同时，监控视频数据对案件的侦破具有极大的支撑作用，公安人员可以通过对视频数据的分析得到后续判罚的证据和案件进行的线索。

（4）动态性和控制性。公安视频监控是可控的，能够在一定区域内、一定的时间范围内，动态地监控，对排查可疑人员和发现犯罪行为具有重要作用。

2. 网络信息

网络信息包含文本、视频、音频、图片及地理信息等，数据类型包括 TXT、HTML、MP4、WMV、GIF、XML 格式组织的数据包、二进制格式的网络数据包等各种类型的结构化、半结构化及非结构化的海量数据。由于网络上存在各种各样的设备、协议和服务，网络本身的连接方式也多种多样，这就必然会导致网络数据格式的千差万别，要对网络数据进行采集和处理，网络数据格式按照协议标准定义。标准协议的数据格式主要有简单网络管理协议（simple network management protocol，SNMP）、Telnet 协议、安全外壳（secure shell，SSH）协议等，其中网络数据通过网络爬虫或网站公开应用程序编程接口（application programming interface，API）等方式从网站上获取数据信息。将非结构化数据、半结构化数据从网页中提取出来，并以结构化的方式将其存储为统一的本地数据文件。它支持图片、音频和视频等文件的采集，且附件与正文可自动关联。对网络流量的采集则可使用：深度包检测（deep packet inspection，DPI）或动态流检测（dynamic flow inspection，DFI）等带宽管理技术进行处理。目前数据多处在公网系统、互联网上，安全等级较低，需要布设安全防范和防入侵策略。

3. 电磁信息

电磁信息主要指无线保真（wireless fidelity，WiFi）数据，是通过 WiFi 探针获取的手机媒体存取控制位置（media access control address，MAC）地址、手机号等信息，来自公安信息网，其安全等级较高。WiFi 探针可以采集到的数据有：设备 MAC 地址、WiFi 信号强度、WiFi 信号频道、信号类型。通过 WiFi 探针获取手机 MAC 地址，WiFi 采用的协议集可为 IEEE802.11，此协议集包含许多子协议。其中按照时间顺序发展，主要有：802.11a、802.11b、802.11g、802.11n。在网络通信中，数据被封装成了帧，帧就是指通信中的一个数据块。但是，帧在数据链路层传输的时候是有固定格式的，不是随便地封装和打包就可以传输，大小有限制，最小 46 字节，最大 1 500 字节。WiFi 数据的记录格式包括：探针 MAC、抓取的设备 MAC、信号强度、设备发送的 WiFi 包的类型、时间戳。“探针 MAC”就是探针本身的 MAC 地址；“抓取的设备 MAC”指探针抓取到的 WiFi 信号的发射设备的 MAC 地址，一般为手机；“信号强度”指探针抓取到的 WiFi 信号的强度，最小值为“-100”，一般来说，此值越大表示发射设备离探针越近；“设备发送的 WiFi 包的类型”指探针抓取到的 WiFi 信号的类别，其末位数的值为 0、4、8 时，分别表示抓取到的 WiFi 信号为“管理”帧、“控制”帧、“数据”帧；“时间戳”指探针抓取到的 WiFi 信号的时间，如果探针在局域网内使用而没有接入广域网，时间戳可能是不准确的。

4. 公安业务信息

公安业务信息具体内容包括 7 个方面。①人员：人员基本信息、户成员、暂住人口、重点人员登记、重点人员预警信息、驾驶员登记、盘查人员、入所审查人员、电话号码、重点人员及关系人员、人像照片、嫌疑人管理信息、房屋出租信息及承租人、房屋出租信息及出租人等。②车辆：车辆登记信息、高速卡口（进/出）、重点人员车辆、违章车辆、涉案车辆、车辆基础信息、道路监控基础信息、布控信息、布控车辆报警信息、监控设备信息、监控系统信息、过车照片信息、系统设备运行管理信息等。③机构：机构注册等。④案件：案件处理措施结果执行表、案件处理措施、案件基本信息、报案人、嫌疑人等。⑤物品：涉案物品、SIM 卡信息、治安盘查物品等。⑥轨迹：刑满释放人员、收教所、戒毒所、拘留所、看守所、出入境（出境港澳台）、出入境（常住境外）、火车、旅馆、网吧、民航（进/出港）、两牢人员、电子热点、电动车射频识别（radio frequency identification，RFID）等。⑦接处警：接警、处警等。⑧重大事件情报：情报主体内容、情报主体内容报送单位、情报主体内容评分信息、情报主体内容字典关联等。

5. 地理信息

地理信息数据包括基础支撑数据和城市交通数据。其中：基础支撑数据可由航天星图等数字图像服务平台提供，以航天星图为例，用于汇集平台软件的构建，包括全国 5 m、关注地域 0.8 m 分辨率影像数据和全国 30 m DEM 数据，数据格式为 GeoTIFF 或 IMG；城市交通数据来自公安信息网的警用地理信息系统（police geographic information system，PGIS），是监控视频、交通控制信号、交通事故接处警、警车 GPS 定位、交通违章检测、警力分布、交通标志、停车场位置、路况监控、交通路径等数据，数据格式为 shp。其中 PGIS 数据文件格式按照 Shapefile 文件方式存储为 GIS 数据的文件格式。至少由 shp、dbf、shx 三个文件组成，分别存储空间、属性和前两者之间的关系。相关的执行标准有《城市警用地理信息分类与代码》（GA/T 491—2004）、《城市警用地理信息图形符号》（GA/T 492—2004）、《城市警用地理信息系统建设规范》（GA/T 493—2004）、《城市警用地理信息属性数据结构》（GA/T 529—2005）。PGIS 主要针对地图应用获取坐标数据，每条坐标数据大概 0.5 KB，具体的坐标数据量根据实际应用计算。PGIS 数据属于部、省、市三级公安系统，处于公安信息网中。

2.4.2 地网大数据分析

基于不同的地网大数据，可以进行以公共安全事件为驱动的数据利用、挖掘和分析。从地网大数据中可以提取为公共安全服务的有效信息，综合利用多种有效信息源，促进案件侦破并预防犯罪行为发生。不同地网大数据，可以对应相关的计算模型进行分析利用。本小节从不同角度，介绍地网大数据模型的分析技术。

1. 地面监控数据分析技术

当前的公安监控视频数据是海量的，为了更高效且有效地利用视频监控数据，需要利用现代化的技术对数据进行分析和计算。在这样一个大背景下，公共安全与视频监控数据的融合则显得尤为必要。必要的融合可以提高工作人员对视频数据处理的速度，并可以保障对数据分析的准确性，为社会公共安全的治理提供强有力的支持。目前，云计算、大数据等技术已经发展得较为成熟，这些技术对处理公共安全事件和视频数据的融合具有帮助。可以通过公安监控视频数据的信息联动融合，锁定案件关键点、分析视频中呈现的案件线索。

为有效地加强公共安全视频监控大数据的融合，科学规划融合的途径是首要任务，可以基于公共安全视频监控的目的和功能规划融合的方式。例如公安案件处理时，主要的需求是提取到有用的信息，对嫌疑人进行轨迹的跟踪和状态的判定，从而实现快速查找和准确定位。公共安全和视频监控数据的融合需要从辅助办案和维护公共秩序入手，科学设置不同的模块，合理分析不同来源的数据，处理关键信息获得有效信息，提高公安办案的效率，实现公共安全视频监控与大数据相结合的社会价值。

2. 网络信息分析技术

智慧警务时代的公共安全信息化目标已经不再局限于系统功能的扩展和性能的提高，而是切实具备有效应对复杂多变情况、维护国家长治久安、保障人民安居乐业的整体能力，即构建“人-机-物”有机融合的公共安全信息网络体系。

网络信息中的各类社会公共安全单元和要素，需有一定的手段链接起来，实现风险态势的感知，并能够进行预警和精确打击，实现动态管控，完成资源的网络化、服务化、体系化协同运作。在体系工程方法论的指导下构建公共安全网络信息体系的建设。以公共安全网络信息体系的顶层设计方法为例，需要明确网络中心、信息主导、体系支撑的典型特征，明确业务愿景；同时建立由能力视图、作战视图、系统视图、数据与信息视图及标准视图所构成的体系结构；构建“一个网络、一个中心和三个平台”组成的公安网络信息体系，其中具体指公安信息栅格网络、警务大数据中心、研指平台、警务综合平台和办公平台，另外还有新技术应用、基层智慧警务和专业大数据应用、安全保密运维及集成验证等八大要素组成的公安网络信息体系。

3. 电磁信息分析技术

在新的空间电磁信息技术体系下，实现多模式技术融合的电磁信息感知传输与计算一体化，其中一个需突破的关键技术问题是空间电磁大数据的表征、同化与挖掘。需要研究多源异构电磁大数据的统一表征框架、电磁空间大数据对电磁物理模型的同化机理，以及各类电磁大数据智能挖掘、学习与信息定量提取理论与方法。

电磁大数据智能感知是以电磁物理理论为指导，将大数据处理理论和方法引入电磁信息感知，有机地结合形成空间电磁信息感知的新理论、新方法和新机制。以电磁物理理论为指导，采用大数据处理方法，寻找被测目标对象表征域，在空间、时间、频谱或极化域，获取被测目标对象的空间位置、散射特征和运动特性等几何和物理特征。研究电磁信息大数据处理方法和主要应用技术，对进一步研究开发电磁领域大数据应用技术、提高空间电磁信息应用能力有支持作用。

4. 地理信息分析技术

地理信息数据对城市的公共安全有着重要作用，通常地理信息系统可为城市提供各种公共安全危险源的监测及相关信息，包括城市的重大危险源和城市公共场所、各种基础设施设备与保护目标等，并可对城市可能面对的自然灾害进行全方位的监测，密切监测城市道路交通状况，再者是对城市中的恐怖袭击及破坏情况进行密切的监测。地理信息系统可用于城市中人口较为密集和接触频繁及流动性较大的区域，这对城市中群众力量的发挥具有积极的辅助作用，可实现危险信息的互相传递，使城市中的人们在短时间内知晓公共安全事件危险情况，尽量避免各种危险源危及人们的生命和财产安全等。

城市中人员密集疏散一般是建筑物内发生火灾时需要开展的重要工作，而火灾属于城市公共安全中的突发事件，人员疏散的难度较大，稍有不慎便会对人们的生命和财产安全造成威胁。地理信息系统具有准确无误的室内定位技术，这种室内外无缝定位技术对人员的应急疏散指挥具有积极作用。地理信息系统具有独特的空间表现和场景分析功能，建筑物内密集人员疏散时，可以通过地理信息系统进行建筑物内实际情况的重建，获得详细的数字化地图，这时参与疏散的消防人员可以在短时间内了解建筑物内的布局和结构，地理信息系统为其提供非常详尽且画面感强的建筑物内地图，保证密集人员疏散工作顺利开展，尽量减少人员伤亡。

第 3 章　公共安全事件表达与识别

公共安全事件表达与识别是事件表达的一部分。事件是客观世界的活动，是指在某个特定的时间和环境下发生的，由若干角色参与，表现出若干动作特征的事情。如何将公共安全事件中的知识要素进行抽取、理解和存储，表达成计算机可以接受的数据结构，一直是人工智能领域中知识表示的研究方向和热点。知识图谱是知识表示的重要技术之一。利用知识图谱技术可以发现海量异构数据公共安全事件中的关联关系，从而为公共安全事件的表达与识别提供抓手。

因此，本章将针对公共安全事件类型多样与机制各异等特点，首先研究公共安全事件中的实体与关系抽取方法，构建公共安全事件知识表示方法；在此基础上，研究公共安全事件知识图谱构建方法；最后构建基于知识图谱和表示学习的公共安全事件识别方法。

3.1　知识图谱构建技术

3.1.1　基本概念

按照维基百科描述，知识图谱是 Google 公司用来支持从语义角度组织网络数据，从而提供智能搜索服务的知识库。知识图谱以结构化三元组的形式存储现实世界中的实体及关系并表示为 $G=(E, R, S)$。其中 $E=\{e_1, e_2, e_3, e_{|E|}\}$表示实体集合，$R=\{r_1, r_2, r_3, r_{|R|}\}$表示关系集合，$S\subseteq \boldsymbol{R}\times\boldsymbol{E}\times\boldsymbol{E}$ 表示知识图谱中三元组的集合。比如三元组“首都（华盛顿，美国）”，其中“首都”是关系，“华盛顿”和“美国”是实体。从图结构的角度看，实体在知识图谱中表示为节点，而关系表示为连接两个实体的有向边。在公共安全事件知识图谱中节点表示公共安全事件和发生地点名称，边表示两个节点之间的语义关系，即发生地，如图 3.1 所示。

为了构建公共安全事件知识图谱，需要对公共安全事件中的实体、关系及属性进行抽取分析。以下主要对公共安全事件中的实体、关系抽取方法进行分析。

3.1.2　图谱知识抽取方法

领域知识是构建公共安全事件知识图谱的基础，本小节主要对公共安全领域的知识抽取技术进行研究分析。

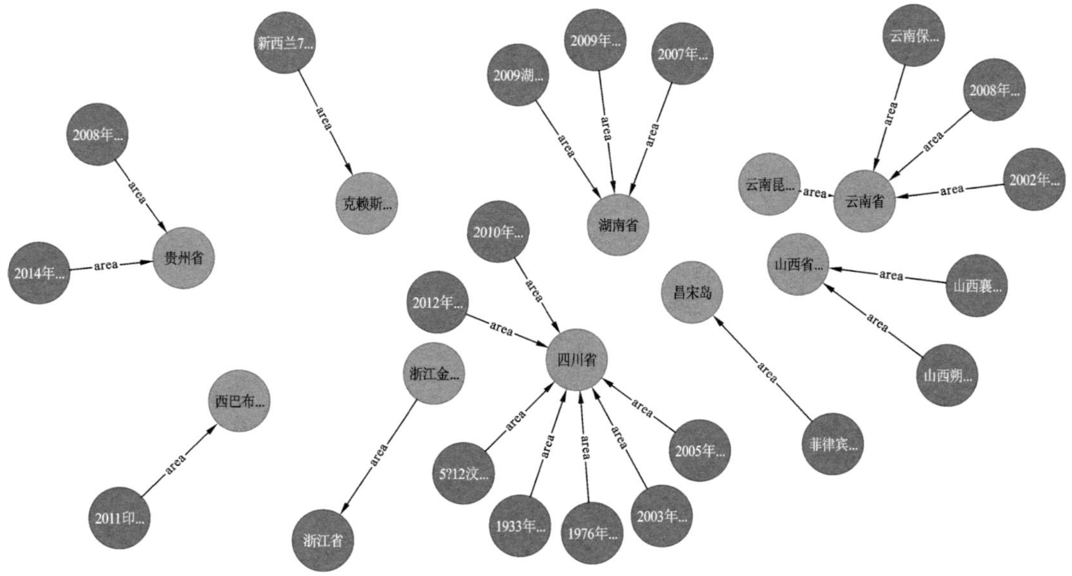

图 3.1　公共安全知识图谱示意图

顾险峰（2016）提出知识获取的目标是从互联网上海量的文本数据中通过信息抽取的方式获取知识，具体方法根据数据源的不同而有较大差异。公共安全知识图谱中数据来源包括各种形式的结构化公共安全数据、半结构化公共安全数据和非结构化公共安全文本数据（纯文本）。由于互联网上的公共安全信息多数以非结构化文本的形式存在，对非结构化文本的信息抽取可以获得大量的高质量的公共安全数据。

公共安全领域知识需要从大量的自然语言文本中获取知识，如何针对自然语言文本进行建模，是近年来学者们研究的重点。为了方便使用机器学习和深度学习的相关算法对自然语言文本进行训练，学者们提出了对词语进行向量化表示，用一个数值化的向量或者张量来表示一个词或者句子。词语向量化表示通常分为离散表示（discrete representation）、分布式表示（distributed representation）。

One-hot 模型（刘知远 等，2016）是早期自然语言领域分析文本最常用的方法。这是一种高维、稀疏的表示方法，向量的维度大小取决于词典的大小。在 One-hot 模型中，单词被表征为一个定长（其长度为词典大小）的数值向量，向量中仅有一个代表该词位置的分量为 1，其余分量为 0。One-hot 模型非常简洁明了，易于理解，往往和其他模型一起完成自然语言处理领域的问题。但是 One-hot 模型表示也存在以下问题。

（1）词向量的生成依靠词在字典中的位置。

（2）编码得到的向量存在维度灾难问题。词向量的维度完全取决于词典大小，因此当文本中词语过多时，生成的词向量的维度会发生“爆炸”，难以使用计算机进行处理。

（3）词向量过于稀疏。每个词向量只有一个维度为 1，其他维度全部为 0，因而难以进行复杂的运算。

（4）词语之间过于独立，无法表示两个词的相似程度。如果出现两个意思相近的词，比如“计算机”和“电脑”，两个词的向量之间完全独立，无法学习到语义之间的相似度。

词向量领域的研究中有学者提出了 Word2vec（word to vector）模型（Mikolov et al.，2013），并在机器翻译、文本分析、实体识别等领域取得了较好的表现。2013 年，Google

团队发布了 Word2vec 工具。Word2vec 工具主要包含两个模型：跳字（skip-gram）模型和连续词袋（continuous bag-of-word，CBOW）模型。前者利用上下文信息来预测目标词语，而后者则相反地利用当前词语来预测上下文，如图 3.2 所示。图 3.2（a）为 CBOW 模型示意图，假设 Context(w_t)表示上下文信息，w_t 表示当前词，Context(w_t)=(w_{t-2}, w_{t-1}, w_{t+1}, w_{t+2})表示 w_t 的上下文，T 表示总序列长度。CBOW 模型的最大化目标函数为

$$L_{\text{CBOW}} = \frac{1}{T}\sum_{t=1}^{T}\log_2 p(w_t \mid \text{Context}(w_t)) \tag{3.1}$$

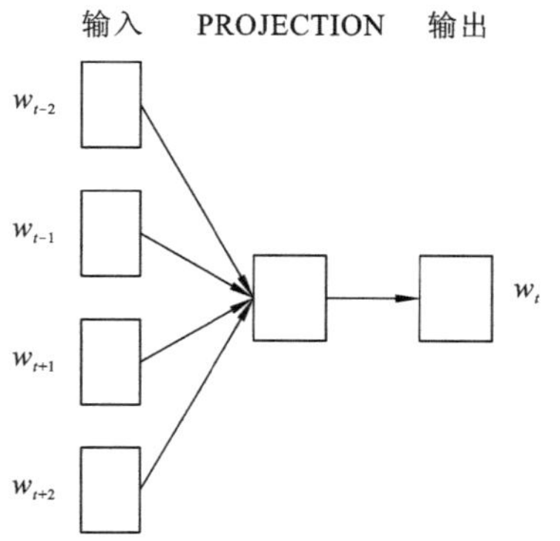

（a）CBOW模型

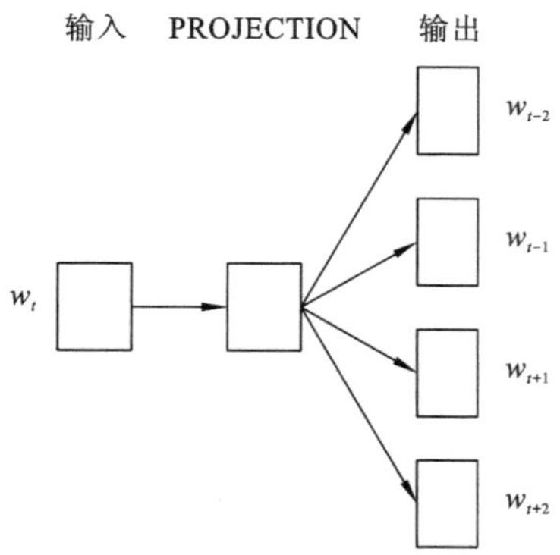

（b）skip-gram模型

图 3.2　CBOW 模型和 skip-gram 模型示意图

图 3.2（b）为 skip-gram 模型示意图，该模型通过当前词语预测上下文，通过 w_t 生成（w_{t-2}, w_{t-1}, w_{t+1}, w_{t+2}），预测的最大化目标函数为

$$L_{\text{skip-gram}} = \frac{1}{T}\sum_{t=1}^{T}\sum_{-c\leqslant j\leqslant c, j\neq 0}\log_2 p(w_{t+j} \mid w_t) \tag{3.2}$$

自然语言处理任务中，句子、段落等都是基于时间序列的数据，通常处理当前词语的时候需要考虑词语的上下文信息。比如生产式对话任务中，预测下一个单词的时候通常需要考虑词语之前所有的单词信息。

循环神经网络（recurrent neural networks，RNN）在神经网络中引入了循环单元，用于保留序列的历史信息。其公式如下：

$$\boldsymbol{h}_t = \phi(\boldsymbol{W}\boldsymbol{h}_{t-1} + \boldsymbol{U}\boldsymbol{x}_t + \boldsymbol{b}) \tag{3.3}$$

目前神经元的隐藏状态可以表示为前一个神经元隐藏状态 $\boldsymbol{h}_{t-1}$、目前输入 $\boldsymbol{x}_t$、权重矩阵 $\boldsymbol{U}$ 和 $\boldsymbol{W}$ 及偏移 $\boldsymbol{b}$ 的函数，ϕ 表示激活函数。这些网络的权重基于通过时间的反向传播算法（back propagation through time，BPTT）进行更新。

BPTT 每次传播的步骤可以认为是循环神经网络的一次展开，在整个循环神经网络展开的过程中神经网络的参数保持不变，每一步的误差根据训练出的输出和样本输出进行计算。在展开完成之后，循环神经网络的所有参数会被更新，反向传播算法还需要针对所有的参数计算误差的梯度并且求和。

Seq2seq 架构，又称基于编码-解码的序列到序列架构，最早由 Sutskever 开发，其基本思想就是利用一个循环神经网络作为编码器（encoder），另一个循环神经网络作为解码器（decoder）。编码器的循环神经网络在原有模型上进行了一定的修改，它负责将输入序列压缩成指定长度的向量，这个向量就可以看成这个序列的语义；而解码器则负

责根据语义向量生成指定的序列，编码器得到的语义向量 $\boldsymbol{C}$ 作为初始状态输入解码器的循环神经网络，不仅如此，语义向量 $\boldsymbol{C}$ 还参与了序列所有时刻的运算。Seq2seq 架构图如图 3.3 所示。

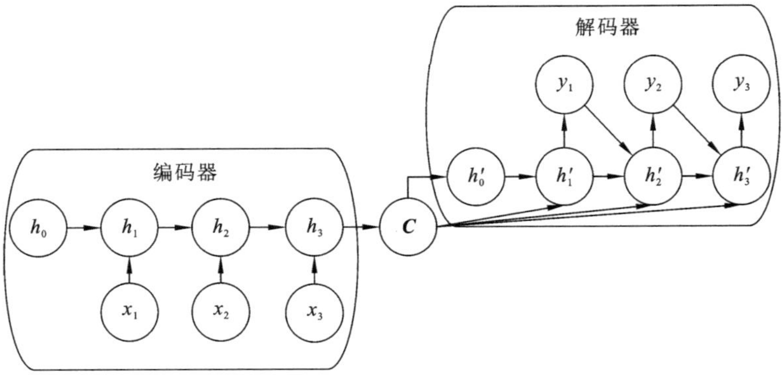

图 3.3　Seq2seq 架构图

虽然循环神经网络能够考虑自然语言文本中的上下文信息，但是存在长依赖问题，也就是说，循环神经网络难以“记住”距离较远的信息。例如，对于一个很长的句子“小明的家乡在安徽合肥。小明外出打工，突然接到了家人车祸的消息，于是他紧急返回了……”，由于该句中缺失词语与其相关联的信息“小明的家乡在安徽合肥”相距较远，RNN 很难预测到这句话中缺失的单词。

长短期记忆（long short-term memory，LSTM）神经网络是一种特殊的循环神经网络（Hochreite et al.，1997），能够学习到长期依赖性。长短期记忆神经网络在循环神经网络的基础上，增加了三个门结构与长期存储状态的结构，用于解决梯度消失与梯度爆炸带来的长依赖问题（图 3.4）。其中，输入门用于对输入信息进行筛选，依据前一时刻输出信息与当前时刻输入信息选择模型输入，其公式为

$$\boldsymbol{i}_t = \sigma(\boldsymbol{W}_i \cdot [\boldsymbol{h}_{t-1}, \boldsymbol{x}_t] + \boldsymbol{b}_i) \tag{3.4}$$

$$\boldsymbol{C}_{1t} = \tanh(\boldsymbol{W}_C \cdot [\boldsymbol{h}_{t-1}, \boldsymbol{x}_t] + \boldsymbol{b}_C) \tag{3.5}$$

遗忘门用于“遗忘”不重要的信息，其公式为

$$\boldsymbol{f}_t = \sigma(\boldsymbol{W}_f \cdot [\boldsymbol{h}_{t-1}, \boldsymbol{x}_t]) + \boldsymbol{b}_f \tag{3.6}$$

状态向量用于长期存储重要信息，其更新公式为

$$\boldsymbol{C}_t = \boldsymbol{f}_t * \boldsymbol{C}_{t-1} + \boldsymbol{i}_t * \boldsymbol{C}_{1t} \tag{3.7}$$

输出门用于筛选并输出当前结果，其计算公式为

$$\boldsymbol{o}_t = \sigma(\boldsymbol{W}_o \cdot [\boldsymbol{h}_{t-1}, \boldsymbol{x}_t] + \boldsymbol{b}_0) \tag{3.8}$$

$$\boldsymbol{h}_t = \boldsymbol{o}_t * \tanh(\boldsymbol{C}_t) \tag{3.9}$$

式中：t 为当前时刻；t-1 为上一时刻；$\boldsymbol{W}$ 为权重；$\boldsymbol{b}$ 为偏置；$\boldsymbol{i}$、$\boldsymbol{C}$、$\boldsymbol{f}$、$\boldsymbol{o}$、$\boldsymbol{h}$ 分别为输入门、状态向量、遗忘门、不包含状态向量的输出和包含状态向量的输出。

由于 LSTM 神经网络只能学习到单向长依赖，为了学习到双向长依赖，在使用时往往采用双向 LSTM 神经网络，双向 LSTM 神经网络由前向 LSTM 神经网络与后向 LSTM 神经网络组成，输出结果通过前向 LSTM 神经网络与后向 LSTM 神经网络的输出结果拼接获得。

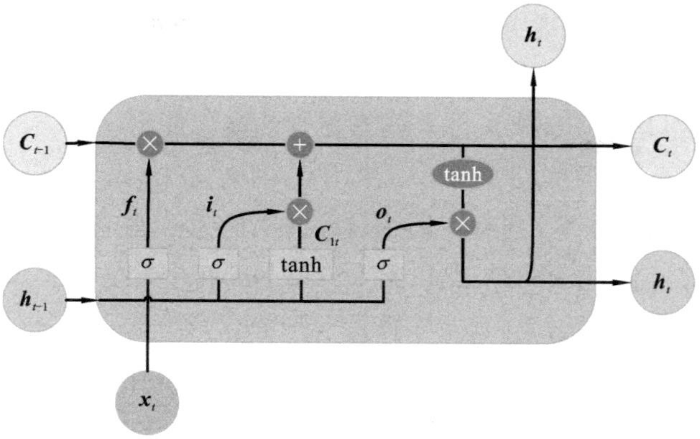

图 3.4　LSTM 神经网络结构图

3.1.3　知识图谱存储

在完成知识图谱中所需要的知识（主要包括实体、关系及属性等）抽取后，需要对上述数据进行存储，从而为知识图谱构建奠定基础。知识图谱的存储一般使用图数据库（graph database）。

图数据库是基于图论实现的一种新型非关系型数据库，它的数据存储结构和数据的查询方式是以图论为基础的。图论中图的基本元素为节点和边，在图数据库中与之对应的是节点和关系。目前常用的图数据库有 Neo4j、OrientDB、TITAN 和 AllegroGraph 等，其中使用最多的是 Neo4j。

图数据在图数据库中表现为具体的数据文件，需要用到图数据模型。目前常用的图数据模型为属性图（property graphs）模型和超图（hypergraphs）模型。Neo4j 属于属性图模型，它具有重要的特征：包含节点和关系。节点可以有一个或多个标签；关系有名字和方向，总是有一个开始节点和一个结束节点。

图计算引擎可以组织存储大型图数据集，并且可以实现全局图计算算法，是一种数据库核心构件，其工作流程如图 3.5 所示。

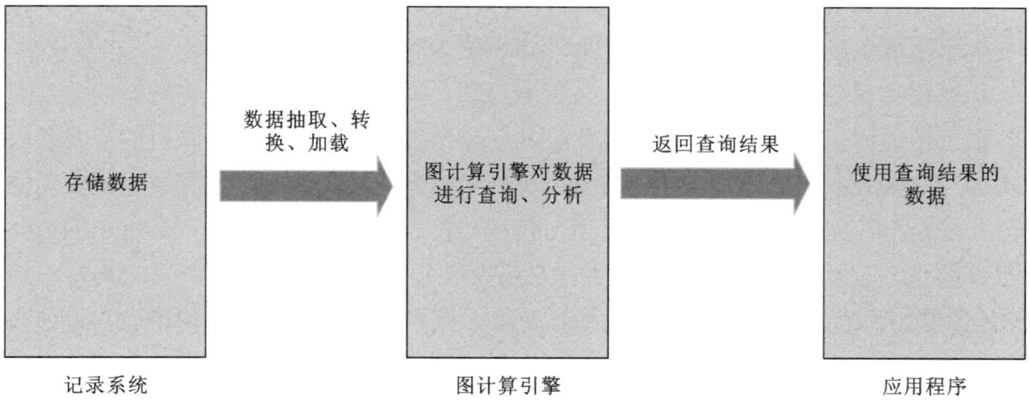

图 3.5　图计算引擎工作流程图

图数据库将关系视为重要元素，使用关系将节点相互关联起来构建更加复杂的模型。图数据库相比关系数据库和其他非关系型数据库可以更加简洁、方便地建立节点之间的关系，将知识相互串联起来，并且具有更强的表现能力。

Neo4j 是基于 Java 实现的非关系型结构化查询语言（non-relational structured query language，NoSQL）图数据库。Neo4j 采用自底向上的方法构建图数据库，它的体系结构旨在优化快速管理、存储和遍历节点和关系。在 Neo4j 中，关系是数据库中最重要的元素，它代表节点之间的相互联系。Neo4j 提供了一个查询与展示一体化的 Web 操作界面，对图数据库做到了数据可视化，形象地展示了数据模型的节点和关系，Neo4j 的 Web 操作界面如图 3.6 所示。

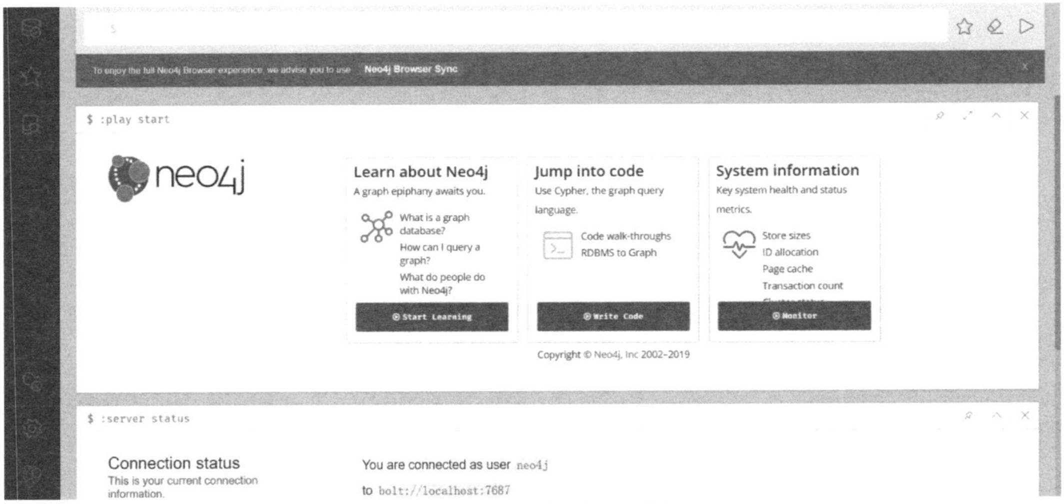

图 3.6　Neo4j 操作界面图

3.2　公共安全事件知识图谱表达

针对公共安全事件的突发性、事故性、群体性等问题，为有效描述公共安全事件，本节提出基于多模态数据的公共安全事件知识图谱表达，如图 3.7 所示。

针对公共安全事件难以高效处理与预测问题，本节提出基于多模态数据的公共安全事件知识图谱构建的方法：对于结构化公共安全事件数据，采用直接映射的方式获取相关实体及其关系；对于非结构化公共安全事件数据，通过图像文字识别技术提取图像中的公共安全事件文本信息，利用深度学习模型与模式匹配技术识别文本数据中的公共安全事件实体，使用基于规则的关系抽取方法抽取公共安全事件实体之间的关系；选用 Neo4j 图数据库存储公共安全事件关系三元组，得到公共安全事件知识图谱，为公共安全事件的识别、监管、预测提供技术辅助。关键性问题包括结构化公共安全事件实体关系抽取和非结构化公共安全事件实体关系抽取。

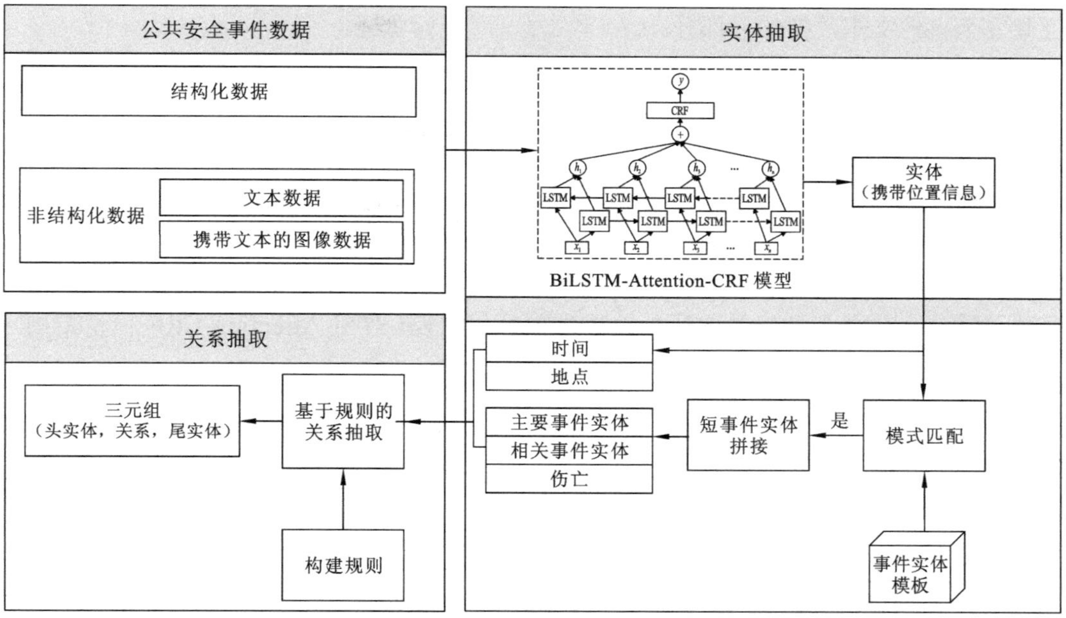

图 3.7　基于多模态数据的公共安全事件知识图谱表达流程图

3.2.1　结构化数据公共安全事件实体关系抽取

由于结构化公共安全事件数据一般具有严格的结构表示，例如公共安全事件相关数据库或从相关数据库中导出的结构化表格，可以通过直接映射的方式得到公共安全事件关系三元组。在结构化数据库中，同一行的各列数据相关，因此在映射关系时，常采用方案：分析结构化数据属性，并根据属性定义实体关系；依据定义的实体关系，选定某一列作为头实体列，另一列作为尾实体列，抽取同行头实体列和尾实体列作为关系三元组的头实体和尾实体，并选用尾实体列属性作为头尾实体之间的关系，构造实体关系三元组。关系映射以结构化地震数据为例，如图 3.8 所示。

图 3.8　结构化数据关系映射示例

3.2.2　非结构化数据公共安全事件实体关系抽取

非结构化数据公共安全事件实体关系抽取包含非结构化公共安全事件实体抽取和非结构化公共安全事件关系抽取。

非结构化公共安全事件数据包含文本数据与含文本的图像数据，对于图像数据，采用图像文本识别技术识别图像中的公共安全事件文本数据，并将识别后的文本数据作为公共安全事件文本数据的一部分。

由于公共安全事件文本数据中，事件描述过于冗长，难以进行识别、处理及应用。因此，采用两步走策略，首先从冗长的事件描述中提取事件重点信息，之后依据规则模板匹配合成精简事件描述。采用双向长短期-注意力-条件随机场（bi-directional long short-term memory-attention-conditional random field，BiLSTM-Attention-CRF）模型（Zheng et al.，2019；Zhong et al.，2004）从公共安全事件文本数据中提取事件时间、地点、事件参与人员、事件除人员外的其余参与对象（此后简称事件对象）、触发词等事件关键信息，并保留实体在原始文本中的位置。BiLSTM-Attention-CRF 模型结构示例如图 3.9 所示。

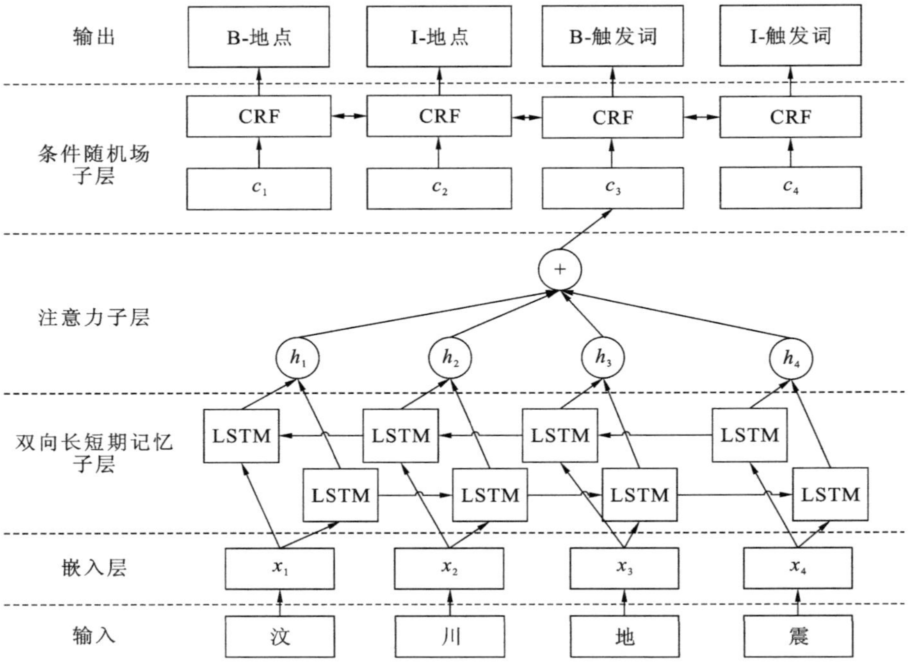

图 3.9 BiLSTM-Attention-CRF 模型结构示例

如图 3.9 所示，BiLSTM-Attention-CRF 分为三层，其中：底层是一层双向长短期记忆网络，用于学习输入的潜在全局特征；中层是一层注意力子层，通过为相邻输入分配不同的权重，使网络更关注重要的信息，从而更容易获取到当前输入的局部特征；上层是一层条件随机场模型，以之前的标签作为指导，计算当前标签的条件概率，提高输出的准确率。

BiLSTM（Liao et al.，2019）基于输入时间序列进行建模，将从左至右和从右至左两个方向的 LSTM 结合起来，具体结构如图 3.9 所示。在对模型输入进行学习时，LSTM 只能按照时间顺序对序列进行处理，学习前文对当前输入的影响，这就忽视了后文对当前输入的影响。因此，引入了第二层 LSTM，该层 LSTM 与第一层 LSTM 顺序相反，也就是按照逆时间顺序处理序列。这种双向的 LSTM 又称为 BiLSTM，能同时学习前后文对当前输入的影响，其输出为前向 LSTM 与后向 LSTM 的拼接。Attention 机制（Dong et al.，2019）根据当前输入的上下文对当前输入的重要性程度，为其赋予不同的权重。Attention 机制目前已广泛应用于机器翻译、图像处理等领域中。针对当前的某个输入，Attention 机制首先计算上下文词对当前词的适配度，并基于适配度计算每个时序的权重，之后根据计算获得的权重为对应的时序向量进行加权，最终为该输入生成单个嵌入向量。Attention 模型如下：

$$\text{output}_i = \tanh\left(\sum_{j=1}^{n} \boldsymbol{a}_{ij} \tanh(\text{input}_j)\right) \tag{3.10}$$

$$\boldsymbol{a}_{ij} = \frac{e^{\boldsymbol{b}_{ij}}}{\sum_{k=1}^{n} e^{\boldsymbol{b}_{ik}}} \tag{3.11}$$

$$\boldsymbol{b}_{ij} = \boldsymbol{w}^{\mathrm{T}} \tanh(\boldsymbol{W} \cdot \text{output}_{i-1} + \boldsymbol{V} \cdot \text{input}_j + \boldsymbol{b}) \tag{3.12}$$

式中：$\boldsymbol{a}$ 为时序权重；$\boldsymbol{b}$ 为词匹配度；$\boldsymbol{w}$ 为词匹配度的训练参数；$\boldsymbol{W}$、$\boldsymbol{V}$、$\boldsymbol{b}$ 分别为输出、输入权重及词匹配度偏置。条件随机场是一个序列化标注算法，常用于实现序列标注任务。条件随机场模型（图 3.10）的原理是，基于上文输出的标注结果，计算当前输出标注结果的概率。该层的作用是为当前预测标签添加标签顺序约束。CRF 层的计算机制如下：

$$P(y \mid x) = \frac{1}{Z(x)} e^{\sum_{i,k} \lambda_k t_k (y_{i-1}, y_i, x, i) + \sum_{i,l} \mu_l s_l (y_i, x, i)} \tag{3.13}$$

$$(x) = \sum_{y} e^{\sum_{i,k} \lambda_k t_k (y_{i-1}, y_i, x, i) + \sum_{i,l} \mu_l s_l (y_i, x, i)} \tag{3.14}$$

式中：t_k、s_l 为特征函数， t_k 又称为转移特征，依赖于当前输入与上一时刻输出，s_l 又称为状态特征，仅依赖于当前输入；λ_k、μ_l 为特征函数对应的权值；$Z(x)$为规范化因子；x 为当前输入；y 为预测序列。

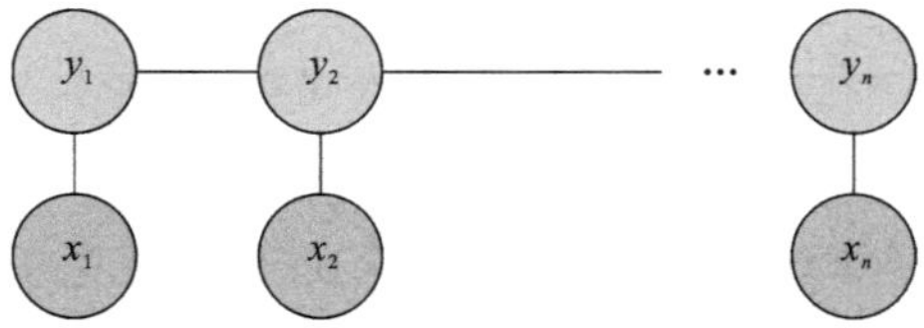

图 3.10　CRF 模型

公共安全事件数据采用公开的中文突发事件语料库（Chinese emergency corpus，CEC）（Zhang et al.，2013），并根据原始标注情况对语料库的生语料重新标注，该语料库包含地震、火灾、交通事故、恐怖袭击和食物中毒 5 类突发事件语料，共计 332 篇。实体抽取部分，在 BiLSTM-Attention-CRF 与经典的 BiLSTM-CRF 两种模型上进行训练，并使用 CEC 标注语料对模型进行评估。实体抽取结果如表 3.1 所示，结果表明，BiLSTM-Attention-CRF 模型的准确率、召回率与 F_1 值的结果均优于 BiLSTM-CRF 模型。因此，相较于经典的 BiLSTM-CRF 模型，BiLSTM-Attention-CRF 模型突发事件实体抽取性能更优，这表明在 BiLSTM-CRF 模型中加入 Attention 子层，获取输入的局部特征，能够有效提高实体抽取的效果。

表 3.1 BiLSTM-CRF 模型和 BiLSTM-Attention-CRF 模型的比较

模型	准确率	召回率	F_1
BiLSTM-CRF 模型	0.645	0.593	0.618
BiLSTM-Attention-CRF 模型	0.666	0.635	0.650

在获取组成事件的关键实体后，即可对事件实体进行重构。触发词是触发事件实体的核心，同时具有相同触发词的事件往往表述受限，因此可以通过模式匹配策略实现完整事件实体的拼接。模式匹配策略的实施方案：分析事件高频表述形式，以触发词为核心构建事件实体模板；使用事件实体模板与携带位置信息的事件关键信息进行匹配，将满足要求的事件关键信息拼接为事件实体；保留时间、地点实体及其位置信息，同时输出拼接后的事件实体，事件实体的位置信息与组成该事件实体的触发词位置一致。

基于规则的公共安全事件实体拼接算法见算法 1。

算法 1 基于规则的公共安全事件实体拼接算法

输入： 包含位置信息的事件元素实体集 E.

内置： 主要事件实体规则集 MR，相关事件实体规则集 RR，应对方式规则集 AR，死伤事件实体规则集 CR.

输出： 包含位置信息的事件实体集 Ev.

```
for each e∈E
    if e match in MR then
        从 E 中查找与 e 满足匹配规则的地点、事件对象、事件参与人员类型的实体，并拼接为主要事件实体 E
        将拼接后的主要事件实体添加到 Ev 中，将 e 的位置作为新拼接主要事件实体的位置
    else e match in RR then
        从 E 中查找与 e 满足匹配规则的地点、事件对象、事件参与人员类型的实体，并拼接为相关事件实体 E
        将拼接后的相关事件实体添加到 Ev 中，将 e 的位置作为新拼接相关事件实体的位置
    if e match in AR then
        从 E 中查找与 e 满足匹配规则的地点、事件对象、事件参与人员类型的实体，并拼接为应对方式实体 E
        将拼接后的应对方式实体添加到 Ev 中，将 e 的位置作为新拼接应对方式实体的位置
    else e match in CR then
        从 E 中查找与 e 满足匹配规则的事件参与人员类型的实体，并拼接为死伤实体 E
        将拼接后的死伤实体添加到 Ev 中，将 e 的位置作为新拼接死伤实体的位置
    else e 属于‘时间’类型或‘地点’类型 then
        直接将 e 添加到 Ev 中
    end if
end for
```

3.2.3 公共安全事件关系抽取及图谱构建

公共安全事件实体由抽取到的事件元素实体拼接获取。因此，在原始公共安全事件文本中难以找到相同数据，这使得基于机器学习的关系抽取方法难以应用在本书中。为解决上述问题，本小节设计一种基于规则的公共安全事件关系抽取算法，将携带位置信息的公共安全实体输出作为关系抽取语料，从而保证抽取到拼接实体之间的关系。由于采用的数据来源为公共安全事件相关的新闻报道与官方通告，实体分布具有强规律性，可以依据实体分布的强规律性，分析不同类型实体之间的潜在关系规律，构建关系抽取规则，抽取不同类型实体之间的关系。基于规则的公共安全事件关系抽取实施步骤：分析哪些实体类型下的实体之间存在关系，并将具有关系的实体的一对实体类型定义为触发词对；分析并提取具有关系的实体之间的位置规律；以触发词对与位置规律为核心，构建关系抽取规则；将关系抽取规则与实体抽取输出进行匹配，获取公共安全事件关系三元组。

基于规则的公共安全事件关系抽取算法见算法 2。

算法 2　基于规则的公共安全事件关系抽取算法

输入： 事件实体集 Ev.

内置： 关系规则集 RL，边界划分规则集 BL.

输出： 关系三元组集 T.

for each $e \in$ Ev
    if e belongs to BL **then**
        使用 e 对事件的范围进行划分
    end if
    if e and $o \in$ Ev match in RL and e 和 o 属于同一事件范围 **then**
        $(h, l, t) \leftarrow (e, \text{relation}, o)$ and 将 (h, l, t) 存入关系三元组集 T
    end if
end for
将 $(h, l, t) \in T$ 全部存入图数据库中

图 3.11 为本小节构建的公共安全事件知识图谱局部示例。公共安全事件知识图谱由获取的关系三元组集合组成。其中，圆圈部分表示实体节点，节点之间的有向线段表示实体之间的关系。实体部分包括时间实体、地点实体、主要事件实体、相关事件实体、伤亡实体 5 类。从图中可以看出，从一个公共安全事件实体出发，可以查询到与该实体具有某种关系的所有实体。因此，通过公共安全事件知识图谱，可以为公共安全事件的检索、推理等应用提供一定的技术辅助。

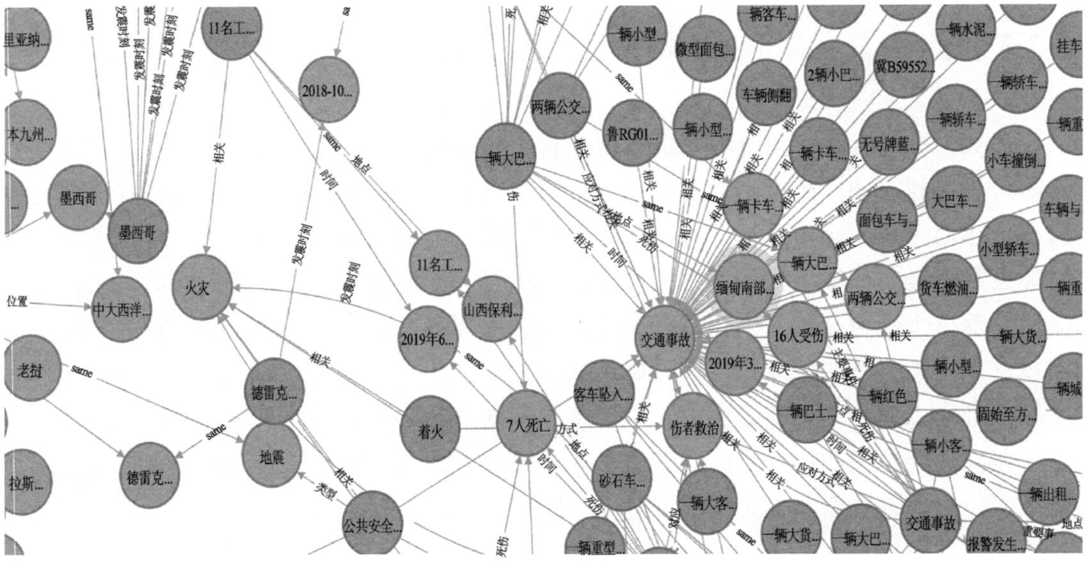

图 3.11　局部公共安全事件知识图谱示例

3.3　基于知识图谱表示学习的公共安全事件识别

在完成公共安全事件知识图谱构建的基础上，需要利用构建的知识图谱进行推理，从而实现公共安全事件的识别。但是，在知识图谱中做推理的时候通常会遇到一些问题，这就是知识图谱是符号化的、离散的点，而公共安全事件识别应用通常需要连续性地推理，从而实现一定的鲁棒性。此外，传统的知识图谱推理很难进行长链、全局化的推理，因为需要存在组合爆炸的问题，解决这个问题的方法就是利用知识图谱表征学习（representation learning）。

表征学习又称表示学习（朱继召 等，2018），是将知识图谱中的实体和关系映射到低维空间，学习得到实体和关系的向量表示，这种低维稠密的向量表示不仅蕴含了知识图谱内在的结构信息及实体和关系的属性特征，还具有丰富的语义信息。因此，本节研究基本思路是将基于网络嵌入模型构建公共安全事件的知识图谱的低维向量表达，通过获得的低维向量表达规约到一个统一的表示空间，再利用非监督学习对表示空间进行聚类，实现公共安全事件全过程多要素的公共安全事件识别。

依次学习（Wang et al.，2018）、多任务学习（Wang et al.，2019）等策略可以进行公共安全事件知识图谱的表征学习。

依次学习首先使用知识图谱特征学习得到公共安全事件的实体向量和关系向量，然后将这些低维向量引入推荐系统，学习得到公共安全事件向量，实现对公共安全事件的识别。基于依次学习的公共安全事件识别主要用到深度知识感知网络（deep knowledge-aware network，DKN）算法（Wang et al.，2018）。依次学习的优势在于知识图谱特征学习部分和公共安全事件关联部分相互独立。但是在知识图谱很大的情况下，可先通过一次训练得到实体和关系向量，以后每次公共安全事件关联系统模块需要更新时都可以直接使用这些向量作为输入，而无需重新训练（Wang et al.，2018）。

联合学习将公共安全知识图谱特征学习模块和公共安全事件识别模块的目标函数结合，使用端到端的方法进行联合学习，从而实现公共安全事件识别。基于联合学习的公共安全事件识别主要用到协同知识库嵌入（collaborative knowledge base embedding，CKE）算法。联合学习是一种端到端的训练方式，公共安全事件识别模块信息可以反馈到知识图谱特征学习中，这对提高最终的性能是有利的。但是两个模块在最终的目标函数中结合方式及权重的分配都需要精细的实验才能确定。联合学习潜在的问题是训练开销较大，特别是一些使用到图算法的模型（Zhang et al.，2016）。

多任务学习是将知识图谱特征学习模块和公共安全事件识别算法视为两个分离但又相关的任务，使用多任务学习的框架进行交替学习，从而实现公共安全事件的识别。从实际运用和时间开销上来说，交替学习是介于依次学习和联合学习中间的：训练好的知识图谱特征学习模块可以在下一次训练的时候继续使用，但是依然要参与到训练过程中来（Wang et al.，2018）。基于多任务学习的公共安全事件识别主要用到 KG 增强推荐多任务学习（multi-task learning for KG enhanced recommendation，MKR）算法（Wang et al.，2019）。

研究表明采用依次学习的方法对知识图谱进行图嵌入表示，并利用图嵌入表示结果进行公共安全事件识别的效果较好，故采用基于知识图谱的依次学习进行公共安全事件识别。依次学习是将公共安全事件知识图谱首先通过嵌入（embedding）表达，得到公共安全事件知识图谱实体与关系向量，然后引入公共安全事件识别（推荐）系统中学习公共安全事件要素的向量，从而实现公共安全事件的识别。基于知识图谱依次学习的公共安全事件识别流程如下。

（1）进行公共安全事件知识图谱特征表达。将公共安全事件知识图谱中的实体和关系之间进行向量表示。具体为将公共安全事件图谱表达为头实体 embedding + 关系 embedding = 尾实体 embedding。

（2）使用距离函数表征“头实体+关系”和“尾实体”接近的程度，越接近表示距离越小，那么接近程度越高，关系成立的可能性越高；相反，关系成立的可能性越低。

（3）利用基于深度知识感知网络（deep knowledge-aware network，DKN）（Wang et al.，2018）推荐模型来实现公共安全事件识别，该推荐模型主要包括卷积神经网络（convolutional neural network，CNN）和注意力机制网络（attention mechanism network）。首先将公共安全事件中的词嵌入（word embedding）、实体嵌入（entity embedding）和实体上下文嵌入（context embedding）与已有公共安全事件知识图谱中的实体进行匹配。根据所有匹配到的实体，在已有公共安全事件知识图谱中抽取子图。

（4）根据已有知识图谱实体匹配结果和子图，利用卷积神经网络将公共安全事件要素的词向量、实体向量和实体上下文向量作为多个通道在 CNN 的框架下进行融合。

（5）基于 CNN 对公共安全事件要素融合的结果，在判断公共安全事件关联关系时，使用注意力网络给公共安全事件历史记录分配不同的权重，最后根据权重的大小实现对公共安全事件的识别。

第 4 章　个体异常行为认知理解

随着社会的不断进步，科学技术的蓬勃发展对人们生活水平的提升起到了密不可分的作用。特别是 21 世纪以来，人们生活水平不断提升，物质极大丰富，但是保证人们生命财产安全仍是一个不可松懈的责任。如何依赖科技的进步和发展，预防各种各样的突发事件、异常事件的发生，却越来越受到重视，也是目前研究的热点。

随着公共安全大数据的兴起，可以收集越来越多的海量数据。跨时间、跨空间、跨部门等多模态的数据形成数据洪流，使得传统的方法越来越捉襟见肘，不能适应新的发展要求。本章将充分利用多源数据观察和理解个体行为特征，基于深度学习技术研究个体在多个维度上的行为变化规律，具体包括时间、空间、涉及事件、个体间关联关系、个体使用物品、个体涉及内容等方面，理解不同公共安全事件场景下个体行为的基本特征，并实现基本行为的能力，有效提升空天地网大数据公安情报公共安全事件的预测预警能力。Wang 等（2017）将地图进行网格化，但是面临时空数据相对比较稀疏的难题，采用了紧凑的时空加权图（spatial-temporal weighted graph，STWG）来表示时空数据，提出了一个简单的数据增强方案，使用深度神经网络（deep neural networks，DNN）对时空数据进行近似，使用结构递归神经网络（structural recurrent neural network，SRNN）实时预测每一个网格犯罪的数量。周相坤等（2016）论述了个人数据主要是由本体数据、行为数据、多源数据组成，并从这三个方面分别分析了个人数据在反恐情报预警中的重要用途，提供了个人数据在反恐情报使用中的参考价值。陈鹏等（2018）将个人特征数据按照身份、行为和关系三个维度进行分析，首先使用聚类算法来判断个体的行为是否存在异常点信息，其次使用决策树、支持向量机对身份数据进行分类学习从而得到涉恐主体的身份异常结果，再次运用网络分析方法分析关注个体在关系网络中的地位、重要性从而得到关系的异常性，综合分析个体三个维度的信息对目标识别取得比较好的结果。

本章将针对公共安全领域中知识图谱具有跨时间、跨空间、跨部门的多模态的特点，进行一系列异常行为探索：对多源异构数据从整体架构和融合过程等层面进行详述；通过对个体行为轨迹挖掘异常特征，实现异常人员识别；对车辆轨迹进行深层次、全方面、多维度的分析和挖掘，融合车辆粗粒度特征和细粒度特征信息，进而构建一个通用的异常车辆研判模型。

4.1　个体异常行为

要研究如何对个体异常行为进行数据融合及感知，就要先了解个体异常行为的基本特征属性。本章研究的个体异常行为包括人员异常活动和车辆异常活动。个体行为特征数据是在个体身份特征数据与社会感知设备之间碰撞产生的一系列日常行为记录信息，其中交通类数据包括个人在出行中产生的轨迹类数据，如所乘车辆的时空轨迹数据等；

通信类数据包括个人使用通信工具过程中所产生的行为数据。基于以上特征数据可以对异常人员进行初步判定。

异常人员在行为模式上与普通人员有着巨大差异，异常人员在身份、行为、关系上均关联着非常复杂的特征信息，如行为异常、身份敏感等。因此对异常行为的判定需要从多维度进行分析，异常行为事件往往具有时间、空间及属性等多方面的特征因素。要从公共场所中识别出异常活动人员，需要借助公共场所中监控系统、WiFi、基站等数据，其能够有效检测、识别和追踪过往的人员，进而获取过往人员的完整行为轨迹。异常活动人员一般具有较强的目的性和规律性，通过对异常人员的行为特征做深入的剖析和挖掘，比如公共场所的停留时长、出现频次、时间频次等异常特征，可以有效研判出异常人员。对于异常车辆识别，车辆轨迹包含了丰富的行为信息，能够直观地反映车辆的行为表现，车辆的行驶状态能够反映驾驶员的行为习惯。通过对车辆整体行驶轨迹数据的分析，正常车辆行驶过程中状态相对比较稳定，而异常活动车辆行驶过程中需要及时躲避和防范交警人员的检查，会表现出诸多异常的特征。通过对车辆经过的卡口及时间点进行分析，可以有效地研判出异常车辆。

4.2 个体多源异构数据融合

随着计算机网络、信号识别等技术的快速发展，公共领域积累了大量的多源异构数据，这些数据种类主要包含了航拍数据、地面数据、网络数据、地理信息和个体信息等多种维度的数据。特别是在科技发展的前提下，对犯罪嫌疑人的犯罪动机预判、行为演化、影响评估都依赖于多源异构数据融合技术，这同时对数据的丰富性、准确性和实时性等方面具有更高的要求，显然单一的数据来源已经完全无法满足该需求。数据融合主要是将不同数据源的数据按照一定的方式进行合并，不仅丰富数据的多样性，同时提高数据的质量。本质就是利用不同数据源之间侧重点的差异，进行相互补充和更新优化，但是在数据融合的过程中，发现不同数据源之间会存在不同程度的联系，并且数据会随着时间更新频率或者标准定义不同等原因引起冲突。这也就要求数据融合过程中，需要进行数据预处理、分析、融合和决策，综合衡量数据源之间的相关性和独特性之间的特点。

4.2.1 整体架构

个体多源异构数据融合整体架构图如图 4.1 所示。

数据源：原始数据，支持各种类型的数据，如结构化数据、关系数据库管理系统（relational database management system，RDBMS）、非关系型的数据库（not only SQL，NOSQL）、消息队列（message queue，MQ）中的数据，也可能是各种半结构化的数据，如 HTML、PDF、TXT 等各种文档或音频、视频等多媒体数据。

知识管理：知识管理的核心在于对多源异构的数据建立统一的模型，并将不同的源数据映射到统一的知识模型上，最后配置知识的融合规则与冲突解决规则，以形成统一的知识体系。

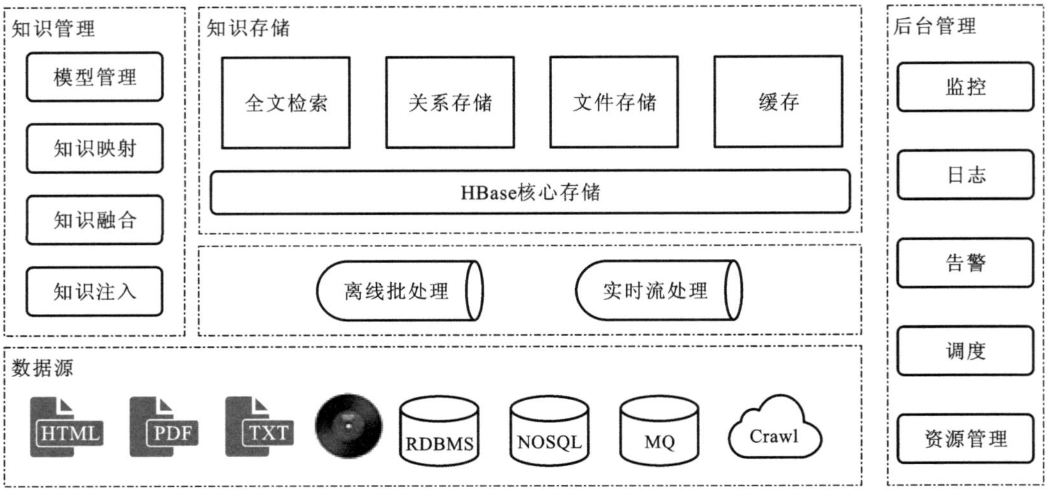

图 4.1　个体多源异构数据融合整体架构图

知识存储：核心的知识库，原始数据经过离线或实时离线或实时数据仓库技术（extract-transform-load，ETL）处理后转换为知识，并与库中存量数据按照模型的配置进行知识拉通、融合、冲突解决后，供上游系统消费。

后台管理：实现对系统的监控、日志、告警、调度、资源管理，并对采集到的数据进行统计分析，以改善整个动态知识图谱的运作效率。

知识应用：支持全局知识库联合搜索、图谱分析、地图分析、知识的多维度分析、多人多机协同分析及战法分析，除通用的各种分析手段外，还支持特定行业的定制化分析应用。

4.2.2　知识融合

在实际环境中，面对海量的、多源的、异构的数据，非常难以进行数据分析。为了解决这一问题，引入本体模型，对异构数据进行统一建模，并在字段级别进行归一化，多源异构数据源通过抽取、转换、清洗变成统一的本体模型后，可为上层应用或分析人员暴露出更加友好的接口，从而提供便利。本体模型是由业务人员进行配置的。业务人员可以建立 4 种类型的本体，包括实体、事件、文档、关系。

（1）实体：能够独立存在的人或事物。例如：①人物，凡是可以用于标识“人”的东西，都可以当作人物，包括虚拟的社交账号、实际中的手机号、具体的人等；②物品，包括真实的手机、电脑、各种真实物品，也包括即时通信（instant messaging，IM）工具、各类软件等虚拟物品；③组织，包括真实的各类组织，如宗教极端主义组织、政府单位、慈善组织等各类真实的组织，也包括 QQ 群、聊天室等各类虚拟组织；④位置，包括具体的地理位置，如政府大楼，也包括位置区码（location area code，LAC）地址、互联网协议（internet protocol，IP）地址等虚拟空间。

（2）事件：有时间属性，视为一种特殊的关系，用于连接实体与实体、实体与文档。本书中，事件主要指现实生活中的内容，如发邮件、发短信、转发帖子、发表评论等。

（3）文档：特指非结构化文档，如邮件中的各种格式的附件，包括但不限于 PDF 文档、Word 文档、各种格式的视频及音频。

（4）关系：用于连接实体之间，实体与事件、文档等的相互关系，如人与人之间的亲属关系、人与物品之间的拥有关系、人与事件之间的主导关系。

创建本体时，不光要指定本体的类型，还需要对本体所包含的字段与对应的字段类型进行配置，从而进行字段级别的归一化。支持的字段类型有 date、long、int、double、string、geo。特殊字段还会进行数值的归一化，如时间格式有多种表现形式，这里会统一转换为统一的形式，方便后续处理。

下面以车管数据为例，描述一种本体模型，通过车管数据可以建立一种人-车-罚单的本体模型，人与车之间为拥有关系；人与罚单之间通过“闯红灯”事件相连接，而罚单本身则以文档的形式展现，如图 4.2 所示。

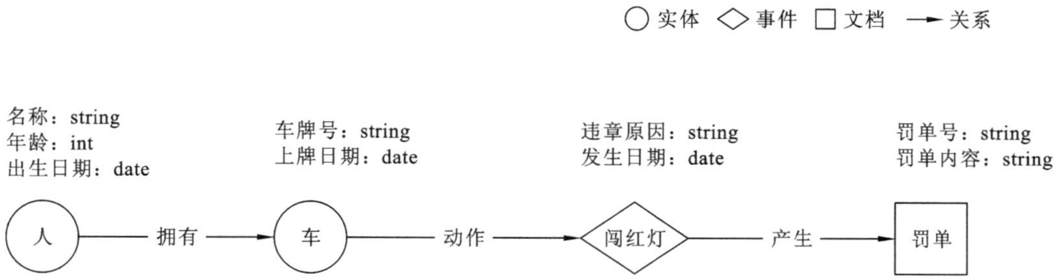

图 4.2　车管本体模型

完成本体模型后，就完成了对元数据的描述。接下来就需要将真实的数据映射到本体模型上。同时需要在字段级别上，对多源异构数据进行归一化。还是以车管数据为例，具体过程如图 4.3 所示，可以看出通过本体映射将车管所 3 张表的数据映射到了 7 个本体上（2 个实体，3 个关系，1 个事件，1 个文档），并将车主姓名进行了统一，还将日期的不同表示方式进行了归一化。

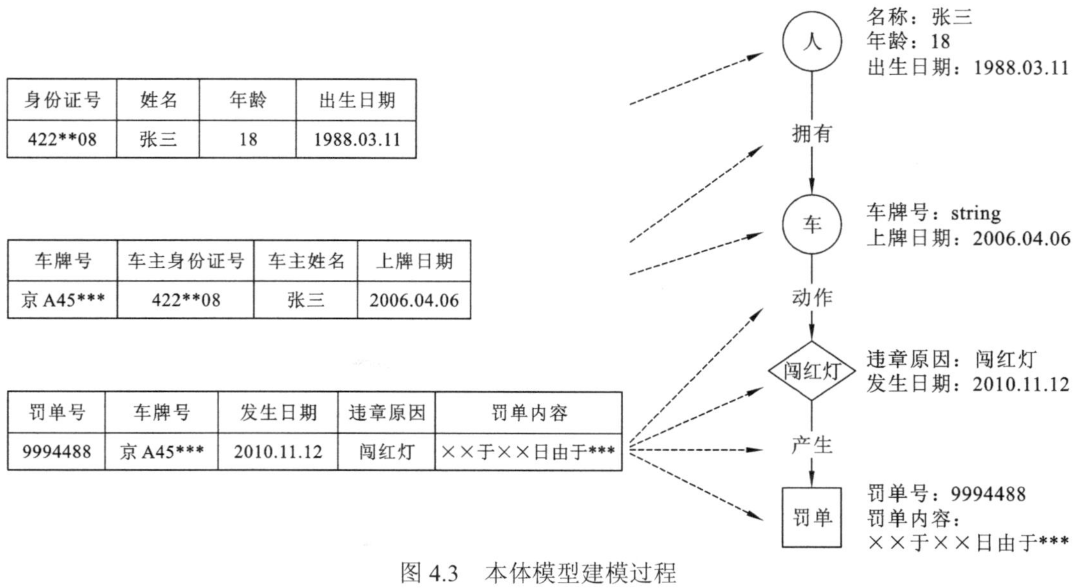

图 4.3　本体模型建模过程

通过以上建模过程，在应用侧就建立了对多源数据进行统一的逻辑视图，分析人员无须关注底层数据源差异和存储细节，从分析人员的角度所有数据构建成了一个图模型，只须关注如何在此图模型上进行分析工作（图 4.4）。

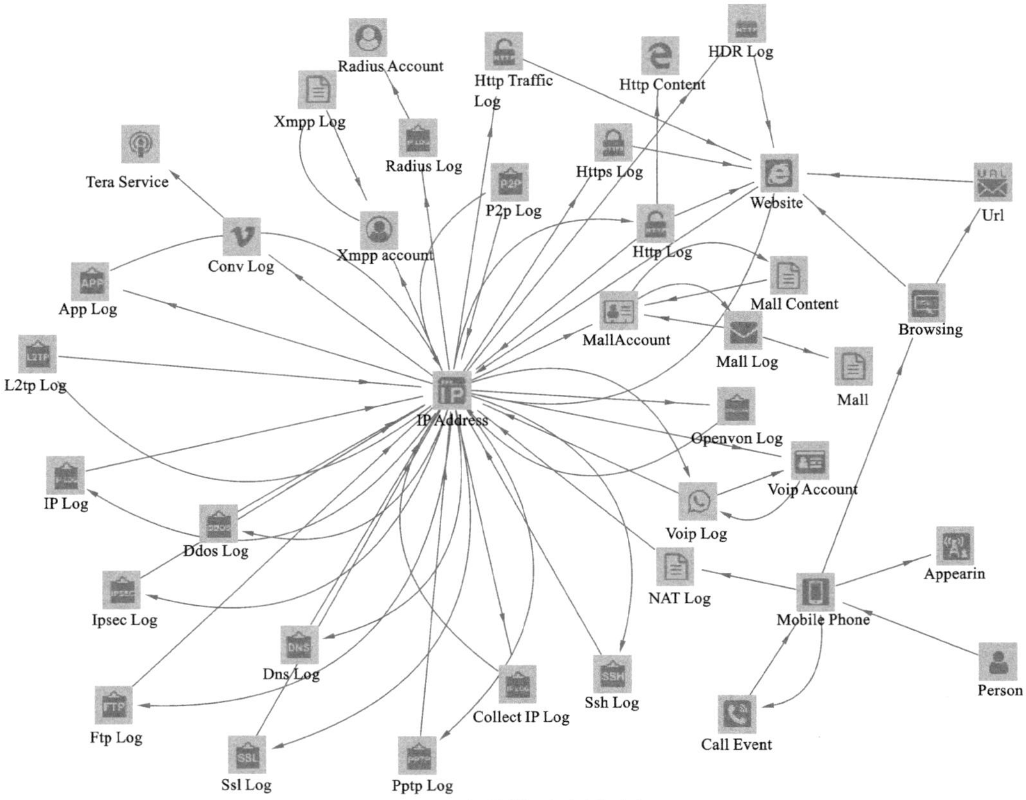

图 4.4　本体模型分析过程

4.3　异常活动人员感知理解

为了防御和控制公共场所潜藏的异常活动人员带来的安全隐患事件和对公共场所管理造成影响，需要维护人员生命、财产安全和保证社会秩序的正常运转，提高安全事件的预先感知和预测能力，进而将影响降低到最小值。尤其是火车站、汽车站、医院等人流聚散的场所，面临的一项挑战是如何从大量流动人员中有效识别出异常活动人员，比如“黄牛”“医骗”等，也是维护国家治安稳定的重要一环。

4.3.1　人员轨迹特征提取

公共安全异常行为事件往往具有时间、空间及属性等多方面的特征因素，如何从公共场所中识别出异常活动人员，需要借助公共场所中监控系统、WiFi、基站等数据，其能够有效检测、识别和追踪过往的人员，进而获取过往人员的完整行为轨迹。公共场所中的异常活动人员一般具有较强的目的性和规律性，通过对异常人员的行为特征做深入的剖析和挖掘，比如公共场所的停留时长、出现频次、时间频次等异常特征，可以有效研判出异常人员。

1. 停留时长

引入目标识别、信号检测等技术，将多方面、多维度信息进行融合处理，可以有效地唯一确定目标个体的轨迹。而异常活动人员行为模式具有稳固性和相似性，往往会长时间出现在固定的地方，通过分析目标个体整体行为轨迹可以获取其轨迹列表 $[(p_1, l_1, t_1), (p_2, l_2, t_2), \cdots, (p_1, l_3, t_1)]$，其中 p_1 表示唯一确认的目标个体，l_1 表示所在公共场所的区域。通过人员出现的时间可以统计出人员在重点区域出现的时长。

单个区域的停留时长：

$$t = \sum_{i=0}^{n-1}(t_{i+1} - t_i), \qquad t_{i+1} > t_i, t_i > 0 \tag{4.1}$$

停留时长：

$$t = \sum_{k=0}^{s}(t_k), \quad t_k > 1 \tag{4.2}$$

由以上公式可知，分别计算每个区域目标个体的停留时长，然后将所有的区域停留时长结果进行汇总可以得到每天总的停留时长。通过对每个区域的监控数据中的人员轨迹进行统计和汇总得到如表 4.1 所示的结果。

表 4.1　停留时长统计表

旅客 ID	停留时长 1 /min	停留时长 2 /min	停留时长 3 /min	停留时长 4 /min	停留时长 5 /min	停留时长 6 /min	停留时长 7 /min	总停留时长 /min
31000019820506×××	562	567	364	368	512	571	0	2 944
31011219820736×××	7	0	0	0	0	0	0	7
31010619780417×××	1	0	17	0	0	0	0	17

通过分析可知，正常目标个体在外逗留时间比较短，而异常活动人员却经常在固定的区域长时间徘徊和逗留，通过对其各个区域停留时间进行汇总分析，其异常特征明显高于正常个体。

2. 出现频次

异常活动人员一般都是没有正常职业的人员，如将贩票作为唯一收入的途径，一般会投入较长的时间，因此很大概率每天都出现。比如火车站，正常的情况下，一般乘客只是按需进行乘车，连续多日乘车的概率比较小。因此，根据多维度数据的结果统计出近一周行人出现的频率：

$$\mathrm{Fre}_{出现} = \sum_{\mathrm{day}=0}^{7}(1|\ t_k > 1) \tag{4.3}$$

3. 时间段频次

针对异常人员在公共场所进行长期的守候和徘徊的现象，采取粗粒度特征提取的方式来挖掘出异常的特征。异常人员需要长时间停留在周边区域，就将一天中每小时时间段是否出现在车站周边之和作为特征。

$$\mathrm{Fre}_{\text{时间段}} = \sum_{h=0}^{23}(1 \mid p_{\mathrm{ID}} > 1) \tag{4.4}$$

通过分析表 4.2 可知，前两行的数据表示的是异常人员一周的出现频次和停留时间特征。正常乘客一周的出现频次比较少，也就说明了连续多日乘车的概率比较小，而异常人员基本上天天守候和出现。

表 4.2　停留时间频次统计表

旅客 ID	出现频次	停留时间频次-day1	停留时间频次-day2	停留时间频次-day3	停留时间频次-day4	停留时间频次-day5	停留时间频次-day6	停留时间频次-day7
31000019820506×××	6	11	11	7	7	10	11	0
31011219820736×××	1	1	0	0	0	0	0	0
31010619780417×××	1	0	1	0	0	0	0	0

4.3.2　基于孤立森林算法的异常活动人员判别

全方位、多层次的挖掘异常活动人员的特征，并进行数据分析。异常活动人员所展现的异常特征具有比较大的鲜明性，因此，选择使用孤立森林算法进行异常活动人员判别。该算法是一种适用于连续数据的无监督异常检测方法，与其他异常检测算法通过距离、密度等量化指标来刻画样本间的疏离程度不同，孤立森林算法通过对样本点的孤立来检测异常值。具体来说，该算法利用一种名为孤立树 iTree 的二叉搜索树结构来孤立样本。由于异常值的数量较少且与大部分样本疏离，异常值会被更早地孤立出来，也即异常值会距离 iTree 的根节点更近，而正常值则会距离根节点有更远的距离。此外，相较于局部异常因子（local outlier factor， LOF）、k-means 等传统算法，孤立森林算法对高维数据有较好的鲁棒性。

给定挖掘所有目标个体的行为特征集 $X=\{x_1,x_2,\cdots,x_n\}$， $\forall x_i \in X, x_i=(x_1,x_2,\cdots,x_d)$，从 X 中随机抽取 φ 个样本点构成 X 的子集放入根节点。从 d 个维度中随机指定一个维度 q，从当前数据中随机产生一个切割点 p。

$$\min(x_{1,j}; j=q, x_{i,j}\in X) < p < \max(x_{1,j}; j=q, x_{i,j}\in X) \tag{4.5}$$

并且此切割点 p 生成了一个超平面，将当前数据空间划分为两个子空间：指定维度小于 p 的样本点放入左子节点，大于或等于 p 的样本点放入右子节点。直至所有的叶子节点都只有一个样本点或者孤立树达到指定的高度。

计算点 x 在森林中的平均高度 $E(h(x))$，对所有点的平均高度做归一化处理。异常值分数的计算公式为

$$s(x,\varphi)=2^{\frac{E(h(x))}{c(\varphi)}} \tag{4.6}$$

式中

$$c(\varphi)=\begin{cases}2H(\varphi-1)-\dfrac{2(\varphi)}{\varphi}, & \varphi>2\\ 1, & \varphi=2\\ 0, & 其他\end{cases} \tag{4.7}$$

通过对所有人员的特征分析可知，正常人员的行为特征比较类似，大部分集中在中心的位置，而异常活动人员的行为特征与正常的乘客不同，分散在周边。

4.3.3 系统界面与实验结果

1. 系统界面

以某省火车站为例，通过挖据和分析途经火车站人员的近期特征，通过孤立森林算法挖掘出异常的“黄牛”人员。如图 4.5 所示，展示了异常人员 ID 及该人员的坐标位置信息。

图 4.5 “黄牛”人员坐标位置信息系统界面

2. 实验结果

本实验采用 70 万条轨迹坐标点，其中包含了 8 000 条正常乘客轨迹和极少量的异常人员轨迹，异常人员轨迹作为正例而正常乘客作为负例进行训练，模型的准确率达到了 99.62%，而模型的召回率达到了 82.86%。

4.4 异常活动车辆感知理解

随着社会经济发展，车辆进入寻常百姓家中成为代步工具，伴随而来的盗窃机动车、走私黑车等异常行为车辆活动案件与日俱增。不仅给居民的生活带来了困扰，同时给公安机关、治安等工作带来了巨大挑战。结合交通大数据深入研究异常活动车辆在时间、空间及属性等多维度的异常特征，进行深层次、全方面、多维度的分析和挖掘，进而构建一个融合车辆粗粒度特征和细粒度特征信息的通用异常车辆研判模型，具有极大的应用推广价值。

4.4.1 车辆轨迹特征

车辆轨迹是车辆在时空领域上微观运动行为的直观行为表现，包含了丰富的行为信息。车辆的行驶状态不仅和车辆的性能相关，而且反映了驾驶员的行为习惯。通过对车辆整体行驶轨迹数据的分析，正常车辆行驶过程中状态相对比较稳定，而异常活动车辆行驶过程中需要及时躲避和防范交警人员的检查，会表现出诸多异常的特征。车辆轨迹数据主要是一系列的卡口位置信息，该数据记录了经过的卡口及时间点。卡口之间的距离和通过两个卡口之间的时间能够有效地反映车辆在整个行程行驶的状态。通过对车辆轨迹分析可以挖据出一系列的特征，如卡口通过代价、通行代价和时间代价等。

1. 卡口通过代价

卡口记录车辆通过的时间，车辆行驶的速度直接影响车辆通过相邻卡口之间的时间间隔。为方便车辆进行横向的比较，将车辆的状态统一到相同的空间中，因此，对各个相邻卡口的通行时间进行统计，然后按照车辆的通行时间进行排序和等级划分，假定行驶快的车辆花费的时间比较短，对应的等级比较小；反之，行驶慢的车辆对应的等级大。如表 4.3 和表 4.4 所示，分别展示了正常车辆和异常车辆的通行轨迹在卡口通过代价的特征。

表 4.3　正常车辆行驶状态表　（单位：s）

车辆 ID	穿行代价	卡口通行时间							
		T1	T2	T3	T4	T5	T6	T7	T8
1	1	533	594	636	658	677	695	718	745
	1	12 625	12 625	12 625	12 625	12 625	12 625	12 625	12 625
	1	421	443	459	480	508	550	632	705
	2	388	415	436	454	477	506	536	570
	2	350	361	370	380	393	417	447	466
	1	6 272	6 433	7 543	9 148	9 783	10 352	10 786	12 491
2	1	1 534	1 645	1 704	1 764	2 023	2 214	2 548	3 894
	1	2 301	2 535	2 724	2 879	3 117	3 461	3 804	4 629
	8	3 060	3 315	3 436	3 610	3 880	4 713	5 731	7 206
	2	7 738	9 133	9 684	10 134	10 858	11 834	13 543	136 869

表 4.4　异常车辆行驶状态表　（单位：s）

穿行代价	卡口通行时间								
	T1	T2	T3	T4	T5	T6	T7	T8	T9
4	5 913	6 705	9 116	11 481	13 146	21 467	82 536	522 454	—
5	1 010	1 070	1 159	1 220	1 306	1 463	2 570	11 627	—
5	261	300	310	320	332	346	387	481	12 258
3	168	176	183	193	221	238	248	274	407
5	145	176	196	212	259	355	1 965	61 437	152 865
9	3 630	3 857	4 066	4 271	4 506	4 787	5 278	5 992	7 883
6	2 458	2 613	3 006	3 274	3 533	3 815	4 334	5 421	—
8	904	965	1 015	1 066	1 142	1 253	1 408	1 904	4 186
1	4 388	4 719	5 092	5 510	6 058	6 667	7 333	8 264	9 718
1	508	534	584	616	665	740	854	1 537	—
1	894	940	975	1 029	1 104	1 233	1 352	1 468	1 651
10	3 163	3 332	3 460	3 593	3 731	3 924	4 166	4 586	5 598

通过对所有相邻卡口穿行时间的统计分析和等级划分，分别计算每个等级穿行时间的平均值。如表 4.3 和表 4.4 所示，每一行代表的是相邻卡口的穿行平均时间和穿行等级，加底色的区域标识该车辆穿行时间被划分到该等级。表 4.3 展示的是正常车辆 1 和 2 的行驶状态；而表 4.4 展示的是异常车辆的行驶状态。通过对比可知，正常行驶车辆的行驶状态比较稳定，而异常车辆的行驶状态比较散乱。方差是测量数据离散趋势最重要、最常用的指标，可以有效地捕捉异常车辆通行的异常特征。

$$M=\frac{1}{n}\sum_{i=1}^{n}x_i \tag{4.8}$$

$$S^2=\frac{(M-x_1)^2+(M-x_2)^2+\cdots+(M-x_n)^2}{n} \tag{4.9}$$

式中：M 为平均数；n 为数据个数；S^2 为方差。

2. 通行代价和时间代价

从车辆行驶的整个轨迹来看，正常车辆在驾驶过程中往往选择距离近、时间短的路程，但是异常车辆在整个行驶过程中为减小“被捕”的风险，会根据实际情况避开检查的路段和卡口，或者重复经过卡口。对于车辆的整个行程来说，不同车辆相同的起始卡口和终止卡口的轨迹花费的时间和经过的卡口数不尽相同，而异常车辆可能需要花费的时间更长和经过更多的卡口才能到达终点。

通过对完整轨迹的通行卡口数进行统计分析并划分等级，分别计算每个等级通行卡口数的平均值。如表 4.5 所示，每一行代表的是完整轨迹的通行代价等级，加底色的区域标识该车辆通行代价特征被划分到该等级。其中第一条和第三条分别展示的是正常车辆的轨迹通行代价，而第二条轨迹展示的是异常车辆的通行代价。正常情况下，车辆行驶趋向于最短路径，而异常车辆需要时刻关注是否具有查车的情况，行驶过程中出现“绕路”的现象。正常车辆行驶过程中花费的通行代价小，而异常车辆的通行代价大。

表 4.5 通行代价表

车牌号	行程编号	行程起始点和终止点	通行代价等级	通行代价								
				通行代价 1	通行代价 2	通行代价 3	通行代价 4	通行代价 5	通行代价 6	通行代价 7	通行代价 8	通行代价 9
×AK52T7	×AK52T7_20180725_2	532501000037_530802000273	5	1	5	5	6	6	7	7	7	8
×AK52T7	×AK52T7_20180807_1	532822000011_530499000033	12	7	8	8	10	10	10	11	12	12
×AK52T7	×AK52T7_20180808_1	530499000003_530426000044	2	1	2	2	2	2	2	2	2	2

通过对完整轨迹的通行时间进行统计分析并划分等级，分别计算每个等级卡口之间通行时间的平均值。如表 4.6 所示，每一行代表的是完整轨迹的时间代价的等级，加底色的区域标识该车辆时间代价特征被划分到该等级。其中第一条和第二条分别展示的是正常车辆的轨迹时间代价，而第三条轨迹展示的是异常车辆的时间代价。正常情况下，车辆行驶趋于最短路径而且比较平稳，而异常车辆需要时刻关注道路周边的情况，行驶过程中出现“停顿”的现象。正常车辆行驶过程中花费的时间代价比较小，而异常车辆的时间代价大。

表 4.6 通行时间代价表

行程起始目的地	出行时段	通行总时长/s	时间代价等级	时间代价						
				时间代价 1	时间代价 2	时间代价 3	时间代价 4	时间代价 5	时间代价 6	时间代价 7
532631000008_532501000034	4	20 580	1	20 580	20 580	20 580	20 580	20 580	20 580	20 580
532501000037_530802000273	11	16 649	1	16 649	16 649	17 161	18 186	19 211	19 237	19 264
530499000003_530426000044	12	972	7	752	802	854	876	918	948	995

4.4.2 基于 XGBoost 的异常车辆研判

XGBoost 是一种提升树模型，将许多树模型集成在一起而形成很强的分类器。将上述生成的车辆通行时间段、通行的卡口数、卡口时间花费的方差等特征不断添加到树模型中，每添加一个树其实就是学习一个新的函数去拟合上次预测的残差。总的来说就是根据样本的特征值，在每棵树上回落到对应的叶子节点上，对每棵树对应的分数进行加权求和得到该样本的预测值。

$$y = \Phi(x_i) = \sum_{k=1}^{k} f_k(x_i) \tag{4.10}$$

$$\text{where } F = \{f(x) = w_{q(x)}\} \, (q : R^m \to T, w \in R^T) \tag{4.11}$$

式中：x_i为 XGBoost 的输入；f_k为分类回归树；k 为分类回归树的数量；q 为每一棵特征树的结构映射每一个样本到相应的叶节点的分数；$w_{q(x)}$为树 q 的所有叶节点的分数组成的集合；T 为构建特征树的叶节点数量；m 为迭代次数。

XGBoost 的目标函数由两部分构成：第一部分是用来衡量预测分数和真实分数的差距；另一部分是正则化项也就是由 K 棵树的正则化项相加而来，具体公式如下：

$$L = \sum_{i=1}^{n} (y_i, y_i') + \sum_{k=1}^{K} \theta(f_k) \tag{4.12}$$

XGBoost 使用了和分类回归树（classification and regression tree， CART ）一样的策略，利用贪婪算法遍历所有特征划分点。具体做法就是确定分类后的目标函数值比单叶子节点的目标函数的增益大，同时为了抑制树生长过深而增加阈值，只有当增益大于该阈值才进行分裂。

4.4.3　系统界面与实验结果

1. 系统界面

以某省真实的卡口数据为例，通过分析挖掘车辆轨迹信息特性，通过 XGBoost 提升树模型挖掘出异常车辆，如图 4.6 所示，展示了异常车辆车牌信息及该车的位置坐标信息。

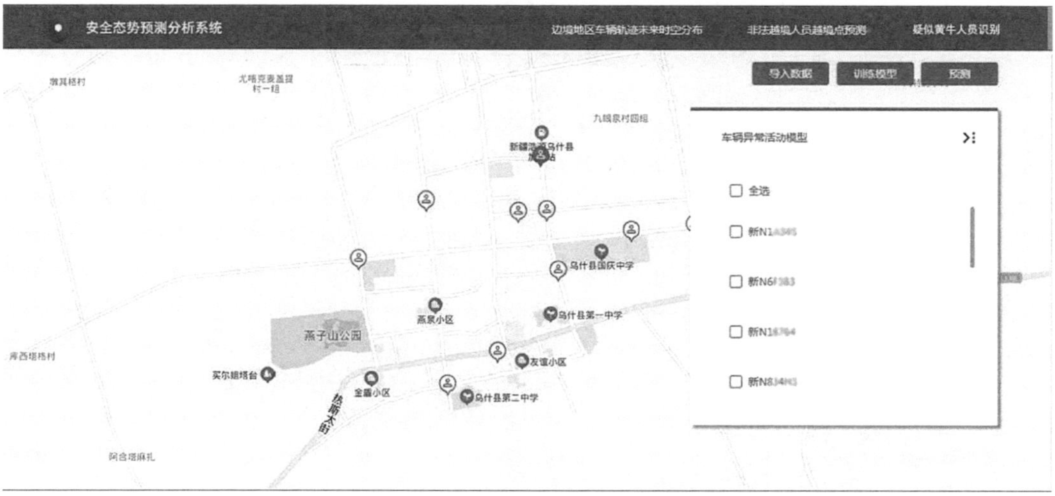

图 4.6　异常车辆车牌信息及该车的位置坐标信息系统界面

2. 实验结果

实验数据集包含了 7 万条车辆轨迹的训练数据集和 21 654 条车辆轨迹测试数据集。其中训练数据集的正负样本比例是 1∶9，采用训练集对 XGBoost 进行训练，计算各特征的权重。而测试集中 69 条数据是真实的异常车辆的轨迹，而余下的 21 585 条数据是正常的车辆的轨迹。本实验分别通过准确率、正确率、召回率等指标来验证预测效果的好坏。测试集分布见表 4.7，指标值见表 4.8。

表 4.7　测试集分布

测试集	模型判断为负例/条	模型判断为正例/条
测试集负例	21 578	7
测试集正例	54	15

表 4.8　指标值

指标	指标值/%
准确度	65.22
正确率	99.68
召回率	21.74
F_1	33.01

如表 4.7 所示，21 585 条负例数据中，只有 7 条数据被预测成了正例；而 69 条异常车辆轨迹中，15 条数据被成功识别出来。如表 4.8 所示，正常车辆被正确识别的准确率超过 99%，而异常的车辆中正确识别的准确率大约为 22%。因此，正常车辆的行驶状态相对比较稳定，识别率比较好。

第5章　个体时空位置演化预测

目前人们在城市生活的各个方面都融入了移动通信技术和信号识别等技术，详细记录了大量的个体时空数据，包括城市车辆实时移动位置及用户时空位移变化等，同时依据这些数据可以为人们提供多样化和个性化的服务。先进个体时空数据采集方式，具有灵活性高、易操作、高效、海量、精度高等多方面的优点。

如何有效地将个体的时空数据应用到交通规划和动态管控的领域之中是目前研究的热点，是解决当前实际公共安全的重中之重。在公共安全领域，预先掌控犯罪分子的动向，有效地对犯罪分子实施布控和抓捕，对维护国家安全和稳定具有重要的意义。个体时空轨迹是由一系列的具有时间属性和先后顺序的时空坐标点的集合组成，这些坐标点详细描述了个体时空位置演化的过程。传统的交通信息研究过程中，人们仅仅静态地分析某一时刻的个体的时间和空间等信息，没有从动态和全程的角度对连续的时空数据进行整体把握分析。但是个体天生自带了时间、空间和属性等特征信息，这也是反映个体的状态变迁和位置演化的重要组成部分，并且个体的空间和属性信息是随着时间的偏移而不断进行演变的。如何了解个体特征信息的演变过程，掌握演变的原因，进而实现未来时空位置的预测，Qiao 等（2015）提出了一种吸收马尔可夫链模型的方法，该方法通过将目标轨迹进行分离建模，综合分析目的地与过程点之间的差异，进而实现对目标的时空位置的预测；Mathew 等（2012）使用隐马尔可夫模型算法实现了目标时空位置的预测；Krumm 等（2006）通过对历史轨迹的分析并计算出时空位置变化过程和目的位置的先验和后验的概率分布，采用了贝叶斯的方法实现对目标的最终时空位置的预测；Wang 等（2015）使用具有噪声的基于密度的空间聚类应用（density-based spatial clustering of applications with noise，DBSCAN）方法，选择关键时空位置信息，进而采用变阶的马尔可夫模型预测个体时空位置演化的过程；Kim 等（2015）着重路网信息，将个体的轨迹切分成路段，并采用查询和匹配的方式实现个体时空位置的预测。

综上所述，在研究和分析个体时空位置演化预测的过程中，仍然有许多需要解决和优化的问题。本章将针对公共安全领域中的现实问题，提出演化预测方案：通过对个体的时空轨迹分析，实现语义层面的理解并采用循环神经网络和注意力机制捕捉时空轨迹先后依赖关系，最终实现个体的目的时空位置的预测；通过对车辆时空轨迹的实时处理，并采用长短期记忆神经网络实现下一个时空位置的预测。

5.1　基于监控摄像头轨迹数据的个体重要场所探测方法

近年来，我国城市大范围密集布设的监控摄像头为精细化识别人类活动模式提供了扎实的数据基础。监控摄像头轨迹数据具有记录停留时长、访问次数等信息特点及更新快、成本低等使用特点，在 GPS 轨迹数据之外，其为个体重要场所探测方法的研究提供了新的、更好的数据支持。但现有方法的核心是训练出一个泛化能力强的概率模型，而训练模型需要大量的历史数据，在历史数据不足的情况下其应用性并不高。因此，在迎接视频轨迹数据带来的新的挑战的同时，兼顾考虑现有技术方法的不足，针对视频轨迹数据的特点，提出基于监控摄像头轨迹数据的个体重要场所挖掘方法。

5.1.1 停留点提取

停留点是指一定时间区间内，与个体产生连续交互行为的地点，一定程度上可以从细粒度上反映个体的行为特征。本节根据监控摄像头轨迹数据所记录的摄像头时间序列、地理位置等信息，计算轨迹点之间的时间差与距离差，识别轨迹点的时空变化，设定距离阈值与时间阈值，提取出能代表个体停留一段时间的地理区域，并将区域抽象为停留点。

首先，根据个体监控摄像头轨迹数据的时序信息，按照轨迹数据中各个摄像头探测到个体所记录时间信息的顺序，从一个时刻$t_i(1\leqslant i\leqslant n)$开始，向下一个时刻$t_j(i\leqslant j\leqslant n)$进行扫描，$n$表示总的时间戳个数。然后基于式（5.1）计算$t_i$时刻个体所在的摄像头$c_{t_i}$与$t_j$时刻个体所在的摄像头$c_{t_j}$之间的欧氏距离：

$$D_{\mathrm{s}}(c_{t_i},c_{t_j})=\sqrt{(c_{t_i}.X-c_{t_j}.X)^2+(c_{t_i}.Y-c_{t_j}.Y)^2} \tag{5.1}$$

式中：$c_{t_i}.X$、$c_{t_j}.X$分别为摄像头c_{t_i}、c_{t_j}空间坐标中的x值；$c_{t_i}.Y$、$c_{t_j}.Y$分别为摄像头c_{t_i}、c_{t_j}空间坐标中的y值。进而，判断摄像头之间的距离与距离阈值的关系，当$D_{\mathrm{s}}(c_{t_i},c_{t_j})$小于距离阈值distThreh时，个体的移动在允许的范围之内，t_i不动，t_j继续向下一个时刻t_{j+1}扫描，并令$t_j=t_{j+1}$，进行循环。当$D_{\mathrm{s}}(c_{t_i},c_{t_j})$大于空间阈值distThreh时，计算$t_i$与$t_j$之间的时间段长度，计算公式如下：

$$D_{\mathrm{t}}(c_{t_i},c_{t_j})=t_j-t_i \tag{5.2}$$

判断时间段长度与时间阈值之间的关系，当$D_{\mathrm{t}}(c_{t_i},c_{t_j})$大于时间阈值distThreh时，表示个体在摄像头c_{t_i}与摄像头c_{t_j}之间的活动满足形成停留点的条件，称集合$\mathrm{Stay}_k=\{c_{t_i},c_{t_{i+1}},\cdots,c_{t_j}\}$为第$k$个停留点；当$D_{\mathrm{t}}(c_{t_i},c_{t_j})$小于时间阈值distThreh时，则说明不满足形成停留点的条件，不生成停留点，完成停留点的提取。

5.1.2 停留区域提取

停留区域是在停留点的基础上进一步抽取出的、具有更高代表性的个体频繁活动场所，并包含停留度、访问度等特征信息。

首先，利用基于密度聚类算法对个体的所有停留点进行聚类，聚类得到结果包含若干个簇$\mathrm{Cluster}_m$和边缘点Noise_n。进而，将每一个簇$\mathrm{Cluster}_m$都作为一个停留区域StayRe_m，计算每一个簇中停留点Stay_k的平均位置$(X_{\mathrm{kmean}},Y_{\mathrm{kmean}})$，并将此平均位置作为相应停留区域$\text{Stay Re}_m$的地理位置进行表示，涉及的公式如下：

$$\text{Stay Re}_m = \text{Clustr}_m = \{\text{Stay}_{m1}, \text{Stay}_{m2}, \cdots, \text{Stay}_{mn}\} \tag{5.3}$$

$$X_{\text{kmean}} = \sum_{n=1}^{\text{Num}(\text{StayRe}_m)} \frac{\text{sum}\,(\text{Stay}_{mn}.X)}{\text{NumS}(\text{StayRe}_m)} \tag{5.4}$$

$$Y_{\text{kmean}} = \sum_{n=1}^{\text{Num}(\text{StayRe}_m)} \frac{\text{sum}\,(\text{Stay}_{mn}.Y)}{\text{NumS}(\text{StayRe}_m)} \tag{5.5}$$

分别定义两个特征变量来衡量个体在停留区域内的活动特征：一个是停留度StayRatio_m，衡量个体在该区域内停留所花费的时间，通过停留区域内所有停留点的总停留时间除以停留区域的规模进行计算；另一个是访问度AccessRatio_m，衡量个体访问该区域的频繁程度与活跃程度，通过停留区域内所有摄像头的访问次数除以停留区域的规模进行计算，计算公式如下：

$$\text{StayRatio}_m = \sum_{n=1} \frac{(\text{Stay}_{mn}.\text{Lev}T - \text{Stay}_{mn}.\text{Ari}T)}{\text{Num}\,(\text{Stay}_{mn})} \tag{5.6}$$

$$\text{AccessRatio}_m = \sum_{n=1} \frac{\sum_{k=1} \text{Cam}_{mnk}.\text{Fre}}{\text{Num}\,(\text{Stay}_{mn})} \tag{5.7}$$

式（5.6）表示停留度StayRatio_m的计算方法，其中：Stay_{mn}为停留区域StayRatio_m中的第n个停留点，$\text{Stay}_{mn}.\text{Ari}T$为访问停留点$\text{Stay}_{mn}$的时间，$\text{Stay}_{mn}.\text{Lev}T$为离开停留点$\text{Stay}_{mn}$的时间，$\text{Num}(\text{Stay}_{mn})$为停留点$\text{Stay}_{mn}$中摄像头的个数。式（5.7）表示访问度$\text{AccessRatio}_m$的计算方法，其中：$\text{Cam}_{mnk}$为停留点$\text{Stay}_{mn}$中第$k$个摄像头；$\text{Cam}_{mnk}.\text{Fre}$为摄像头$\text{Cam}_{mnk}$的访问次数。

5.1.3 重要场所探测

对于每一个停留区域StayRatio_m建立一个由停留度和访问度组成的二元向量$\boldsymbol{x}[\text{StayRatio}_m, \text{AccessRatio}_m]$，这一个二元向量称为一个样本，个体的所有停留区域的二元向量构成一个样本空间。

对于一个样本空间，计算每个样本点到样本中心的马氏距离MaDist_m，计算公式如下：

$$\text{MaDist}_m = \sqrt{(\boldsymbol{x} - \boldsymbol{\mu}_X)^t S^{-1} (\boldsymbol{x} - \boldsymbol{\mu}_X)} \tag{5.8}$$

$$\boldsymbol{\mu}_X = E(\mu_{X1}, \mu_{X2}) \tag{5.9}$$

$$\boldsymbol{S}^{-1} = E\{(\boldsymbol{X} - \boldsymbol{\mu}_X)^{\mathrm{T}} (\boldsymbol{X} - \boldsymbol{\mu}_X)\} \tag{5.10}$$

式（5.8）表示每个样本的马氏距离计算方式，其中：$\boldsymbol{x}$为样本二元向量，$\boldsymbol{\mu}_X$为样本中心，$\boldsymbol{S}^{-1}$为协方差。式（5.9）表示样本中心的计算方法，其中：E为返回期望值，$\boldsymbol{\mu}_{X1}$、$\boldsymbol{\mu}_{X2}$为样本二元向量中，每一个维度的期望值。式（5.10）表示协方差的计算方法，其中：$\boldsymbol{X}$为原始样本。

经过上一步，每一个停留区域都会有一个距离特征样本中心的马氏距离值（以下简称为马氏距离值），对个体的所有马氏距离值进行箱型图分析。在图中，超过箱型图上限的值（即距离中位数远于三个标准差的值）视为异常值，将视为异常值的停留区域筛选出来，视为个体的重要场所。

根据犯罪学及社会学的相关理论，社会个体的各类社会活动具有明显的时间特征，按照个体在不同重要场所活动的时间段特点，对个体的每个重要场所进行分类，主要包括：①计算所有个体在所有重要场所中花费时间最长的场所，并将其标记为“家庭”，为第一重要场所；②除去第一重要场所以外，计算所有个体在所有重要场所中白天花费时间最长的地方，并将其标记为“工作场所”，为第二重要场所；③除去第一重要场所与第二重要场所以外，计算个体在所有重要场所中晚上花费时间最长的地方，并将其标记为“娱乐场所”，为第三重要场所。

选择北京市的个体轨迹数据为例进行本节方法的验证。图 5.1 为所提取的 4 个个体重要场所停留点空间分布图。可以发现，其停留点大多分布于城市的西北方向。

图 5.1　4 个个体重要场所停留点空间分布图

进一步，以其中 1 个个体为例，进行箱形图分析结果的可视化，如图 5.2 所示。

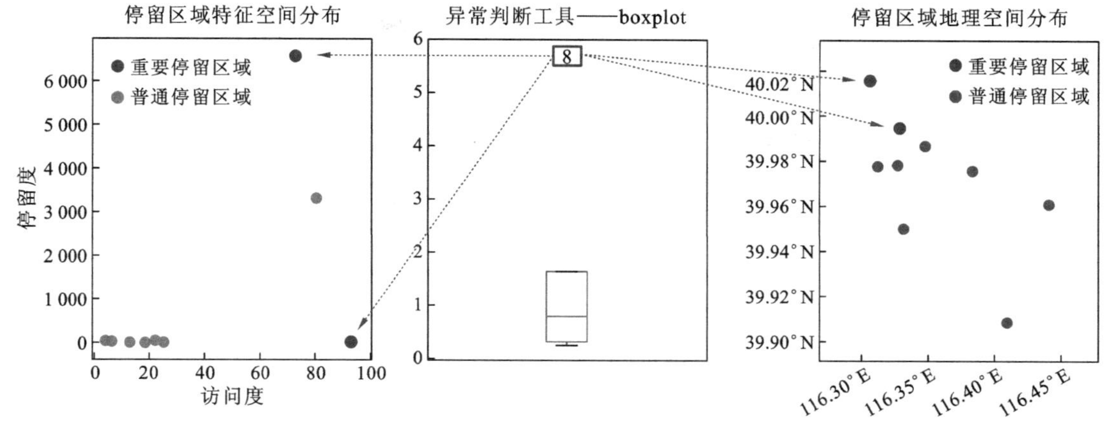

图 5.2　箱形图分析结果

最后提取出个体重要场所分布图，如图 5.3 所示。

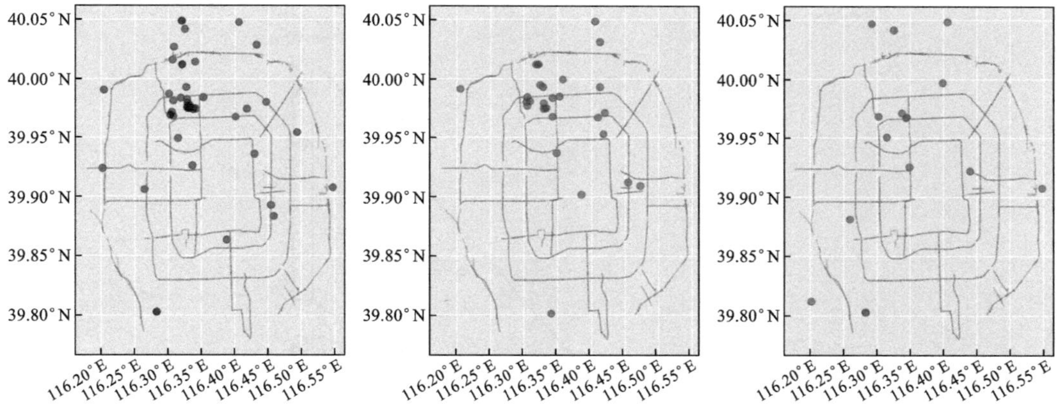

（a）家庭　（b）工作场所　（c）娱乐场所

图 5.3　个体重要场所分布图

5.2　人员未来时空位置预测

导航定位技术的广泛运用，奠定了研究目标个体轨迹运动趋势的基础，在大量行为轨迹数据驱动的前提下，目的地预测逐渐变成人们研究的热点，同时也是公安领域一项具有重要价值的业务。传统的目的地预测主要是运用马尔可夫模型、频繁模式挖掘等算法，这些算法具有简单、易实现、容易理解等特点，不过实际场景中应用效果差。随着机器学习的发展，出现了 Adaboost、多层感知机（multilayer perceptron，MLP）、长短期记忆神经网络等技术，并取得了相对好的研究成果。但这些成果受限于实际场景中数据稀疏、长轨迹依赖等问题，因此本节采用基于语义的目的地预测算法进行目的地预测。

5.2.1 行为轨迹稠密向量表示

目标个体出行往往具有明确的目的地，从而选择符合路网信息的最佳路径。虽然目标个体的行为轨迹是一条连续线，但是可以通过采集目标个体行为轨迹上一系列重要离散坐标点来对其进行完整的描述，那么目标个体的行为序列可以表示成$\{S_1, S_2, \cdots, S_n\}$，并且是动态变化的，如果对目标个体的行为轨迹进行 One-hot 编码，任何两个行为轨迹之间的距离变成固定的，相当于损失目标个体行为轨迹相邻之间的相互影响。因此采用活动窗口算法实现目标个体行为轨迹控制，有效捕捉相邻行为轨迹之间的相互影响，并采用 Word2vec 中 skip-gram 模型，通过对目标个体的行为轨迹进行采样，实现目标个体轨迹的稠密向量表示，进而实现行为轨迹语义层面的理解。

如图 5.4 所示，skip-gram 模型通过对上下文环境的序列进行采样，计算 input vector 和 output vector 之间的相似度，并通过 hierarchical softmax 进行归一化，则其前向的计算公式为

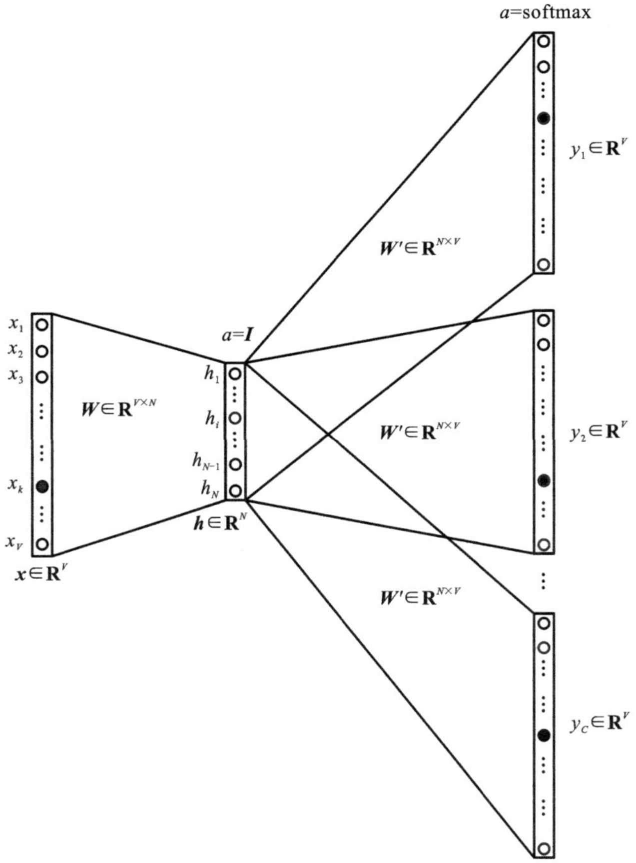

图 5.4 skip-gram 模型

$$p(w|w_I) = \prod_{j=1}^{L(w)-1} \delta([n(w, j+1) + \mathrm{ch}(n(w, j))] * v_{n(w,j)}^{T_{v_{wi}}}) \tag{5.11}$$

$$\ln\delta(v_{wo}^{\prime T_{v_{wI}}})=\sum_{i=1}^{l}E_{wi\sim p_n(w)}[\ln\delta(-v_{wi}^{\prime T_{v_{wI}}})] \tag{5.12}$$

式中：$\delta(x)=1/(1+\mathrm{e}^{-x})$；$n(w,1)$ 为根；$n(w,L(w))$ 为 w 的父亲；$\mathrm{ch}(n)$ 为左内节点 n；$*$ 为哈达玛积。

采用 Word2vec 对出境人员的行为轨迹序列进行训练和学习，可以有效实现先后行为序列的相互表示，从而实现语义层面的理解。根据实际场景，选用 64 维向量实现对目标个体行为序列的稠密向量表示。如表 5.1 所示，分别描述了行为编号 9、10 和 25 的用户行为稠密向量表示。

表 5.1　用户行为稠密向量

行为编号	用户行为稠密向量表示（dim=64）					
9	0.247 905 34	0.086 012 095	−0.271 619 1	−0.104 639 91	−0.356 762 38	0.240 611 36
10	0.266 026 88	0.092 507 794	−0.284 464 54	−0.112 727 374	−0.352 863 76	0.246 307 1
25	0.097 727 05	0.069 644 906	−0.122 358 82	−0.092 363 596	−0.177 708 5	0.181 834 25

表 5.1 中，行为 9 和行为 10 是相邻的行为，而行为 25 与行为 9 和行为 10 都不相邻，这里采用欧氏距离公式计算任意两点之间的距离。如式（5.13）所示：行为 9 与行为 10 之间的距离为 0.069 145；行为 9 和行为 25 的距离为 0.674 665；行为 10 和行为 25 之间的距离为 0.690 486。通过分析可知，相邻的行为之间是具有相互影响的，那么相邻行为反映在向量距离上就会越接近；不相邻的行为相互之间的影响比较小，那么映射到向量空间上距离相对比较远。

$$|A,B|=\sqrt{\sum_{i=0}^{63}(x_1-x_2)^2} \tag{5.13}$$

相似度计算结果

$$|B_9,B_{10}|=0.069\,145$$
$$|B_9,B_{25}|=0.674\,665$$
$$|B_{10},B_{25}|=0.690\,486$$

5.2.2　时空位置预测

目标个体的行为序列具有先后顺序，并且先后的行为具有相互依赖性，而 RNN 在处理时序的序列中具有非常好的效果并能有效地捕捉先后行为之间的相互依赖性。采用长短期记忆（LSTM）神经网络不仅可以很好地捕捉到非法越境分子的先后行为的顺序性和依赖性，而且避免了传统 RNN 自身存在的梯度消失和爆炸的问题。

如图 5.5 所示，LSTM 神经网络模型中具有三个 sigmoid 层的门，分别是遗忘门、输入门、输出门。

遗忘门的输入是上一个状态的输出和当前状态的输入，允许上一个状态各部分信息继续流动的比例，计算公式如式（3.6）所示。

传入门决定了新的信息进入当前状态的比例，计算公式如式（3.4）、式（3.5）、式（3.7）所示。

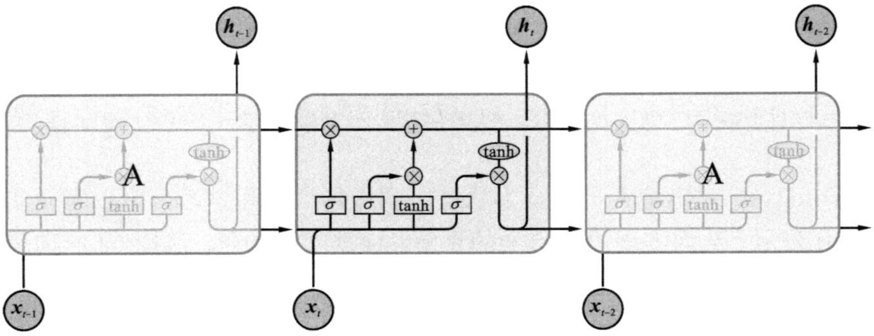

图 5.5 LSTM 神经网络结构

输出门决定了当前 Cell 向下一个 Cell 输出信息的比例，计算公式如式（3.8）、式（3.9）所示。

目标个体的行为序列对目的地的影响大小不一样，这里采用 Attention 机制对 LSTM 神经网络中间的输出结果进行选择性的学习，虽然引入该机制后增加了计算量，但是性能水平能够得到很大提升。

5.2.3 系统界面与实验结果

1. 系统界面

依据选择的目标个体的行为获取目标个体的完整轨迹，进而通过模型实现目标个体的目的地预测。如图 5.6 所示，正方形表示目标个体的历史位置信息，圆形表示目标个体最有可能的目的地。

图 5.6 目标个体位置信息系统界面

2. 实验结果

本实验使用的数据集为 kaggle 公开的人员轨迹数据集，该数据集收集了乘客的完整轨迹记录，包括起始位置和最终位置。这里采用了其中 59 万条轨迹训练数据集和 7 万条轨迹测试数据集，这些数据集中包含了大约 50 个不同的目的地，最终模型的准确率达到了 70%，如表 5.2 所示。

表 5.2　实验结果

方法	准确率/%
本节模型	70.36
k-means 算法	50.78
长短期记忆神经网络	68.89

5.3　车辆未来时空位置预测

近年来，随着人们出行需求的增加和智能交通系统的逐步完善，对车辆轨迹进行分析和挖掘受到了广泛的关注和重视。车辆未来时空分布预测技术是融合了车辆历史轨迹信息和其他信息对车辆未来轨迹的预测。传统车辆未来时空预测模型主要采用的是马尔可夫模型、隐马尔可夫模型或者 CRF 模型等，而本节采用循环神经网络，其具备有效的学习轨迹的长依赖问题和联合轨迹上下文的特征，能够对目标车辆进行轨迹预测。

5.3.1　GPS 数据处理

车辆的位置信息主要是通过采集车辆 GPS 数据和卡口数据获得的。车辆 GPS 轨迹数据通常是一系列由带有时间戳的地理坐标点组成，该数据地理分布非常不均匀：生活场所中数据点相对比较密集，而其他区域数据点相对比较稀疏。因此，需要将地理平面区域进行空间划分，将 GPS 坐标轨迹转化成网格序号表示的轨迹数据。

如图 5.7 所示，地球是圆形无法直接使用经纬度计算两点之间的直线距离，可以使用图中的公式计算经纬度之间的平面距离。

$$C=\sin(\mathrm{Lat}_A)\cdot\sin(\mathrm{Lat}_B)\cdot\cos(\mathrm{Lon}_A-\mathrm{Lon}_B)$$
$$+\cos(\mathrm{Lat}_A)\cdot\cos(\mathrm{Lat}_B)$$
$$\mathrm{Distance}=R\cdot\arccos C\cdot\pi/180$$

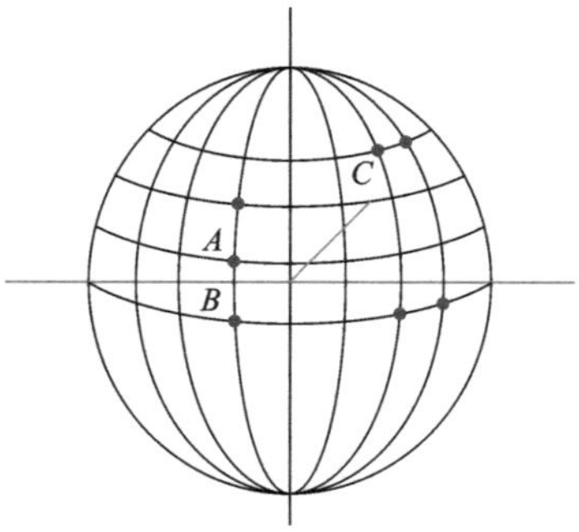

图 5.7　GPS 数据处理

对车辆轨迹 GPS 数据进行格式化处理，可以将地理空间区域进行空间划分，进而将 GPS 数据转换成网格序号表示。首先，根据当前车辆轨迹分布情况确定地图划分的区域，然后将地理位置划分成 GriphSize 固定大小、不重叠的矩形空间，如图 5.8 所示。

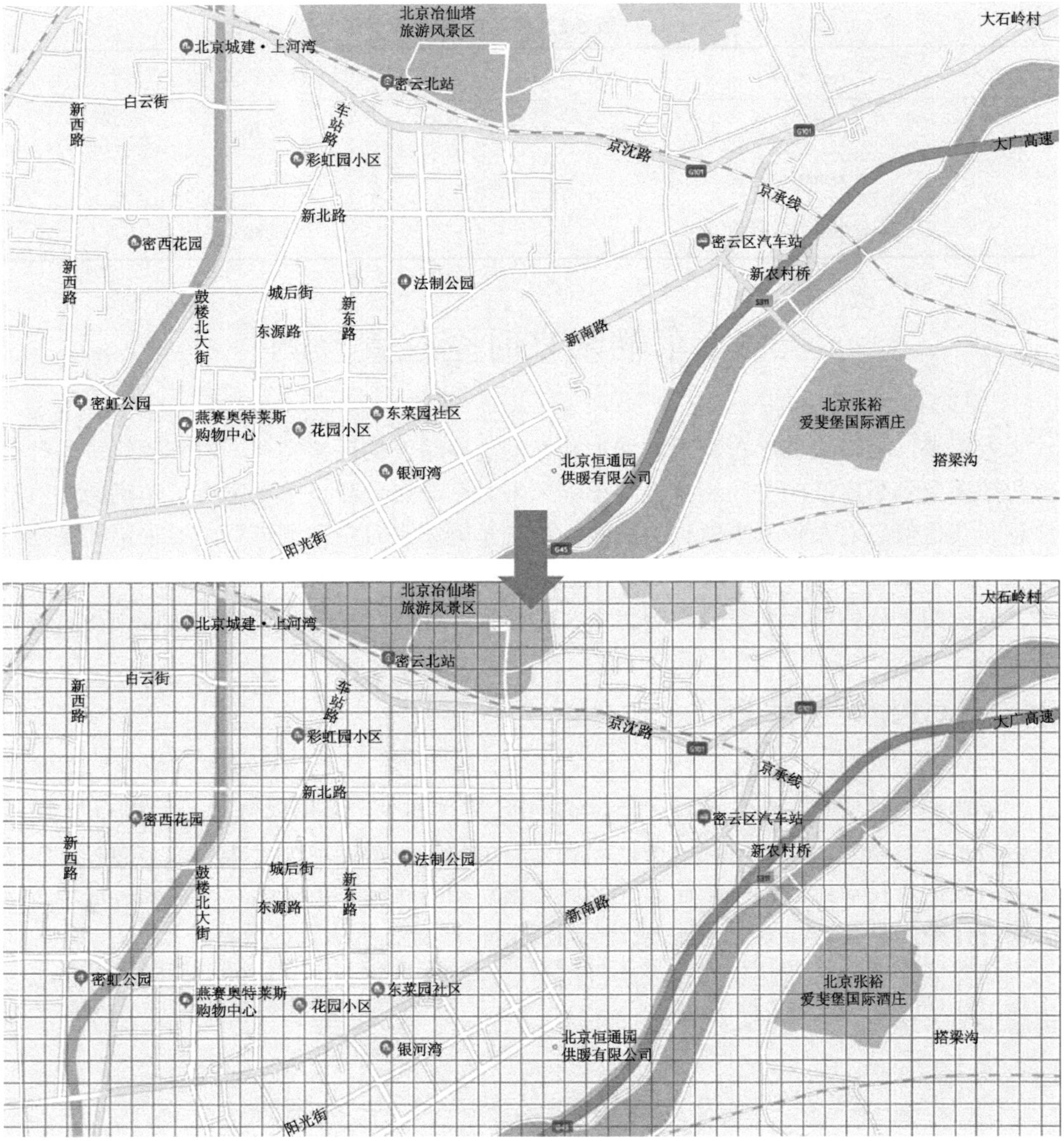

图 5.8　地图区域网格划分图

在已知车辆的 GPS 轨迹坐标的情况下，通过计算车辆的 GPS 轨迹坐标，并将该坐标映射到网格中，分别得到车辆的网格序列坐标 $[G_1, G_5, G_{12}, G_{21}, G_{22}]$ 和 $[G_{84}, G_{82}, G_{83}, G_{80}, G_{90}]$ 两条转化后的轨迹，如表 5.3 所示。

通过对车辆的 GPS 坐标数据进行转换，并与划分网格后的地图进行对比，首先可以将车辆的 GPS 坐标转化成网格坐标点，如表 5.3 所示，可以有效缓解 GPS 数据位置的波动；其次合并了紧邻的 GPS 数据，减少了模型预测的难度，有助于提高模型的精度。

表 5.3　GPS 坐标与网格点映射表

车牌	参数	轨迹				
新 N1A××	坐标	（79.22，41.21）	（79.23，41.21）	（79.23，41.22）	（79.22，41.22）	（79.23，41.22）
	网格点	G_1	G_5	G_{12}	G_{21}	G_{22}
新 N36××	坐标	（79.25，41.25）	（79.24，41.24）	（79.24，41.24）	（−8.63，41.14）	（−8.63，41.15）
	网格点	G_{84}	G_{82}	G_{83}	G_{80}	G_{90}

5.3.2　基于 GRU 的轨迹预测

车辆轨迹是由一系列的时序连续坐标点组成，天然地适合循环神经网络结构。门控循环单元（gate recurrent unit，GRU）网络是循环神经网络中一种效果很好的时间序列网络，比 LSTM 神经网络结构更加简单，解决了循环神经网络中长依赖的问题。GRU 模型中包含了两个门，分别是更新门和重置门，GRU 结构如图 5.9 所示。

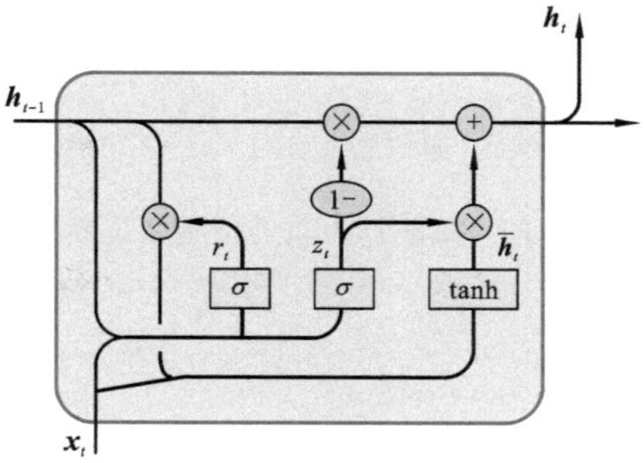

图 5.9　GRU 结构

重置门控制前一状态有多少信息被写入当前的候选集 $\boldsymbol{h}_t'$，重置门越小，前一状态的信息被写入的越少：

$$\boldsymbol{r}_t = \delta(\boldsymbol{W}_i * [\boldsymbol{h}_{t-1}, \boldsymbol{x}_t]) \tag{5.14}$$

式中：$\boldsymbol{x}_t$ 为车辆输入轨迹向量；$\boldsymbol{h}_{t-1}$ 为车辆输出轨迹向量；$\boldsymbol{r}_t$ 为输出门；*为哈达玛积；$\boldsymbol{W}_i$ 为权重矩阵。

更新门用于控制前一时刻的状态信息被代入当前状态中的程度，更新门的值越大说明前一时刻的状态信息代入越多：

$$z_t = \delta(\boldsymbol{W}_i * [\boldsymbol{h}_{t-1}, \boldsymbol{x}_t]) \tag{5.15}$$

$$\boldsymbol{h}_t' = \tanh(\boldsymbol{r}_h * [\boldsymbol{h}_{t-1}, \boldsymbol{x}_t]) \tag{5.16}$$

$$\boldsymbol{h}_t = (1 - z_t) * \boldsymbol{h}_{t-1} + z_t * \boldsymbol{h}_t' \tag{5.17}$$

式中：$\tanh(x) = (\mathrm{e}^x - \mathrm{e}^{-x}) / (\mathrm{e}^x + \mathrm{e}^{-x})$；$z_t$ 为更新门。

输出门决定了当前 Cell 向下一个 Cell 输出信息的比例：

$$\boldsymbol{y}_t = \delta(\boldsymbol{w}_0 * \boldsymbol{h}_t) \tag{5.18}$$

式中：$\boldsymbol{y}_t$ 为车辆的正确轨迹向量。

5.3.3 系统界面与实验结果

1. 系统界面

如图 5.10 所示，选择其中两辆车进行行为轨迹预测，圆形表示车辆的历史行驶轨迹，正方形表示预测的下一时刻位置。

图 5.10 车辆行为轨迹预测系统界面

2. 实验结果

实验采用某县 2019 年 9 月整月轨迹数据，其中包含了 325 万条车辆卡口的数据和 81 个卡口的分布情况。通过对车辆轨迹进行数据清洗和轨迹划分之后，一共获取到 42 万条车辆的轨迹，其中 40 万条轨迹作为训练集，而余下的 2 万条轨迹作为测试集，实验结果如表 5.4 所示。

表 5.4 实验结果

方法	准确率/%	F_1 值/%
本节模型	60.15	48.61
条件随机场	56.78	44.33
隐马尔可夫模型	51.84	38.71

本模型在真实的场景中对车辆轨迹预测取得了比较好的效果，准确率达到了 60.15%。通过对预测模型进一步研究发现，随着模型预测步长的增加，模型的误差会进行叠加即准确率逐渐减低。通过对实验结果进行综合分析，在本实验数据集中，预测步长尽量控制在 2 步以内。

第 6 章　群体事件认知理解

随着社会的快速发展，城市中的各类群体性活动日益增多，群体异常事件作为一类特殊的公共安全事件近些年逐渐引起人们的关注，群体异常事件认知是群体异常事件预警预测的基础，通过分析敏感区域群体意图，及时发现公共安全突发事件，迅速做出应对，已成为国内外公安系统急需解决的问题。公安部门常利用实时的监控视频数据分析、监测大型的群体活动，通过对采集的视频数据进行处理获取感兴趣的内容，通常视频场景中包含正常的群体事件，也可能包含一些突发异常的群体事件（如踩踏事件、集会事件）。

针对群体异常事件识别这一问题，国内外学者开展了一系列研究，大致可分为 3 类。①基于分类的检测模型。此类模型通过训练样本获得正常群体行为分类器，然后利用分类器对待检测群体行为进行分类（Tung et al.，2011；Cong et al.，2011）。②基于推断的检测模型。此类模型将表示群体行为的某一特征数据进行聚类，从而获得基本群体行为的模式，而后对每个基本群体行为的模式建立概率密度函数，以得到每个基本群体行为属于某一种模式的可能性（Kratz et al.，2009）。③基于行为特征阈值的检测模型。此类模型将监控的区域看作整体，提取群体行为相关运动、能量、速度和密度等特征，而后通过与阈值的比较判断行为属于正常还是异常，如 Ali 等（2007）通过应用流体动力学和粒子平流分割高密度人群，进而通过识别群体变化检测人群的不稳定性。分析发现当前研究主要关注群体的异常行为，未能对异常行为背后的原因、机理进行深入的挖掘。

本章将以实时的监控视频数据为基础，进行异常群体行为探测，旨在识别理解视频场景中的异常群体事件，为公安部门高效预警各种潜在的风险和处理突发的群体事件提供知识支撑。特别地，本章中所指群体异常行为是相对于同一视频场景中的正常行为，在视频场景中，将群体行为特征显著偏离一般特征的视频帧判别为群体异常行为。如图 6.1 所示：本章的主要思路是首先进行视频的稳像处理，提取群体性的行为特征；进一步在群体行为特征提取的基础上，实现群体异常行为的判别；最后根据群体异常行为是群体异常事件的表征这一基本准则完成群体异常事件的识别。

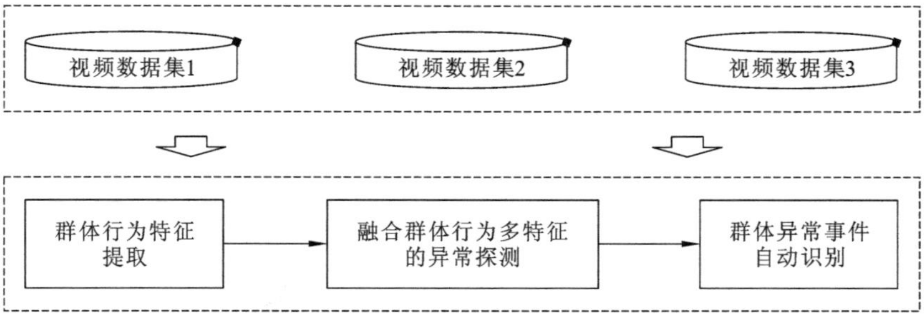

图 6.1　群体异常事件认知理解框架

6.1 群体行为特征提取

准确地提取群体行为特征是探测视频中群体行为异常的研究基础，具有较高的科研意义和应用价值。

表层群体行为特征主要包括密度特征、速度特征和运动强度特征，其中帧间差分法是一种被广泛用于提取运动强度特征的方法。人群密度表示的是当前帧图像单位区域内包含的行人数量，传统的人群密度检测方法主要有 6 个：基于密度感知的异常检测（Gunduz et al.，2016）、基于个体特征的分析方法（王雅琳，2013）、基于像素的统计方法（覃勋辉 等，2013）、基于纹理的分析方法（李寅 等，2013）、基于行人检测的分析方法（Mehran et al.，2009）和基于深度学习的人群密度检测（Zeng et al.，2017）。前 4 类方法均是基于图像特征统计来实现，后两类则是基于行人特征来实现。基于行人检测的分析方法首先可通过哈尔（Haar-like，Haar）特征、局部二值模式（local binary pattern，LBP）特征或方向梯度直方图（histogram of oriented gradient，HOG）特征提取行人特征，再通过 Adaboost 分类器或支持向量机分类器进行行人和背景特征的分类，最后通过滑框金字塔的方法定位出行人所在区域。基于深度学习的人群密度检测即通过密度图片的预处理生成待训练的数据向量，然后建立深度学习网络模型对输入数据进行特征提取，通过卷积变换生成密度图，对密度图做进一步处理，再经过积分得到最终的数量，同时和真实值进行对比，计算误差。基于跟踪点提取算法的提取速度特征分为两类：基于 LK（Lucas-Kanade）光流法和基于 KLT（Kanade-Lucas-Tomasi）跟踪粒子。基于 LK 光流法的识别方法提取光流跟踪点，通过分割场景区域实现集体行为的特征提取。基于 KLT 的识别方法通过 KLT 算法获取运动区域的行为跟踪点。

传感器技术的进步与互联网的普及极大程度促进了手机端视频的可获取性，然而来源于手机等移动端的视频具有镜头抖动等现象，使得难以直接采用现有技术准确提取群体行为特征。对此，本章提出如图 6.2 所示的群体行为特征提取策略，以期适用于众源

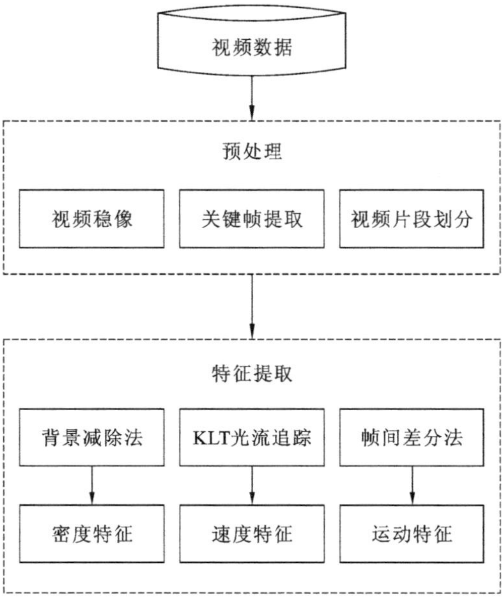

图 6.2　群体行为特征提取策略

视频数据。首先对视频数据进行稳像处理，进一步对视频帧采用背景减除法、KLT 光流追踪和帧间差分法提取群体行为特征。

6.1.1 视频稳像处理

群体行为界定为一群人有共同的行为目标或呈现一致的行动，且与周围人群的行为形成明显的反差。可通过群体密度、群体运动趋势（包括速率及移动方向）、运动强度、群体交互力等特征定量描述群体行为。现实环境中，视频数据可来源于固定监控摄像头和手机等移动端，然而手机等移动端拍摄视频在其时段内存在镜头抖动、场景切换及镜头缩放等问题，导致视频场景内容分析变得更加复杂。因此，为了降低镜头切换、抖动带来的场景群体行为特征提取困难，利用全局帧间差分法提取视频关键帧，根据关键帧将视频划分为视频片段，再对视频片段进行稳像处理，消除镜头抖动影响，再依次对视频片段进行特征提取。

一般来讲，由于连续视频两帧图像之间相隔较短，相邻的两帧图像大部分内容是相同的，基于这种假设，两帧图像之间的相对运动可以分解为大部分场景的全局运动和小部分场景的局部运动，而全局运动一般代表着摄像机的主观运动。摄像载体的不稳定导致在连续的帧间全局运动出现了抖动。视频稳像算法就是要保证得到正确的全局运动矢量，而消除抖动对全局运动的影响。

由于图像的运动方式各不相同，可采用不同的运动模型来表示。对于相邻的两帧图像，常从平移、旋转和缩放等方面来考虑两者的相对变化。

平移模型：

$$p_1 = p_0 + \boldsymbol{T} \tag{6.1}$$

式中：p_1 和 p_0 分别为当前帧和参考帧中对应的像素坐标；$\boldsymbol{T}$ 为二维平移矢量。当图像具有平移旋转和缩放的变化时，运动模型为

$$p_1 = s\boldsymbol{R}_{\mathrm{e}} p_0 + \boldsymbol{T} \tag{6.2}$$

式中：$\boldsymbol{T}$ 为二维平移矢量；s 为变焦系数；$\boldsymbol{R}_{\mathrm{e}}$ 为正交的旋转矩阵，即

$$p_1 = s\begin{bmatrix} \cos\theta & \sin\theta \\ -\sin\theta & \cos\theta \end{bmatrix} p_0 + \boldsymbol{T} = \begin{pmatrix} a & b \\ -b & a \end{pmatrix} p_0 + \begin{pmatrix} t_x \\ t_y \end{pmatrix} \tag{6.3}$$

当图像具有扭转变化时，需要使用六参数的模型才可以表示扭转的变化，运动模型为

$$p_1 = \begin{pmatrix} r_{11} & r_{12} \\ r_{21} & r_{22} \end{pmatrix} p_0 + \begin{pmatrix} t_x \\ t_y \end{pmatrix} \tag{6.4}$$

6.1.2 群体密度特征提取

在人群图像中，实际的人群人数和前景像素数是呈近似线性关系的。假设 y 代表人群人数，x 代表前景像素数（或者边缘像素数），利用背景减除等方法对图像进行处理。

背景减除法是利用背景的参数模型来近似得出图像的像素值，将当前帧与背景图像作差分比较以实现运动目标的检测。该算法对运动目标的检测，重点在于建立一个鲁棒的背景模型，能够适应光照的变化、背景内微小目标的移动和噪声的影响等。背景减除法计算公式为

$$\mathrm{BD}_t(x,y)=\begin{cases}255, & I_t(x,y)-B_t(x,y)\geqslant\tau_1\\ 0, & I_t(x,y)-B_t(x,y)<\tau_1\end{cases} \tag{6.5}$$

式中：$I_t(x, y)$、$B_t(x, y)$分别为当前帧与背景帧图像；$\mathrm{BD}_t(x, y)$为背景差分图像；t 为帧数（$t=1,2,\cdots,N$）；τ_1 为阈值。利用背景减除法得到前景目标图像后，计算前景像素的个数，然后得到它在整幅图像中所占的比例。提取图像中存在的人群像素个数，根据它来计算人群区域在图像中所占的比例，得到大概的人群规模，从而估计人群密度。

6.1.3 群体速度特征提取

对预处理后的视频片段利用 KLT 算法提取视频中自动检测到的光流跟踪点，通过对连续视频帧特征点的跟踪分析获取运动轨迹。LK 光流法计算两帧在时间 t 到 $t+\delta t$ 之间每个像素点位置的移动。图像约束方程可以写为 $\boldsymbol{I}(x, y, z, t)=\boldsymbol{I}(x+\delta x, y+\delta y, z+\delta z, t+\delta t)$，$\boldsymbol{I}(x, y, z, t)$为在$(x, y, z)$位置的像素值。假设像素移动足够小，那么对图像约束方程使用泰勒公式可以得到

$$\begin{aligned}&\boldsymbol{I}(x+\delta x,y+\delta y,z+\delta z,t+\delta t)\\&=\boldsymbol{I}(x,y,z,t)+\frac{\partial \boldsymbol{I}}{\partial x}\delta x+\frac{\partial \boldsymbol{I}}{\partial y}\delta y+\frac{\partial \boldsymbol{I}}{\partial z}\delta z+\frac{\partial \boldsymbol{I}}{\partial t}\delta t+\text{H.O.T.}\end{aligned} \tag{6.6}$$

式中：H.O.T.指更高阶项，在移动足够小时可以忽略。由上述公式可以得到

$$\frac{\partial \boldsymbol{I}}{\partial x}\delta x+\frac{\partial \boldsymbol{I}}{\partial y}\delta y+\frac{\partial \boldsymbol{I}}{\partial z}\delta z+\frac{\partial \boldsymbol{I}}{\partial t}\delta t=0 \tag{6.7}$$

或者

$$\frac{\partial \boldsymbol{I}}{\partial x}\frac{\delta x}{\delta t}+\frac{\partial \boldsymbol{I}}{\partial y}\frac{\delta y}{\delta t}+\frac{\partial \boldsymbol{I}}{\partial z}\frac{\delta z}{\delta t}+\frac{\partial \boldsymbol{I}}{\partial t}\frac{\delta t}{\delta t}=0 \tag{6.8}$$

整理可得

$$\frac{\partial \boldsymbol{I}}{\partial x}V_x+\frac{\partial \boldsymbol{I}}{\partial y}V_y+\frac{\partial \boldsymbol{I}}{\partial z}V_z+\frac{\partial \boldsymbol{I}}{\partial t}=0 \tag{6.9}$$

式中：V_x、V_y、V_z 分别为 $\boldsymbol{I}(x, y, z, t)$光流向量中 x、y、z 的组成；$\frac{\partial \boldsymbol{I}}{\partial x}$、$\frac{\partial \boldsymbol{I}}{\partial y}$、$\frac{\partial \boldsymbol{I}}{\partial z}$ 和 $\frac{\partial \boldsymbol{I}}{\partial t}$ 则为图像在(x, y, z, t)这一点相应方向的差分。所以有 $I_xV_x+I_yV_y+I_zV_z=I_t$，可写为

$$\nabla \boldsymbol{I}^{\mathrm{T}}\boldsymbol{V}=-I_t \tag{6.10}$$

式中有 3 个未知量，LK 光流法作为一个非迭代算法，假设（V_x, V_y, V_z）在一个大小为 $m\times m\times m(m>1)$的小窗中是一个常数，那么从像素 1、n、$n=m^3$ 中可得到下列方程：

$$\begin{cases} I_{x_1}V_x + I_{y_1}V_y + I_{z_1}V_z = -I_{t_1} \\ I_{x_2}V_x + I_{y_2}V_y + I_{z_2}V_z = -I_{t_2} \\ \vdots \\ I_{x_n}V_x + I_{y_n}V_y + I_{z_n}V_z = -I_{t_n} \end{cases} \tag{6.11}$$

该方程组中有三个未知数但有多于三个的方程，即该方程为超定方程，方程组内有冗余，方程组可表示为

$$\begin{bmatrix} I_{x_1} & I_{y_1} & I_{z_1} \\ I_{x_2} & I_{y_2} & I_{z_2} \\ \vdots & \vdots & \vdots \\ I_{x_n} & I_{y_n} & I_{z_n} \end{bmatrix} \begin{bmatrix} V_x \\ V_y \\ V_z \end{bmatrix} = \begin{bmatrix} -I_{t_1} \\ -I_{t_2} \\ \vdots \\ -I_{t_n} \end{bmatrix} \tag{6.12}$$

记作：$\boldsymbol{A}\boldsymbol{v} = -\boldsymbol{b}$。

采用最小二乘法解决超定问题：

$$\boldsymbol{A}^{\mathrm{T}}\boldsymbol{A}\boldsymbol{v} = \boldsymbol{A}^{\mathrm{T}}(-\boldsymbol{b}) \tag{6.13}$$

或者

$$\boldsymbol{v} = (\boldsymbol{A}^{\mathrm{T}}\boldsymbol{A})^{-1}\boldsymbol{A}^{\mathrm{T}}(-\boldsymbol{b}) \tag{6.14}$$

得到

$$\begin{bmatrix} V_x \\ V_y \\ V_z \end{bmatrix} = \begin{bmatrix} \sum_{i=1}^{n} I_{x_i}^2 & \sum_{i=1}^{n} I_{x_i}I_{y_i} & \sum_{i=1}^{n} I_{x_i}I_{z_i} \\ \sum_{i=1}^{n} I_{x_i}I_{y_i} & \sum_{i=1}^{n} I_{y_i}^2 & \sum_{i=1}^{n} I_{y_i}I_{z_i} \\ \sum_{i=1}^{n} I_{x_i}I_{z_i} & \sum_{i=1}^{n} I_{y_i}I_{z_i} & \sum_{i=1}^{n} I_{z_i}^2 \end{bmatrix}^{-1} \begin{bmatrix} -\sum_{i=1}^{n} I_{x_i}I_{t_i} \\ -\sum_{i=1}^{n} I_{y_i}I_{t_i} \\ -\sum_{i=1}^{n} I_{z_i}I_{t_i} \end{bmatrix} \tag{6.15}$$

从而得到跟踪点的光流轨迹像素点位置，提取运动轨迹进行运动速度计算。

6.1.4 群体运动特征提取

帧间差分法是运动特征检测中最常用的一种方法，主要是对相邻两帧或相隔几帧图像的两帧图像采用基于像素的差分，再对差分图像进行二值化来确定其中的运动区域，根据运动区域来区分背景和前景。首先，计算第 k 帧图像 f_k 与第 $k-1$ 帧图像 f_{k-1} 的差分图像 D_k 的方法有三种，分别是正差分、负差分和全差分，相应的计算公式如下。

正差分：

$$D_k = \begin{cases} f_k - f_{k-1}, & f_k - f_{k-1} > 0 \\ 0, & \text{其他} \end{cases} \tag{6.16}$$

负差分：

$$D_k = \begin{cases} |f_k - f_{k-1}|, & f_k - f_{k-1} < 0 \\ 0, & \text{其他} \end{cases} \tag{6.17}$$

全差分：

$$D_k = | f_k - f_{k-1} | \tag{6.18}$$

对差分图像 D_k 进行二值化操作即可得到运动像素的集合及前后帧中运动像素的运动强度值。

6.2 融合群体行为多维特征的异常检测

随着经济社会的发展，人口不断增多，人们对精神文化生活的追求也在不断提升，各种集会活动、球赛、广场舞等活动举办次数不断增加。另外各种大型超市、商场、学校、火车站人群十分密集，容易发生拥挤踩踏事件。由于人群拥挤无序，骚乱踩踏会引发更加严重的后果。例如，据新华网报道，2017 年 9 月 29 日印度孟买地区发生了拥挤踩踏事件，事件造成了 22 人死亡。种种现象表明群体异常事件的发生屡见不鲜。如何对这些群体异常事件进行及时的报警，提高反应速度，降低人员伤亡和事件影响成为当前社会亟待解决的问题。

当前针对人群异常行为的监控主要分两种。一种是有专人监督的视频监控，这种监控方式报警较为及时，但对人力资源配置有着较高的要求，大规模部署不太现实。而且对监控人员具有一定要求，单个监控人员对监控视频无法进行长时间观察，可能造成对异常现象的忽视。另一种是监控系统，也是在公共交通及安全领域大规模采用的无人监控系统。它只有记录功能，代替人眼记录事件的发生过程，提供一个事后查询的依据，没有报警功能，而且事后观看查询费时费力。由此可见，监控视频智能化有着重大的经济价值和社会价值，一个满足实时监控报警、不需要监控人员、高检测正确率等要求的智能异常行为检测方法和系统是现代社会迫切需要的，也是科研人员不断追求的目标。

国内外专家学者针对群体异常检测提出了很多研究方法，推动了群体异常行为检测的发展。其中，基于底层群体运动特征的描述方法有光流法（Andrade et al.，2006）、灰度梯度值（Zhong et al.，2004）、运动强度特征（王锦，2007）、信息熵等（张朋跃 等，2015）。由于绝大多数的群体异常事件都存在运动，许多研究人员采用光流或者目标轮廓作为目标运动描述符，但是光流法受噪声影响较大。有学者在纯光流的基础上进行了改进研究，提出使用光流特征直方图（Lertniphonphan et al.，2011）、多尺度光流特征直方图（Dan et al.，2014）的方法来增强算法对噪声的抗干扰能力。此外还有学者使用短时时空梯度（吴群 等，2016）或者三维梯度模型（Chen et al.，2016）来描述群体运动。

因此，为应对多发的公共场所的公共安全事件，本节将提出基于群体行为多维特征融合的异常检测方法。

6.2.1 群体行为单维特征的异常检测方法

对于视频中的行为分析来说，要充分考虑视频的本质特征。对于行为分析任务来说主要考虑两方面的特征：静态特征和动态特征。静态特征是从原始的视频单帧中提取到的一些特征，主要包括视频信息中的一些场景信息及视频当中的一些内容主体，比如人体的一些表观特征；动态特征主要是原始视频中的帧与帧之间的一些相关的运动及变化特征，主要包括视频当中的一些运动主体的运动信息。动态特征是异常行为检测的主要研究内容，常用的运动特征包括群体的社会力、速度、加速度、动能、势能等。

（1）社会力特征：周围人群对个体的作用力。社会力模型中，个体是与整体相适应的，个体不仅具有自身期望的力，还受到整体作用力的驱使，因此社会力模型考虑了群体内部的交互特征；但是将场景中的障碍物与人等同看待，障碍物对人的作用力也被包含在内。

（2）速度特征：人群移动的实际速度，是群体行为的重要运动特征。速度特征能够直观地反映群体的运动特征，但是难以体现群体的运动变化程度，也不能反映群体内部的交互特征。

（3）加速度特征：相较于速度特征，加速度特征能够反映群体运动的变化程度，对于群体的变化检测更加灵敏，但是加速度特征也不能反映群体内部的交互特征。

（4）动能特征：人群移动的幅度。动能特征描述了短时内群体运动的幅度，但是动能是一个标量，不能反映群体运动的方向特征，也不能反映群体内部的交互力特征。

（5）势能特征：个体间的相互作用。势能特征考虑个体间的相互作用，势能的变化直观地反映了个体间的交互。但是势能与动能一样是一个标量，不能反映个体的运动特征。

在上述单个群体行为特征基础上，可进一步采用基于分类的检测模型、基于推断的检测模型和基于行为特征阈值的检测模型探测群体行为异常，然而单维特征难以包含群体行为的全部信息。因此进一步将群体行为的多维特征进行融合，是提高异常行为检测准确性的重要途径。

6.2.2 群体行为多维特征融合的异常检测方法

由于群体行为的单维特征异常检测都存在相对应的不足之处，融合群体行为的多维特征信息，更加全面地表达群体行为的信息是最优的处理方式。

目前大多数方法都是利用群体行为参与者的运动信息来描述群体行为。速度信息作为最直观的群体行为特征表达方式，难以表达群体行为内部的交互特征，而社会力模型在速度特征的基础上计算了群体内部的交互特征，因此本小节提出一种融合群体行为多维特征的异常检测方法，借助机器学习模型实现群体目标行为异常检测提取，指导群体公共安全事件的提前预警及事件过程预测。研究策略如图 6.3 所示，主要包括两个步骤：①群体行为特征提取，利用粒子流方法计算粒子的预期速度，进而计算粒子交互力；②群体异常行为检测，利用 LDA 模型建立历史正常行为语料概率分布，若视频语料分布与正常行为有差异，则识别为异常群体行为。

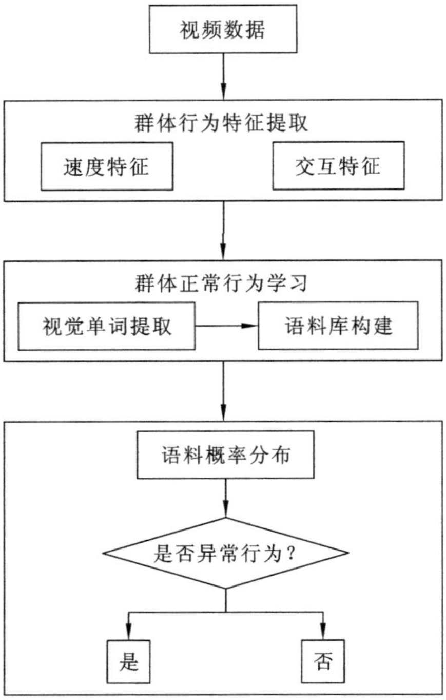

图 6.3　融合群体行为多维特征的异常检测方法研究策略图

6.2.3　群体行为异常检测模型

交互力是社会力模型的重要组成部分，在社会力模型中，可以把质量为 m_i 的行人 i 的速度 v_i 的变化表示为

$$m_i \times (\mathrm{d}v_i/\mathrm{d}t) = F_a = F_p + F_{int} \tag{6.19}$$

式中：F_a 为真实受到的力，主要包括行人预期力 F_p 和交互力 F_{int} 两个部分。通常情况下，行人的运动是具有目的性的，用 v_i^p 表示行人的预期运动速度，同时行人个体的运动还受到人群的影响，因此真实的运动速度 v_i 和预期运动速度 v_i^p 是不同的。所以行人个体有趋向 v_i^p 的运动意图，这个运动意图可以用行人预期力 F_p 表示：

$$F_p = (v_i^p - v_i)/\tau \tag{6.20}$$

式中：τ 为松弛系数；v_i 为真实速度；v_i^p 为预期速度。广义的社会力模型还要考虑恐慌事件的影响，所以上述模型中的 v_i^p 被替换为

$$v_i^q = (1 - p_i)\, v_i^p + p_i \langle v_i^c \rangle \tag{6.21}$$

式中：p_i 为恐慌事件的权重因子；$\langle v_i^c \rangle$ 为周围行人的平均速度，当 p_i 趋近 0 时表示个人行为，当 p_i 趋近 1 时表示群体行为。综上，广义的社会力模型概括为

$$m_i \times (\mathrm{d}v_i/\mathrm{d}t) = F_a = (v_i^q - v_i)/\tau + F_{int} \tag{6.22}$$

因此，需要运用社会力模型在密集人群视频场景中估计交互力 F_{int}，理想的方法是对目标进行跟踪并估算，但是在密集人群中准确跟踪个体是一项很艰巨的任务。但由观察可知，在拥挤场景中个体的运动是受到整个人群限制的，并且视频中的个体只占几个像素点。因此在估算 F_{int} 时，可以把人群看作相互作用的粒子。为了计算粒子的流动，

需要计算平均光流场 O_{ave}，计算方法是：在固定的时空窗口中计算平均光流，空间上采用的是高斯加权平均。在粒子传输开始的时候，在图像上不只 N 个粒子的网格，根据其对应位置的流场移动，通过邻近流场向量的双线性插值计算粒子的有效移动速度，这类似于人群中一群人的集体速度。图 6.4 显示了粒子平流的一个例子。

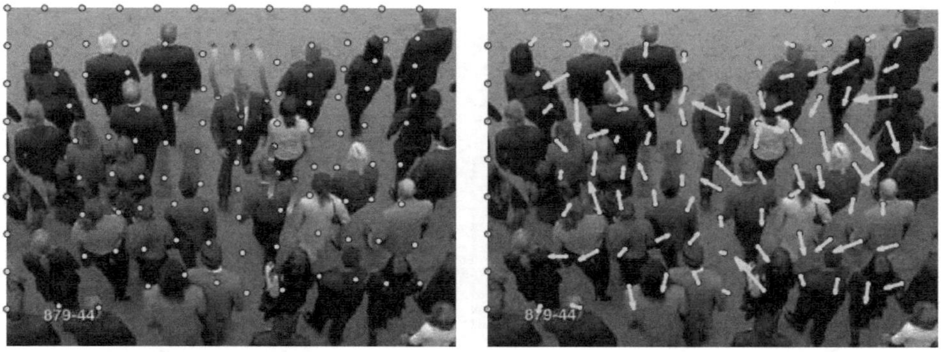

（a）部分粒子的轨迹　　（b）粒子相互作用力的集合

图 6.4　使用平均光流场和相应的相互作用力的粒子平流案例示意图

将粒子真实速度定义为：$v_i = O_{ave}(x_i, y_i)$。把粒子的预期运动速度 v_i^q 定义为

$$v_i^q = (1 - p_i)O(x_i, y_i) + p_i O_{ave}(x_i, y_i) \tag{6.23}$$

式中：$O_{ave}(x_i, y_i)$为粒子 i 对应坐标(x_i, y_i)处的有效平均光流；$O(x_i, y_i)$为粒子 i 对应坐标处(x_i, y_i)的光流。交互力示意图如图 6.4（b）所示，对于给定的有着相似大小的对象场景，假设 $m_i=1$，于是交互力 F_{int} 为

$$F_{int} = (v_i^q - v_i)/\tau - \mathrm{d}v_i/\mathrm{d}t \tag{6.24}$$

计算视频中每个像素点的交互力大小特征和方向特征，即根据一连串图像帧 $I(t)$计算出力流 $\boldsymbol{S}_f(t)$的特征矩阵。把力流 $\boldsymbol{S}_f(t)$矩阵分块，每块包含 T 部分图像，称为切片，记为 D_j；对于每一个切片 D_j，在力流部位随机提取 K 个视觉单词，标记为 Z_j；将所有 D_j 中的 Z_j 放在一起，用多维 k-means 聚类方法聚为 C 类；将每个 D_j 表示成为一个 C 维的向量，并归一化。

运用 LDA 找出正常场景的 L 个潜在主题分布，具体是用 EM 算法最大化语料库的似然函数：

$$\ell(\alpha,\beta) = \sum_{j=1}^{M} \lg p(D_j \mid \alpha,\beta) \tag{6.25}$$

式中：α 和 β 就是要学习出的模型参数。利用上述参数，估计每一个测试视频的似然值，并设置一个阈值判断该视频中群体行为是否异常。

利用该方法对明尼苏达大学正常和异常人群视频公开数据集进行测试。该数据集包括 3 种不同室内和室外场景中 11 种不同的逃生事件场景的视频。图 6.5 显示了这些场景的示例帧。每个视频由正常行为的初始部分组成，并以异常行为的序列结束。分析结果如图 6.6、图 6.7 所示。

图 6.5　部分实验数据示例帧

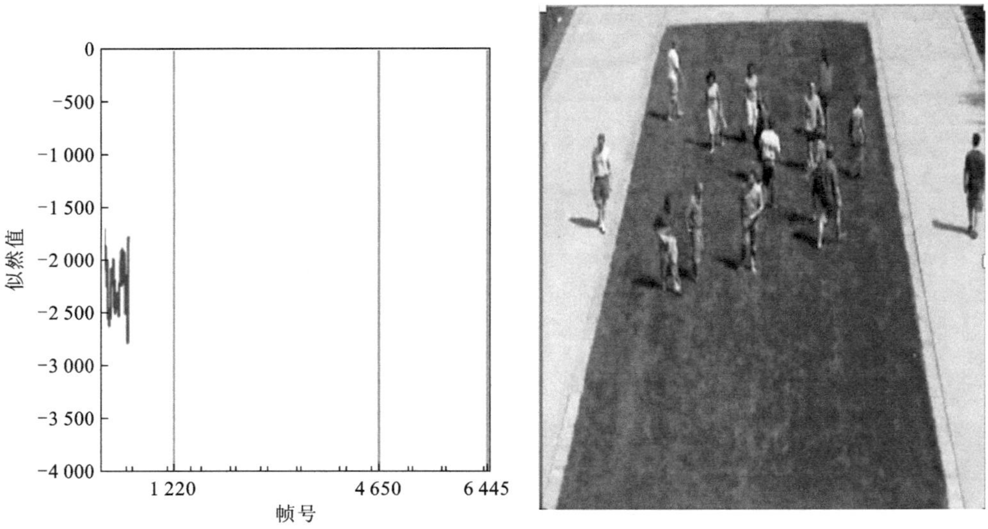

（a）正常群体行为帧1

（b）正常群体行为帧2

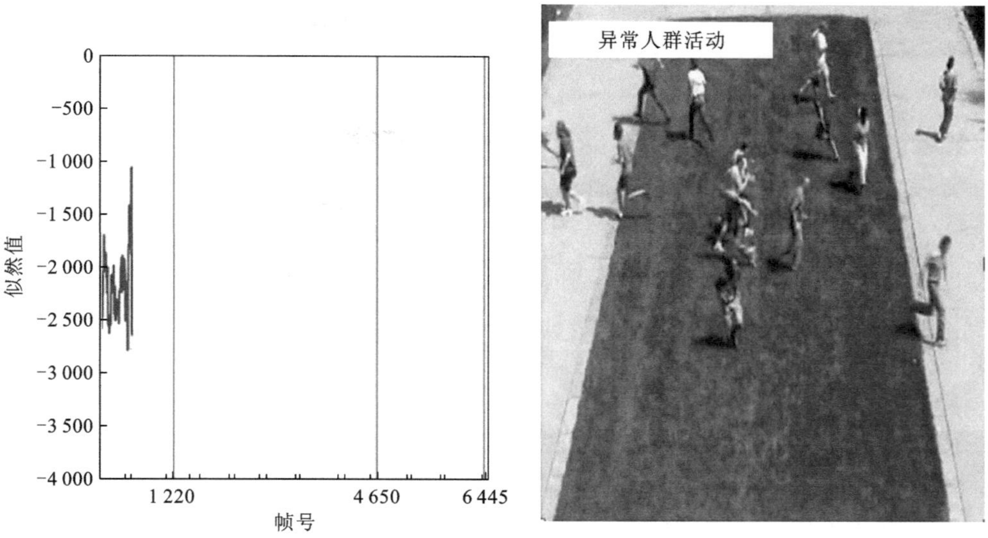

（c）异常群体行为帧3

（d）异常群体行为帧4

图 6.6　实验部分正常及异常群体行为帧检测结果

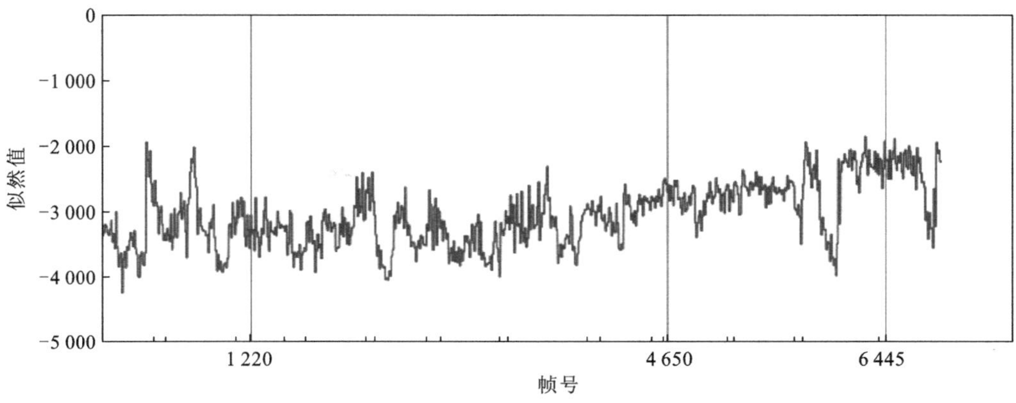

图 6.7　总体实验分析结果图

6.3 群体事件识别

近年来，群体性事件的大量发生和所造成的社会影响已经成为影响社会稳定和发展的一个突出问题，如果不能有效地采取措施进行妥善处置和预防，将会引发更大的政治问题，直接影响政治稳定和社会安定，从而影响我国社会主义现代化建设的进程与和谐社会的构建。因此，正确认识我国当前群体事件的性质和规律，探索其深层原因，并有针对性地提出管控策略，对于建设具有中国特色的社会主义现代化强国，构建全面、和谐、稳定的小康社会，都具有十分重要的指导意义。

群体事件界定为一种突发的由具有共同目的的多人参与的事件，且与周围人群的行为形成明显的反差。针对群体事件，国内外众多学者研究了群体事件的仿真与预警模型。其研究趋势逐渐从指标预警评估向群体特征模型研究发展。相关学者分别从不同角度开展群体事件预警模型研究，其方法主要包括宏观模型（如人群流动模型）及微观模型（如社会力模型、元胞自动机模型）。在研究方法层面，现有相关研究工作主要存在以下问题。

（1）大都采用单一的图像数据来提取目标人群特征，缺乏对图像、文本、语言等多源异构数据的融合处理。

（2）对于群体目标的异常行为分析，通常采用空间位置特征来训练行为样本库，缺乏对群体事件特征多样性、关联性及群体目标间交互性、差异性的综合考虑和剖析，从而难以准确推理群体目标的行为意图。

针对此类行为，本节首先提出耦合多行为特征的群体行为识别，进一步考虑人群密度特征、人群运动轨迹特征和群体运动强度特征，综合判断群体事件，其识别基本流程如图 6.8 所示。本节将以踩踏和游行两类事件为例，阐述群体事件识别的具体过程。

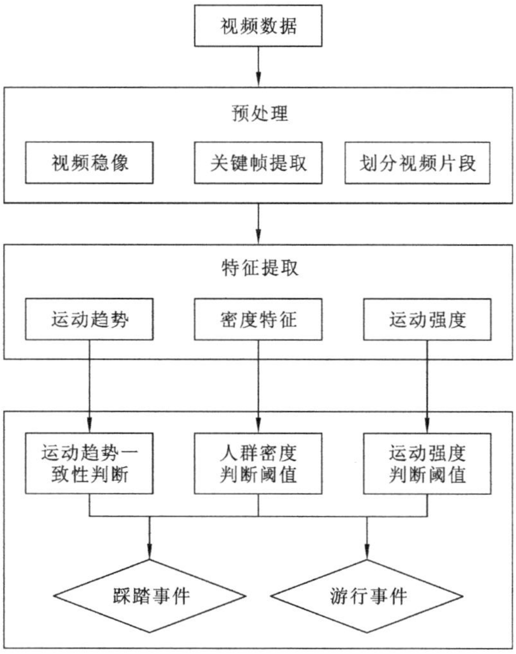

图 6.8　群体事件识别基本流程

6.3.1 踩踏事件识别

踩踏事件是指在大型人群聚集的情况下，当整个人群出现拥堵移动，队伍中有人意外跌倒而后面不明真相的人群依然向前移动从而踩踏到跌倒的人，同时因为人群的恐慌心理可能加剧拥挤并产生新的跌倒人群，造成恶性循环的群体伤害的意外事件。

踩踏事件的群体特征如下。

（1）人群密度：人群密度可以反映人群的规模即图像中大概的人数是多还是少。在群体行为检测中，作为判别踩踏事件的首要特征，当人群密度达到一定程度才能判断为群体事件。Fruin（1985）提出了一个理论：当人群密度达到一个阈值（0.15 m^2/人）时，人群容易失去控制从而可能引起踩踏事故。

（2）运动强度：运动强度均值反映了视频序列图像中运动对象的平均运动强度，与常规密集人群行为相比，群体行为的运动强度明显大于密集人群行为，如地铁高峰时段拥挤场景下，人群行为的运动强度非常缓慢，有时可能处于相对静止状态，因此提取常规密集人群行为视频中的运动强度特征取平均值 P，并按 1.5P 设置运动强度阈值对踩踏群体行为进行运动强度特征的判断，具体的踩踏事件识别流程图如图 6.9 所示。

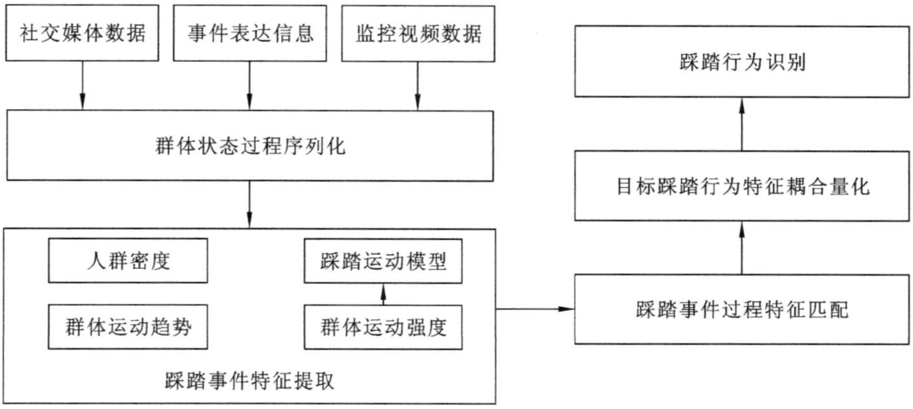

图 6.9　踩踏事件识别流程图

6.3.2 游行事件识别

游行事件最大的特点是连续、有序的多个个体呈现出一致性的运动。因此通过提取视频中自适应选取的特征点，进行运动轨迹跟踪提取，对视频中的运动轨迹进行一致性分析，当具有 10 个以上相似运动轨迹时，判断运动呈现趋势一致性。而游行事件中人群的运动强度较为缓慢，不同于其他事件如踩踏和打架，因此针对系列游行事件视频数据进行训练，提取游行行为的特征，当满足运动趋势和运动强度在特征阈值范围内时，判断为游行行为。图 6.10 是游行事件识别流程图。

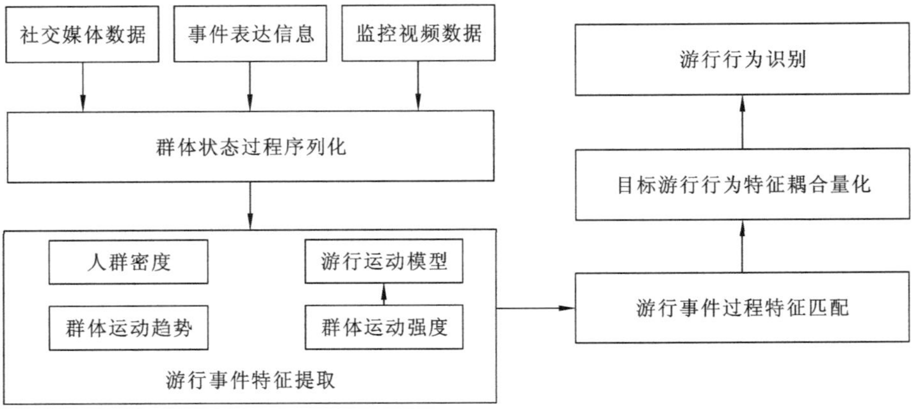

图 6.10　游行事件识别流程图

6.3.3　实验与分析

实验视频数据采集自互联网视频，共 8 个视频，其中一部分视频具有明显近景远景镜头缩放、镜头切换和镜头抖动的视觉效果，如图 6.11 所示。

（a）视频1：队列方阵表演
手机拍摄，存在视频抖动和镜头缩放

（b）视频2：广场舞蹈表演及人群围观
存在镜头切换和缩放

（c）视频3：双方斗舞视频
存在抖动、镜头缩放和大量镜头切换

（d）视频4：广场音乐表演及人群围观
存在大量镜头切换

（e）视频5：打架和劝架
监控，稳定视频拍摄

（f）视频6：人群游行
手机拍摄，存在镜头抖动和缩放

（g）视频7：拥挤踩踏
存在镜头抖动和缩放

（h）视频8：人在停车场行走
稳定镜头拍摄

图 6.11　群体事件识别实验数据

通过对 3 个特征的综合判断，最终判断识别视频 1、视频 2、视频 4、视频 6、视频 7 的内容包含群体行为。群体行为识别结果如表 6.1 所示。

表 6.1　群体行为识别结果

视频编号	是否为群体行为（真实结果）	是否识别为群体行为（实验结果）	群体事件类型（实验结果）
1	是	是	—
2	是	是	—
3	是	否	踩踏
4	是	是	—
5	是	否	—
6	是	是	游行
7	是	是	踩踏
8	否	否	—

其中视频 3 中斗舞的双方都分别具有明显的一致性运动趋势，但由于视频本身镜头切换次数频繁，镜头抖动幅度过大，稳像预处理后也很难提取到有效判断的群体行为特征，出现误判。视频 5 中由于打架事件运动剧烈且运动方向杂乱无章，提取到的运动趋势无法做到一致性判断，出现误判。

第 7 章　群体事件演化预测

现有群体事件的研究主要集中于社会学、心理学等人文社科领域，仅对已发生的群体事件进行分析，具有一定的滞后性。此外，现有研究方法主要采用定性的方法对群体事件进行分析，缺乏定量的描述群体事件演化趋势的方法，难以对群体事件进行有效的事前预警预测。本章将从时空关联的视角出发，在群体事件特征、发生机理研究的基础上，将群体事件分为过程型群体事件和结果型群体事件，分别提出过程型群体事件移动路径预测模型和结果型群体事件区域群体密度预测模型，旨在实现对群体事件的全周期预测，为政府相关部门提供可供实际应用的一整套技术方案，提高政府部门处理群体事件的能力，减少人民群众的经济损失，维护社会稳定。群体事件演化预测框架如图 7.1 所示。

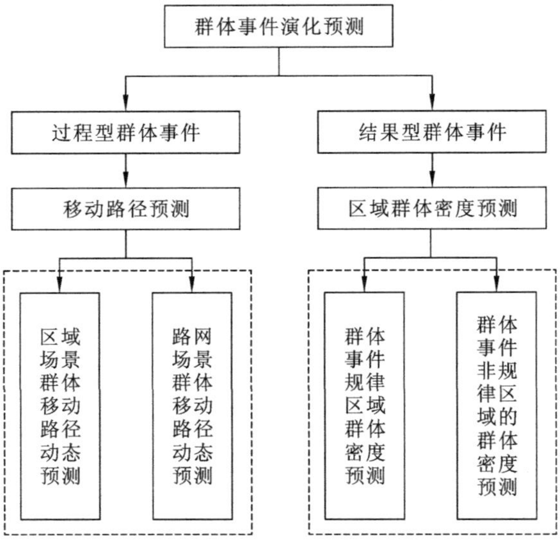

图 7.1　群体事件演化预测框架

7.1　过程型群体事件移动路径预测

过程型群体事件一般是非自发产生事件，具备一定的组织结构。参与者主体一般会在一定时间内聚集在特定的公共场所，沿特定路线移动，企图尽可能扩大事件在社会中知悉范围的事件（郭纯平，2011；Olson，2009）。这类群体事件的活动过程中易发生冲突事件，具备一定的破坏性，影响正常的社会生活。因此，及时发现危及公共安全的群体事件，迅速做出应对，已成为公安系统急需解决的问题。

现阶段，社会学、应用心理学等人文学科对过程型群体事件进行了深入的研究。其中，社会学主要从事件发生机理的角度分析事件的成因，划分事件发展的不同阶段，描述不同阶段群体的行为特征，同时评估事件的危害。通过对群体事件发生可能存在的形成原因及风险进行分析，提出包括制度、宣传、网络舆情监控等方面的应对政策（魏玖长 等，2011；毛振军 等，2010）。应用心理学主要从参与者心理活动的角度分析不同阶段参与者主体的心理特点、情绪的演化及参与者情绪对事件发展的影响。通过对参与者的心理分析，研究群体事件发生的深刻原因和不同阶段的心理特点，从而提出系统的预防应对策略和相关的政策建议（张赛宜，2018）。然而，此类人文学科对过程型群体事件的分析过程中缺少对事件各阶段状态的量化表达。因此，国内外众多学者通过构建仿真模型对群体事件展开研究，相关学者从宏观-微观多角度开展群体事件仿真模型研究，宏观模型通过将人群主体作为建模对象，不考虑人群个体间的相互作用，从整体的角度来分析群体的运动特征和演化规律。例如人群流动模型，由于人群运动与车流运动具有相似性，相关学者采用车流运动相关原理分析群体运动的特征规律（Maury et al.，2010）。微观模型主要思想：人群运动是由多个个体的运动汇聚而成的，从个体之间交互作用的角度来分析个体的运动，从而发现群体的运动趋势。例如社会力模型，通过分析群体中每一个个体的受力情况来研究个体的运动状态（Mehran et al.，2009）；元胞自动机模型将群体中每一个个体作为一个元胞单元，不同的元胞有不同的状态，通过分析不同元胞的状态，最后可以推测群体的运动趋势（Zheng et al.，2019）。

综上可知，现有研究未能顾及过程型群体事件发生的场景特征对群体移动的影响，难以对群体移动路径进行准确的预测。为此，本节提出顾及事件爆发区域场景特征的群体移动路径动态预测模型，模型的研究策略如图 7.2 所示。

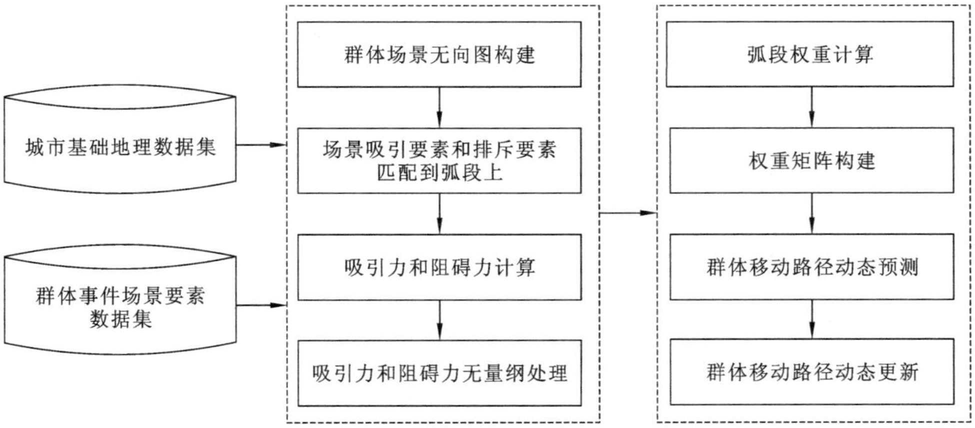

图 7.2　过程型群体事件移动路径预测研究策略

7.1.1　场景依赖下的无向图构建

过程型群体事件爆发场所主要可分为路网场景和区域场景两类。为了方便对群体路径预测进行建模分析，本小节分别对路网场景和区域场景构建无向图网络。针对城市道路网络空间，以路段为弧段，以交叉路口为节点，进而构造不规则的无向图。针对区域空间，首先对区域进行网格划分，每个网格视为一个节点，网格之间用弧段连接，从而构成一个规则的无向图。

过程型群体事件爆发场景中的影响力要素包括吸引要素和排斥要素。其中：吸引要素包括场景中不同类别的兴趣点（point of interest，POI）（不包括警察局）和弧段自身的影响力；排斥要素包含公安局、派出所等不同等级的警察局。进一步在场景要素确定的基础上将吸引要素和排斥要素匹配至无向图的弧段上，为无向图的弧段加权提供支撑。

针对群体所在位置距离各要素越远，则各要素对群体的吸引力或者排斥力越小，此外事件场景图中群体与各要素的相互联系发生约束于网络空间而非欧氏空间的问题，本小节提出顾及地理空间网络距离衰减的影响力表达模型。利用高斯空间核函数表达 t 时刻场景要素 POI_j^s 对群体的影响力值 $w_{\mathrm{POI}_j^s\_t}$，表达式为

$$k(\mathrm{Nd}_t(\mathrm{POI}_j^s, g_t)) = \begin{cases} \exp\left(-\dfrac{[\mathrm{Nd}_t(\mathrm{POI}_j^s, g_t)]^2}{2\sigma^2}\right), & \mathrm{Nd}_t(\mathrm{POI}_j^s, g_t) < h_{g_t} \\ 0, & \text{其他} \end{cases} \tag{7.1}$$

$$w_{\mathrm{POI}_j^s\_t} = w_{\mathrm{POI}^s} \times k(\mathrm{Nd}_t(\mathrm{POI}_j^s, g_t))$$

式中：w_{POI^s} 表示类别为 s 的要素的自身影响力值；$k(\mathrm{Nd}_t(\mathrm{POI}_j^s, g_t))$ 为 t 时刻 POI_j^s 的空间权重；σ 为距离的标准差；h_{g_t} 为群体所在位置的移动距离阈值；$\mathrm{Nd}_t(\mathrm{POI}_j^s, g_t)$ 为 t 时刻群体所在位置 g_t 与 POI_j^s 间的最短网络距离。

弧段自身的影响力表示，根据对偶图的度中心性和接近中心性两个指标确定编号为 i 的弧段吸引力 w_{ROAD_i}。

$$w_{\mathrm{ROAD}_i} = \alpha + \sum_{j=1}^{2} \omega_j \gamma_j, \quad \sum_{j=1}^{2} \omega_j = 1 \tag{7.2}$$

式中：α 为一个常数；ω_j 为第 j 个指标的权重；γ_j 为第 j 个指标值。

利用式（7.2）可以得到每个弧段对群体的影响力值 W_ROAD，约束在该弧段上具有吸引力和排斥力 POI 的总影响力值 A_INF 和 R_INF，则该弧度对群体的综合影响力表现为

$$W = a_1 \times W\_\mathrm{ROAD} + a_2 \times A\_\mathrm{INF} + a_3 \times R\_\mathrm{INF} \tag{7.3}$$

权重系数 a_1、a_2、a_3 用来衡量不同影响要素的重要程度，满足 $a_1+a_2+a_3=1$，本小节采用等权处理，即 $a_1=a_2=a_3=1/3$。在此基础上，可进一步结合无向图 G 的邻接矩阵 $\boldsymbol{A}$ 构建加权邻接矩阵 $\boldsymbol{W_A}$，表达为

$$w_{a_{i,j}} = \begin{cases} \dfrac{1}{w_{ij}}, & a_{ij} = 1, \quad w_{ij} > 0 \\ +\infty, & \text{其他} \end{cases}, \quad w_{ij} \in W, wa_{ij} \in \boldsymbol{W_A} \tag{7.4}$$

于是加权无向图 $\mathrm{WG} = (\boldsymbol{V}, \boldsymbol{E}, \boldsymbol{W_A})$。

7.1.2 多要素约束下的群体移动路径预测

基于群体企图扩大事件影响范围的心理特征及移动单向性特征，群体移动路径应满足：①途经路段的影响力累加值最大，即加权无向图中路段的权重总值最小；②途经路段不再返回。基于此，构建以下目标函数：

$$Y = \min\left(\sum_{i}^{n}\sum_{j}^{n} wa_{i,j}x_{i\to j}\right) \tag{7.5}$$

$$\text{s.t.}\left(\sum_{i}^{n} x_{i\to j} \leqslant 1, \sum_{j}^{n} x_{i\to j} \leqslant 1, \sum_{i}^{n} x_{i\to s} = 0, \sum_{j}^{n} x_{d\to j} = 0\right) \tag{7.6}$$

式中：若群体在节点 v_i 通过路段 $e_{i,j}$ 到达节点 v_j，$x_{i\to j}=1$，否则 $x_{i\to j}=0$；对于节点 v_i 到群体移动的起始点 v_s 的路段，$x_{t\to s}=0$；对于群体移动终点 v_d 到节点 v_j 的路段，$x_{d\to j}=0$；n 为加权无向图中节点个数。群体路径预测问题就转化为加权无向图中的最短路径搜索，对此本小节采用弗洛伊德（Floyd）算法计算目标函数最优解，获得由当前节点 v_i 到终止节点 v_d 的群体移动路径 path: $e_{i,j}\to e_{j,k}\to\cdots\to e_{u,d}$。

7.1.3 实验与分析

以过程型群体事件中的非法游行事件为例说明本节方法的实现流程。实践证明，非法游行活动的主体参与人员事前会进行一定的准备工作，且在组织者的煽动下，游行过程中会产生附和人员，整个活动过程人群进行单向移动。

非法游行活动是公共安全群体事件的重要内容，预测非法游行群体的运动路径，能够对非法游行事件进行全周期的监控，为政府和公安部门制订预警、管控的方案提供重要的知识支撑，从而尽可能减少非法游行事件对人们财产安全、社会稳定的危害。

在本实验中，研究场景为城市道路网络和分布在道路邻域内的各类 POI，其中道路分为主干道、支路等；POI 划分为吸引要素和排斥要素，吸引要素包括政府机关、企事业单位、商场（广场）、旅游景点等；排斥要素包括公安局、武警中队、派出所等。进一步将吸引要素和排斥要素匹配到路网上，结合路段自身的吸引力共同计算路段的综合影响力。具体步骤：①确定各场景要素的影响力值；②将各要素匹配至道路网络空间；③考虑距离衰减作用下的各要素对游行群体产生的影响力；④计算路段的综合影响力；⑤构建无向图的权重矩阵；⑥建立游行路径选择的目标函数及其约束条件；⑦利用弗洛伊德算法求解目标函数，得到非法游行群体在城市中的转移路径。

以 2018 年发生在某地的非法游行事件为例，验证本方法的可靠性。实验数据主要包括路网数据和各类 POI 数据和警察局数据。2018 年非法游行事件路径预测结果如图 7.3 所示，图 7.3（a）为该事件中游行群体的真实移动路径：小商品市场→（A）环城南路→（B）鹿溪南路→（C）中山路→市政府。本方法预测结果如图 7.3（b）所示，与真实非法游行群体的移动路径完全一致。

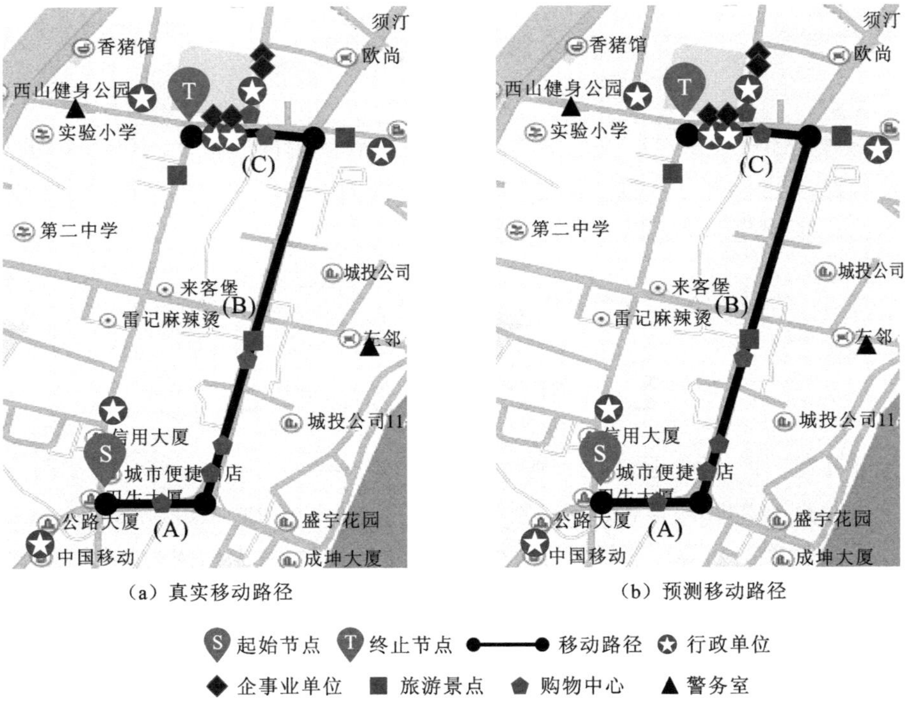

图 7.3　群体移动路径

7.2　结果型群体事件区域群体密度预测

结果型群体事件指群体为主动或被动展示目的，在指定场所或固定场所进行聚集的行为。例如：2014 年，大量游客市民聚集在上海外滩迎接新年。根据结果型群体事件概念，这类群体事件可建模为〈诱导因素、群体组成、时间、场所〉四元组，此类群体事件具有大规模聚集性、目标行为主观性。而公共空间是一个多层次、多功能的空间，具有开放性和公共性属性。节庆活动多样化、信息传播扁平化、交通可达性强的社会环境推动了公共空间的热点化，导致人群聚集类型与规模的不确定性随机发生。作为人群聚集场所，一旦发生拥挤踩踏等群体性事件，可能造成大量人员伤亡和恶劣的社会影响，这也是目前城市管理的重要问题之一。群体性事件的发生虽然表现出很强的时空偶然性，但是其在事件潜伏期往往表现出一定的规律性变化特征。场地问题、人群骚乱、管理疏漏、自然灾害都会直接诱发公共场所群体性事件的发生，但从风险角度来看，人员的大量聚集、人群密度大是此类事件发生的根本原因。因此，基于历史数据或实地预测室内人群分布，可以为相关政府部门制订公共安全应急预案等提供有效的服务。

目前很多关于估计人群密度的研究都涉及处理来自安全摄像头的视频记录。然而，这种方法很难获得场所内人群的宏观概况。另一种监测场所内人群密度的方法是使用 RFID，即每个进入场所的人员都需要佩戴标签，RFID 阅读器分布在整个会场。然而，这种方法需要进入场所人群的有效配合，同时又需要大量的部署成本。目前使用无线技术进行定位在人群计数和人群密度估算方面取得了一定的研究成果，然而由于信号容易受到复杂环境的干扰，其定位精度和稳定性较差，造成定位模糊，形成误差。

综上可知，现有研究未能顾及群体事件发生的场景特征对人群密度分布的影响，难以对群体密度进行准确的估算预测。为此，本节针对特定场景提出顾及场景关联要素的群体密度预测模型，模型的研究策略如图 7.4 所示。

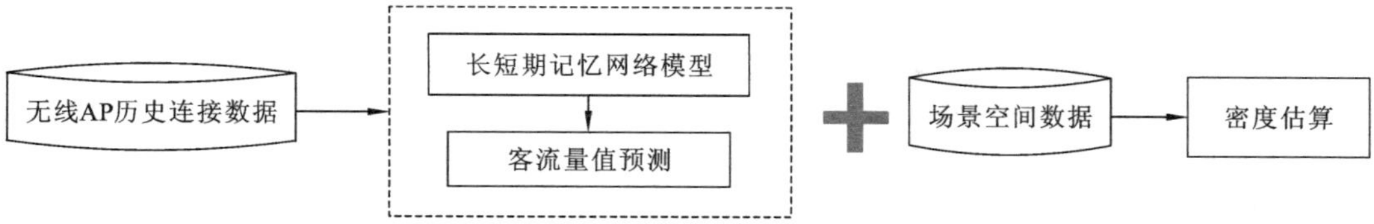

（a）正常情况下客流量预测和密度估算

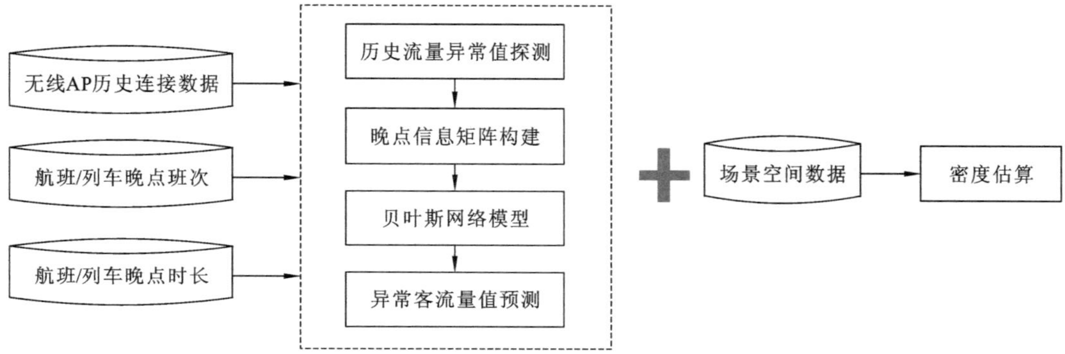

（b）晚点情况下客流量预测和密度估算

图 7.4　结果型群体事件区域群体密度预测方法

7.2.1　规律性区域群体密度预测

对于规律性区域的群体密度预测可以直接采用 LSTM 神经网络模型，利用无线接入点（access point，AP）历史连接数据和视频监控人流量，结合长短时记忆神经网络进行规律性区域的群体流量和密度预测。

LSTM 神经网络模型是循环神经网络的一种改进模型，作为一种前馈神经网络，循环神经网络模型在传统神经网络中增加了记忆单元，隐藏层之间的节点相互间是连接的。在循环神经网络中，一条单向的信息流由输入层到隐藏层，再由隐藏层到输出层，构成基本的神经网络结构，另一条信息流由隐藏层到隐藏层构成闭环，形成自连接的隐层。隐藏层的结构特点使得循环神经网络能够对前面的信息进行“记忆”并作用于此刻的输出，因此能够有效解决长期依赖问题。LSTM 神经网络模型在隐藏层中引入“记忆细胞”的结构，使用不同的函数去计算隐藏层的状态。在“记忆细胞”中，使用三个门限层控制可以通过门的信息量，对具有长期依赖的序列数据非常有效。

$$\boldsymbol{y}_t = f(\boldsymbol{C}(t)) \tag{7.7}$$

$$\boldsymbol{c}_t = \boldsymbol{f}_t \odot \boldsymbol{c}_{t-1} + \boldsymbol{i}_t \odot \tanh(\boldsymbol{W}_{xc}\boldsymbol{x}_t + \boldsymbol{W}_{hc}\boldsymbol{h}_{t-1} + \boldsymbol{b}_t) \tag{7.8}$$

$$\boldsymbol{f}_t = \sigma(\boldsymbol{W}_f \cdot [\boldsymbol{h}_{t-1}, \boldsymbol{x}_t] + \boldsymbol{b}_f) \tag{7.9}$$

$$\boldsymbol{h}_t = \boldsymbol{o}_t * \tanh(\boldsymbol{C}_t) \tag{7.10}$$

式中：$\boldsymbol{x}_t$ 为输入层的输入；$\boldsymbol{i}_t$ 为输入门的输出；$\boldsymbol{f}_t$ 为遗忘门，表示 $\boldsymbol{c}_{t-1}$ 用于计算 $\boldsymbol{c}_t$ 的特征，即用来更新细胞状态；$\boldsymbol{o}_t$ 为输出门的输出；$\boldsymbol{h}_t$ 为隐藏层的输出，由 $\boldsymbol{o}_t$ 和单元状态 $\boldsymbol{C}_t$ 得到；$\boldsymbol{y}_t$ 为输出层的输出；$\boldsymbol{W}$ 为对应层的权重矩阵，$\boldsymbol{b}$ 为各层输出的偏差向量；σ 和 tanh 是激活函数，分别为 sigmoid 函数和双曲正切函数。在训练过程中，误差项会向上一个状态逐层传递，几乎没有衰减。很长时间之前的状态和结尾状态都会影响各层权重的调整，最后训练出来的模型就具有较长时间范围内的记忆功能。

7.2.2 场景要素关联下的非规律性区域群体密度预测

交通枢纽客流量对各类干扰要素（如晚点）敏感，导致规律性客流峰值与异常客流峰值难以有效区分，影响预警效率。本小节将分析交通枢纽客流分布时序变化规律，提出多要素协同下的客流峰值预测方法，建立多要素关联下的客流量峰值分级预测模型，通过朴素贝叶斯网络将不同要素量化进行群体密度预测。

首先利用 3 倍标准差判断历史人流序列中的异常值，提取观测数据的平均值和标准差，则正常流量值范围为

$$(\bar{x}-3\sigma,\bar{x}+3\sigma) \tag{7.11}$$

$$3\sigma=\sqrt{\frac{1}{N}\sum_{i=1}^{N}(x_i-\bar{x})^2} \tag{7.12}$$

不在正常值范围内的判断为异常值，通过场景关联统计不同场景因素影响下的异常值概率。利用贝叶斯网络计算多要素关联下的概率分布从而预测客流量。贝叶斯网络可以看作马尔可夫链的非线性扩展。这个特性的重要意义在于明确了贝叶斯网络可以方便计算联合概率分布。一般情况是，多变量非独立联合条件概率分布有如下求取公式：

$$P(B_i|A)=\frac{P(B_i)P(A\,|\,B_i)}{\sum_{j=1}^{n}P(B_i)P(A\,|\,B_i)} \tag{7.13}$$

贝叶斯决策理论是主观贝叶斯派归纳理论的重要组成部分。贝叶斯决策就是在不完全情报下，对部分未知的状态用主观概率估计，然后用贝叶斯公式对发生概率进行修正，最后再利用期望值和修正概率作出最优决策即选择概率最大的类别。贝叶斯决策理论方法的基本思想是已知类条件概率密度参数表达式和先验概率，利用贝叶斯公式转换成后验概率。根据后验概率大小进行决策分类从而进行预测。

7.2.3 实验与分析

采用某机场 2016 年 9 月 10 日至 2016 年 9 月 14 日的卡口人流量数据进行实验分析。该机场共划分了 10 个区域，各个区域的人流量数据可视化结果如图 7.5 所示，进一步利用 LSTM 神经网络模型对 E1、W3 和 T1 三个区域人流量较规律的区域进行人流量预测，结果如图 7.6～图 7.8 所示，客流量预测结果和峰值预测结果如表 7.1 和表 7.2 所示。

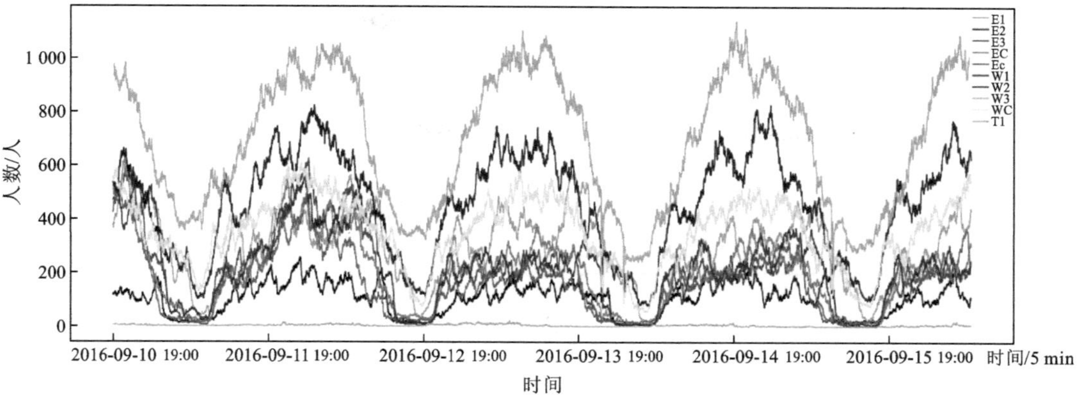

图 7.5　区域人流量真实序列

扫封底二维码见彩图

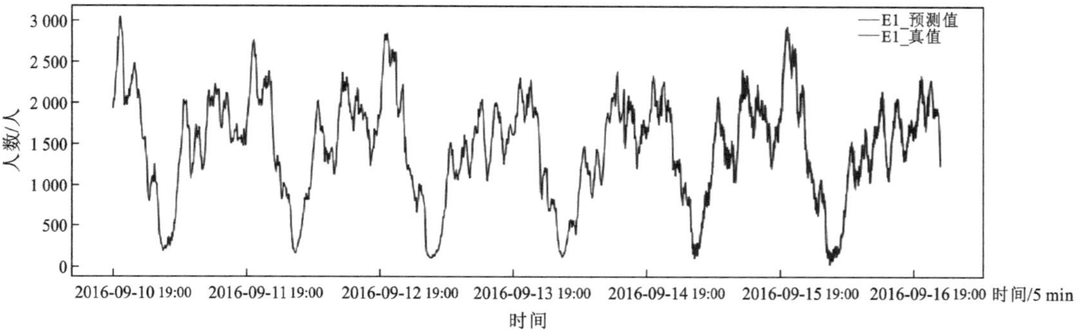

图 7.6　E1 区域人流量预测

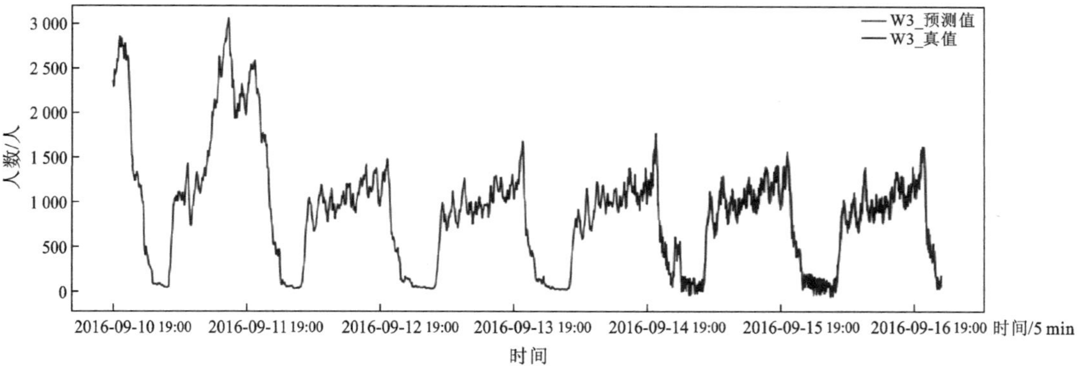

图 7.7　W3 区域人流量预测

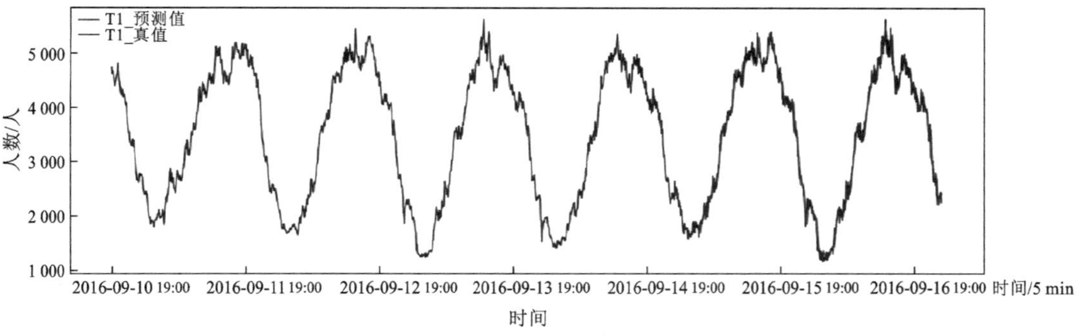

图 7.8　T1 区域人流量预测

表 7.1　正常情况下客流量预测结果

区域编号	训练时序长度	预测时序长度	客流量真值/人次	客流量预测值/人次	精度/%
T1	5	1	[1 235, 5 623]	[1 264, 5 409]	96.32
E1	5	1	[98, 3 042]	[100, 2 881]	89.46
W3	5	1	[18, 2 786]	[14, 2 802]	88.93

表 7.2　正常情况下峰值预测结果

区域编号	峰值客流量（真值）	峰值客流量（预测）	精度/%
T1	[4 831, 5 236]	[4 742, 5 048]	94.13
E1	[1 329, 2 711]	[1 487, 2 531]	87.24
W3	[40, 2 603]	[35, 2 436]	89.67

利用 Jenks 自然断点法将晚点时长分为[1, 14, 25, 41, 64, 94, 134, 180, 250, 326, 454]，具体航班晚点次数如表 7.3 所示。

表 7.3　航班晚点次数统计

晚点时长范围/min	晚点次数
1～14	268
14～25	379
25～41	135
41～64	59
64～94	63
94～134	43
134～180	29
180～250	12
250～326	11
326～454	18

进一步结合表 7.3，构建不同时间间隔下的晚点航班信息矩阵，对不同时间间隔下的机场人流量数据与晚点信息矩阵进行关联分析，针对场景要素关联下的非规律性预测结果如表 7.4 和表 7.5 所示。

表 7.4　晚点情况下客流量预测结果

区域编号	训练时序长度	预测时序长度	客流量真值/人次	客流量预测值/人次	精度/%
E3	5	1	[10, 3 051]	[11, 1 668]	72.26

表 7.5　晚点情况下峰值预测结果

区域编号	峰值客流量（真值）	峰值客流量（预测）	准确度/%
E3	[877, 2 841]	[884, 2 733]	72.99

第 8 章　区域场景异常分析与风险评估

公共安全事件发生在特定的区域场景中，是由区域场景中的个体、群体或自然力量引发的，要实现对公共安全事件发生时间、地点的预测，除了需要对个体行为、群体行为进行监测理解，还需要对区域场景本身进行监测，分析区域场景公共安全事件风险因子，关注其疑似异常目标及异常变化，并通过分析区域环境中的风险因子，利用风险因子和事件既往发生的时空分布，评估某区域内发生公共安全事件的相对概率和风险。

8.1　区域场景疑似异常目标检测

涉恐目标是公安反恐工作重点检测对象，包括孤立简易房屋、帐篷、羊圈、小型车辆、船只等，此类目标因具有体积小、信息弱、分布散等特点，成为目标检测重要的制约因素。涉恐人员的行踪往往与地理环境具有密切的关系，如藏匿于能获取饮水的沙漠区域，或者地形复杂区域，而这些区域“易藏难找”。针对这一问题，本节将基于高分辨率遥感影像，通过多方面技术的研究，对地面零碎目标进行检测。

选择代表不同目标场景的遥感影像构建图像库作为训练样本集合，分析目标图像场景内容的分布规律、显著结构信息、语义信息，确定特征表达体系的层次结构，利用深度学习研究目标检测技术。

8.1.1　典型区域建筑物与车辆检测

在戈壁地区，遥感影像中房屋边界形态各异、大小不一，与戈壁背景难以区分，车辆尺寸较小，检测难度大。针对这一问题，本小节提出基于结构感知和尺度感知的房屋和车辆提取技术，结构感知模块解决目标难以被发现的问题，尺度感知模块解决目标尺度和边界问题，如图 8.1 所示。

采用 SegNet 为基础框架，其特点在于解码器对较低分辨率的特征图进行上采样。具体地说，解码器使用了在相应编码器的最大池化步骤中计算的池化索引来执行非线性上采样。这种方法消除了学习上采样的需要。经上采样后的特征图是稀疏的，因此随后使用可训练的卷积核进行卷积操作，生成密集的特征图。

在神经网络中，浅层网络输出的特征图分辨率高，保留了更多的细节信息，随着层数的加深，深层网络学习的特征更加抽象，保留了更多语义信息，但输出的特征图分辨率低。跳跃结构是指融合不同层次的特征图，将低层网络的细节信息和高层网络的语义信息进行结合，再进行上采样操作，优化输出的结果。SegNet 经过了 5 组卷积和池化操作之后，图像尺寸缩小为原图的 1/32，将 pool5 得到的特征图进行 32 倍的上采样得到和原图相同尺寸的预测图，但该结果显然是很粗糙的，它仅仅展示出了空间的大致框架，缺

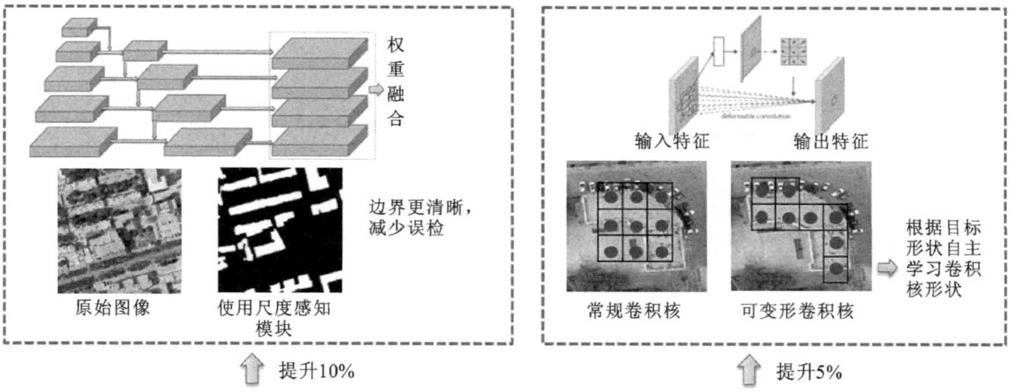

（a）尺度感知模块　　　　（b）结构感知模块

图 8.1　尺度感知模块和结构感知模块

少细节信息。对此，采用特征图融合的方法，将 pool5 的特征图经过 2 倍的上采样得到原图 1/16 的尺寸；再与 pool4 的特征图对应元素相加，再进行 2 倍的上采样得到原图 1/8 的尺寸；再与 pool3 的特征图对应元素相加，再进行 2 倍的上采样得到原图 1/4 的尺寸；在与 pool2 的特征图对应元素相加，再进行 2 倍的上采样得到原图 1/2 的尺寸；在与 pool1 的特征图对应元素相加，再进行 2 倍的上采样得到原图的尺寸。SegNet 网络结构图如图 8.2 所示。

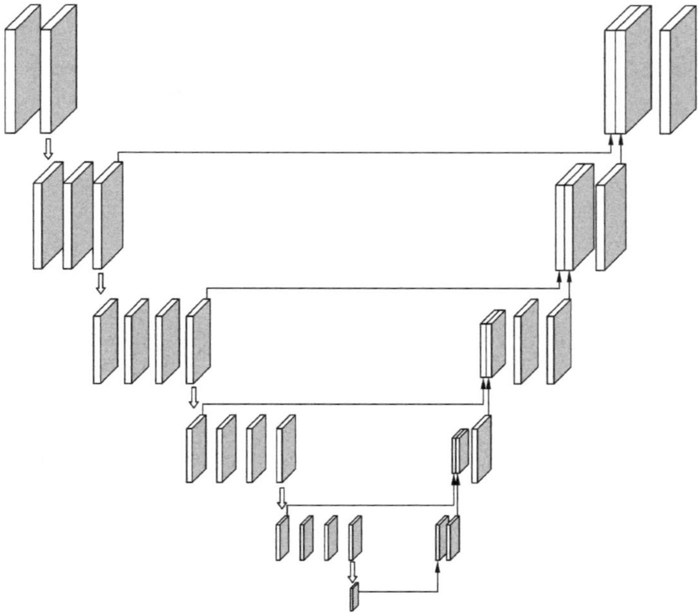

图 8.2　SegNet 网络结构图

常用的方式大多是采用多尺度滑窗或者图像金字塔，但是这类方法要么需要固定不同尺度的窗口，要么需要对不同尺度的数据集单独训练一个检测模型，过程比较复杂。目标内部、目标周围邻域及目标与目标之间及目标与所处场景等各种类型的上下文信息，都能够极大地丰富目标的特征表达，有效提高目标检测及遮挡情况下的准确率。本小节提出基于上下文感知的遥感影像目标检测方法（图 8.3），通过将尺度上下文的提取和空间上下文的提取集成在网络内部，构成一个端到端的网络，整个网络包含两个过程。

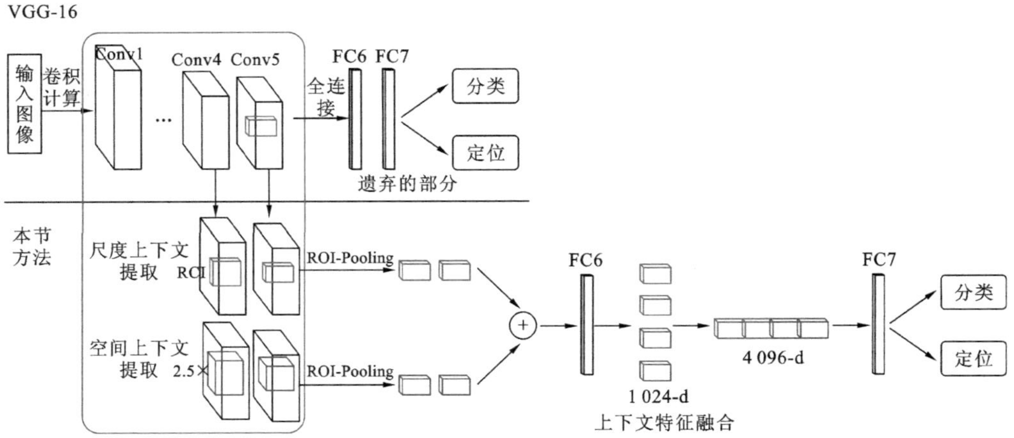

图 8.3　基于上下文感知的遥感影像目标检测方法

（1）尺度和空间上下文提取。首先利用区域生成网络生成候选框 ROI，然后将候选框映射到第五层和第四层，提取尺度上下文特征，然后对目标候选框进行 2.5 倍放大，同样映射到第四层和第五层，提取空间上下文特征。由于区域大小不一致，对每个区域进行感兴趣区域池化（ROI-Pooling），将所有区域归一化到同样大小，得到 4 个 $7\times7\times512$ 的特征图，然后分别用一个特征向量来表示该区域。

（2）上下文特征融合。在特征融合过程中，先让每个区域分别通过第一层全连接，并将全连接的输出维度设置为原来维度的 1/4，并且每个向量有自己单独的一套全连接权重参数，然后将全连接的输出连接在一起构成一个 4 096 维特征，送入下一层全连接，用于最终的分类和坐标回归操作。这样做的好处是让四部分都能以相等的贡献构成特征向量。

特征融合的方式有很多种，实验中，采用三种策略以探讨不同融合方式对特征表达的影响，如图 8.4 所示，下面对其进行详细介绍。

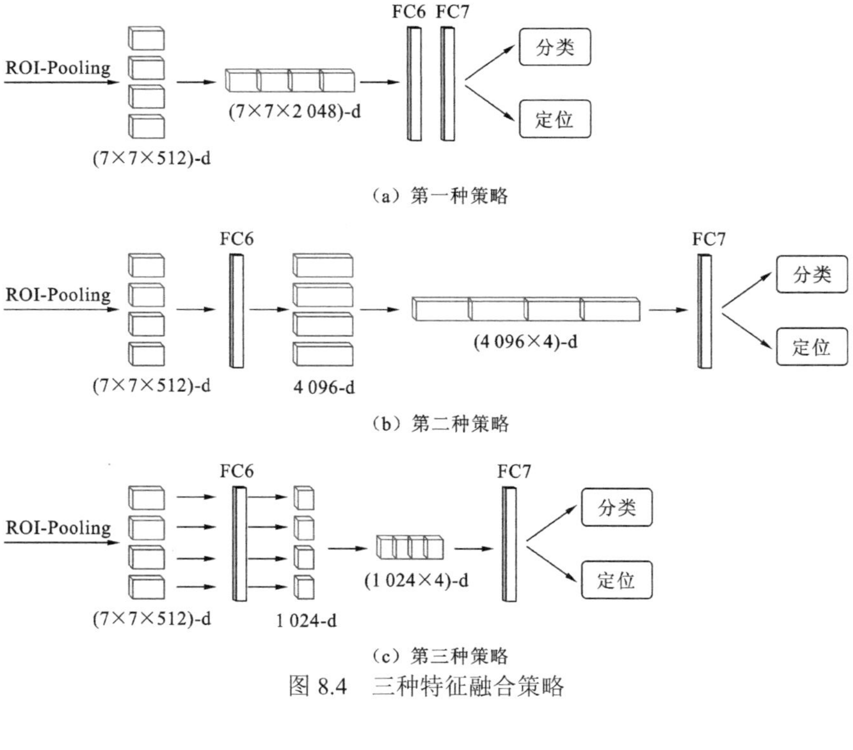

图 8.4　三种特征融合策略

（1）第一种策略。将从第四层和第五层上提取的尺度上下文及其空间上下文在全连接之前进行融合，FC6 的输入维度为 7×7×2 048，输出维度为 4 096。

（2）第二种策略。从第四层和第五层上分别提取尺度上下文和 2 倍的空间上下文，先分别进行一次全连接操作，即分别经过 FC6 层，每条支路的输入维度为 7×7×512，输出维度为 4 096，四条支路合并后 FC7 的输入维度为 16 384，输出维度为 4 096。

（3）第三种策略。与第二种策略相似，但将 FC6 的输出维度降为 1 024，然后将 4 条支路合并为 4 096，这样做的好处：尺度和空间上下文特征的权重不共享，训练时可以独自调整权重参数；尺度和空间上下文特征以同等的重要程度进入特征融合，再进行最后一层全连接操作，能够平等地对检测结果产生作用。

光学影像独立房屋目标检测，发现率为 76.61%，虚警率为 13.82%，部分结果如图 8.5 和图 8.6 所示。

图 8.5　光学影像独立房屋目标检测结果 1

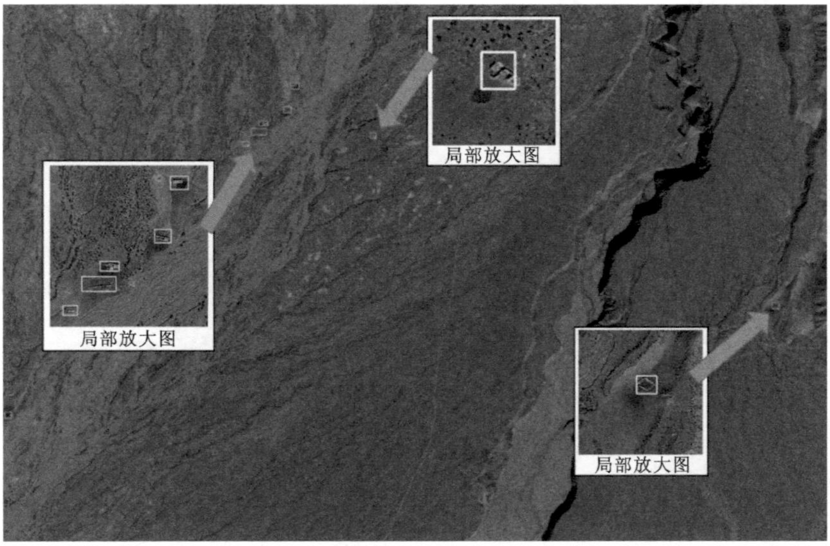

图 8.6　光学影像独立房屋目标检测结果 2

光学影像车辆目标检测，发现率为 92.72%，虚警率为 12.48%，部分结果如图 8.7、图 8.8 和图 8.9 所示。

图 8.7　车辆目标公开数据集检测结果

图 8.8　车辆目标戈壁无人机数据检测结果

图 8.9　车辆目标某地无人机数据检测结果

8.1.2　典型区域水源地检测

人类活动离不开水源地，戈壁、无人区等地的水源地检测对特定人员的追踪非常重要。

1. 水源地检测神经网络的数据集制作

下载水源地样本数据地区 0.8 m 谷歌无偏移高分辨率遥感影像，全部统一成 CGCS2000 坐标系统。将水源地数据与高分辨率遥感影像叠加（图 8.10），训练样本集通过裁剪归一化得到最终的正样本集。具体步骤：运行切割脚本文件，全部统一切割成 512×512 大小的影像块，共 679 幅；利用 ACDSee20 软件将分割的影像块批量转换成 JPG 格式的图片，如图 8.11 所示。

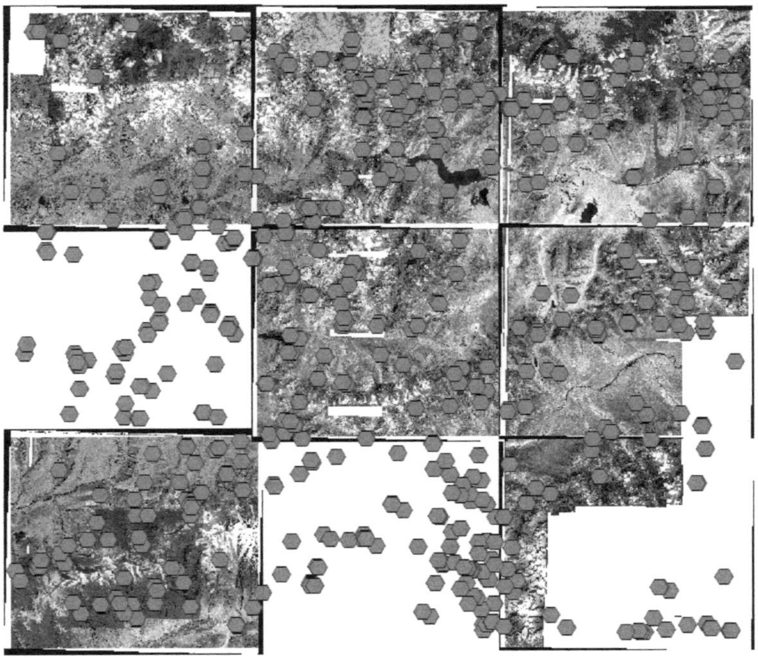

图 8.10　影像与水源地的叠加图

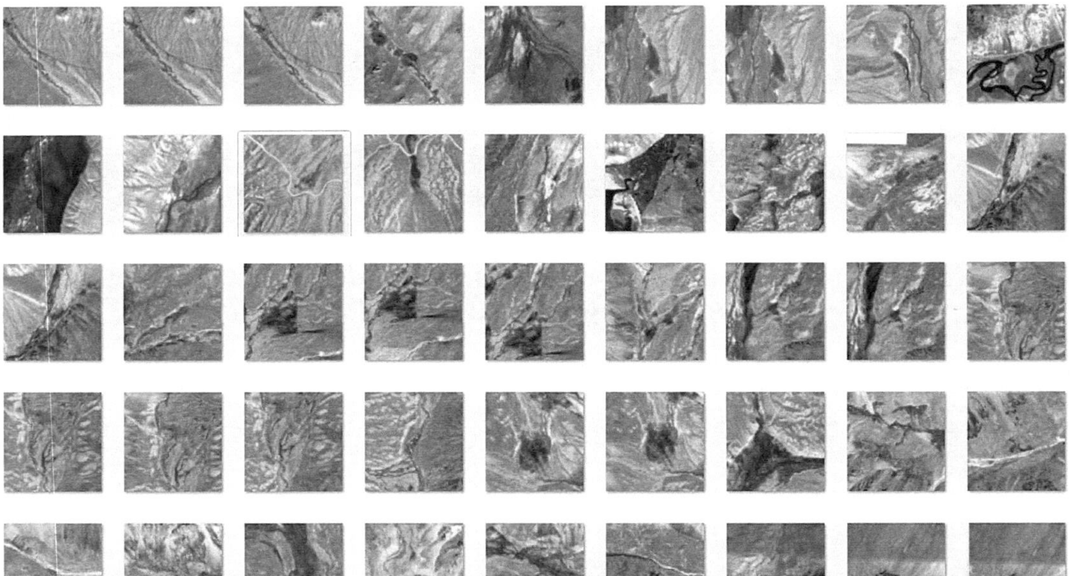

图 8.11　分割的影像块局部图

该方法首先对 0.8 m 遥感影像进行标注，将其存储为 Pascal 格式的 XML 文件，然后通过格式转换脚本将 XML 文件转换为<label, x, y, w, h>格式的 TXT 文件。从 679 幅影像中选择 245 幅原始数据集以获得更好的质量。该网络结构基于 Python 的 Pytorch 库。在训练过程中，为了防止过拟合，增加了数据增强处理。使用一个自编程序来完成数据增强过程。经过影像裁剪、对比度、亮度、噪声等数据增强处理后，最终得到 1 545 幅测试样本数据。得到的数据增强单张图片样例数据如图 8.12 所示。

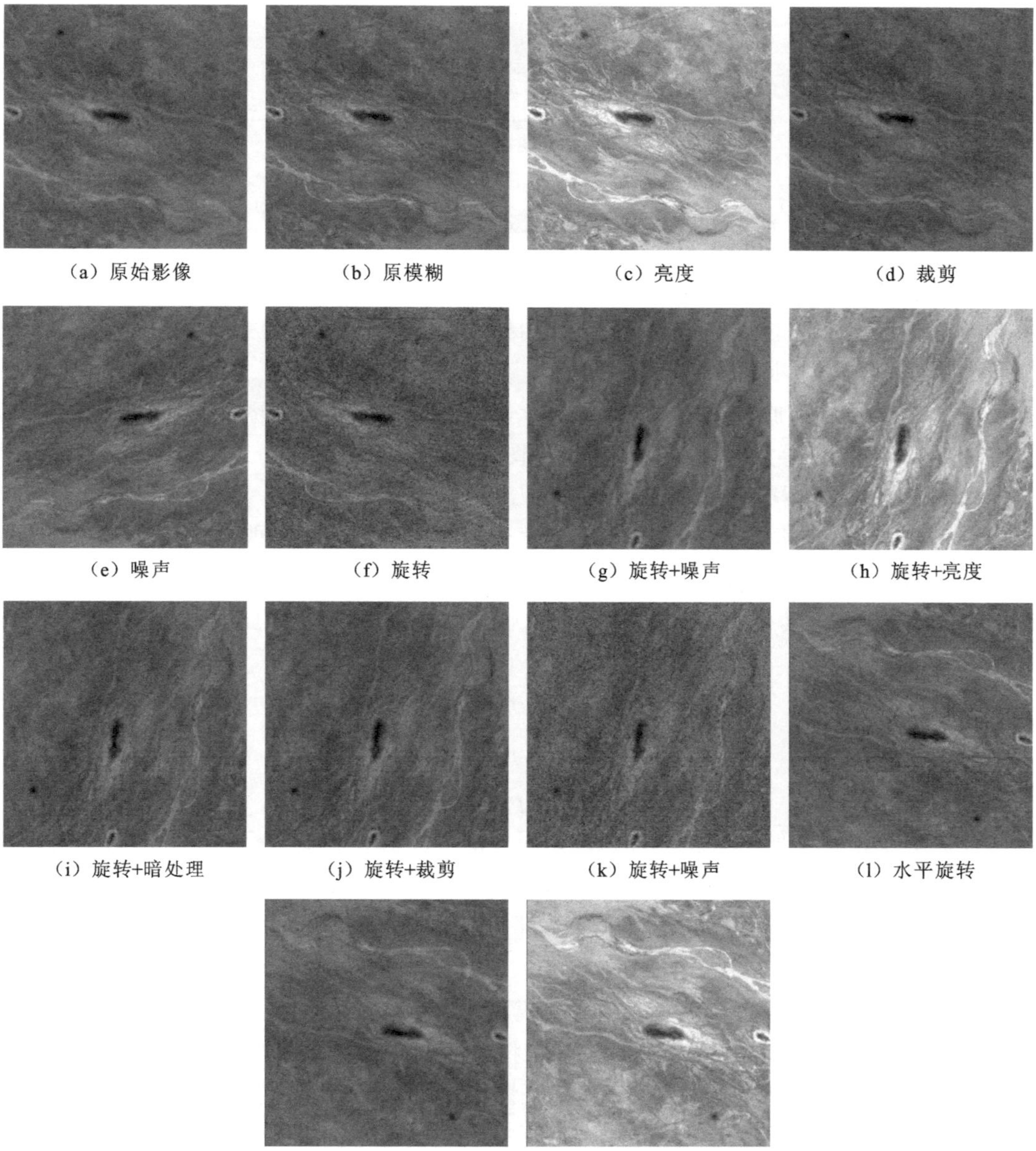

（a）原始影像　（b）原模糊　（c）亮度　（d）裁剪

（e）噪声　（f）旋转　（g）旋转+噪声　（h）旋转+亮度

（i）旋转+暗处理　（j）旋转+裁剪　（k）旋转+噪声　（l）水平旋转

（m）水平旋转+噪声　（n）水平旋转+亮度

图 8.12　单张图片增强数据结果

将图片导入 Labelimg 软件，结合矢量水源地的位置信息，制作水源地影像训练数据集，如图 8.13 所示。

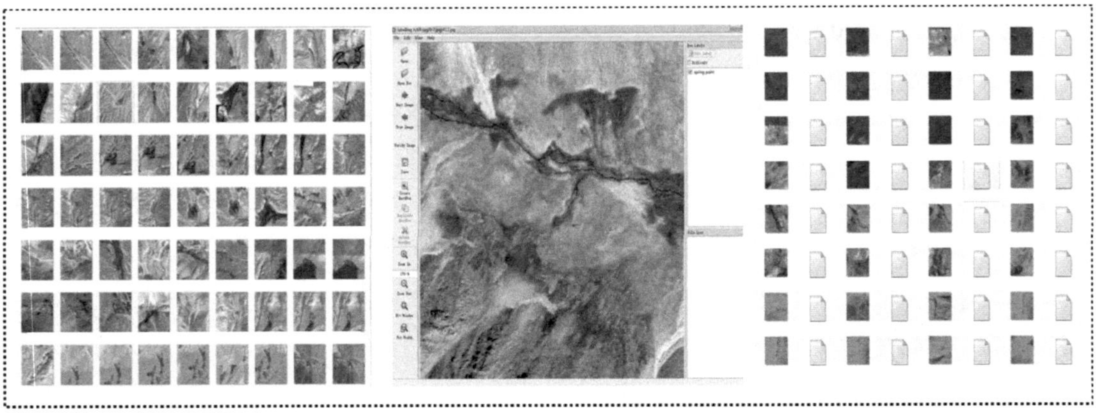

图 8.13　水源地影像训练数据集

2. 训练与测试水源地检测的神经网络模型

YOLO（You Only Look Once）算法将目标检测任务转换成回归问题，大大加快检测的速度。YOLOv3 在 YOLOv2 的基础上保持 YOLOv2 的检测速度，并且大大提高了检测的准确率，尤其在小目标的检测与识别上。

YOLOv3 首先将原始图片缩放到 416×416 的大小，将原始图像按照特征图的尺度大小划分为 $S\times S$ 个等大的单元格，在特征图为 13×13、26×26、52×52 的三个尺度上进行检测，每个单元格有 3 个 anchor boxes 预测 3 个边界框。

卷积神经网络在每一个单元格上会为每一个边界框预测 4 个值，即目标框(x, y)坐标与宽 w 和高 h 分别记为 t_x、t_y、t_w、t_h。目标中心在单元格中相对于图像左上角有偏移(c_x, c_y)，锚框（anchor box）具有的高度和宽度分别为 p_w、p_h，则修正后的边界框为

$$b_x = \sigma(t_x) + c_x \tag{8.1}$$

$$b_y = \sigma(t_y) + c_y \tag{8.2}$$

$$b_w = p_w \mathrm{e}^{t_w} \tag{8.3}$$

$$b_h = p_h \mathrm{e}^{t_h} \tag{8.4}$$

在训练过程中，使用误差平方和作为损失函数。假设真实坐标为 t_w，则梯度可以通过最小化损失函数求得，梯度为真实坐标值减去预测坐标值 $\overline{t}_w - t_w$。

YOLOv3 在特征提取阶段使用了全新设计的 Darknet-53。网络中大量使用残差连接，增加网络的深度；并结合特征图金字塔网络（feature pyramid networks，FPN）结构，在网络后两个特征图上采样，与网络前期相应尺寸的特征图聚合，再经过卷积网络得到预测结果。在目标检测阶段，YOLOv3 首先将 13×13 的特征图卷积处理后进行预测，得到第一次检测结果；然后将 13×13 特征图上采样的 26×26 特征图与之前网络中 26×26 特征图进行融合形成新的特征图，进行多次卷积送入检测层，得到第二次检测结果；再对 26×26 特征图上采样与之前层进行融合得到 52×52 特征图，进行多次卷积送入检测层，得到第三次检测结果。将三次得到的检测结果进行非极大值抑制处理后得到最终识别效果，如图 8.14 所示。

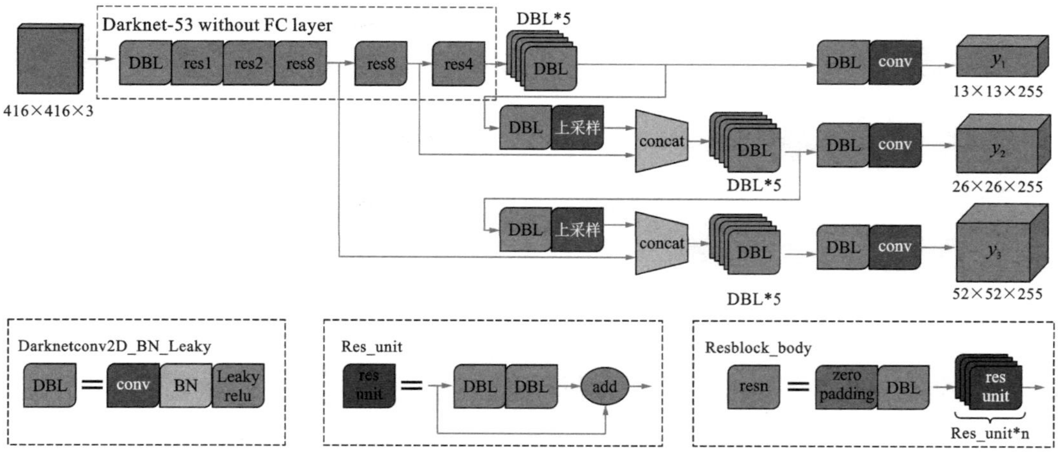

图 8.14　YOLOv3 目标检测框架

3. 水源地检测实验与分析

YOLOv3 实验配置：Ubuntu16.04，显卡采用 NVIDIA 虚拟显卡 GRID RTX8000-12Q、显存 12 G、CUDA9.0、Open CV4.1.2，框架为 Pytorch1.3.1，使用水源地自制数据集进行训练。实验基于 Pytorch 深度学习框架，使用 YOLOv3 算法，训练与测试均在 NVIDIA 虚拟显卡 GRID RTX8000-12Q、CUDA9.0 上进行。经实验验证，使用 YOLOv3 的官方权重作为网络训练初始化参数。改进方法的部分实验参数设置如表 8.1 所示。

表 8.1　部分实验参数

参数名	参数值
迭代次数	1 000
批处理量	32
学习率	0.000 5
动量	0.9
衰减率	0.000 5

将数据集的验证集数据使用 YOLOv3 模型预测结果细节展示如图 8.15 所示。

目前训练进行了 1 000 次迭代，用时 2.075 1 h，由于本次目标只有一类，模型计算的 map 值即水源地识别精度为 0.973。模型检测效果良好。

图 8.16 中，loss 值为坐标损失、边界框长宽损失、置信度损失和类别损失值的总和。由图可以看出，该算法初始损失值较大，约为 3.50，前期损失值均下降较快，随着训练轮数的增加，loss 曲线逐渐降低，趋于平稳。模型的各评价指标如图 8.17 所示。

F_1 指标是精度召回（precision recall，PR）值的调和平均，$F_1=2PR/(P+R)$。AP 就是 precision-recall 曲线下面的面积，通常来说一个越好的分类器，AP 值越高。

recall 即召回率，计算公式为预测样本中实际正样本数/预测的样本数。一般来说，precision 和 recall 是鱼与熊掌的关系，往往召回率越高，精度越低。

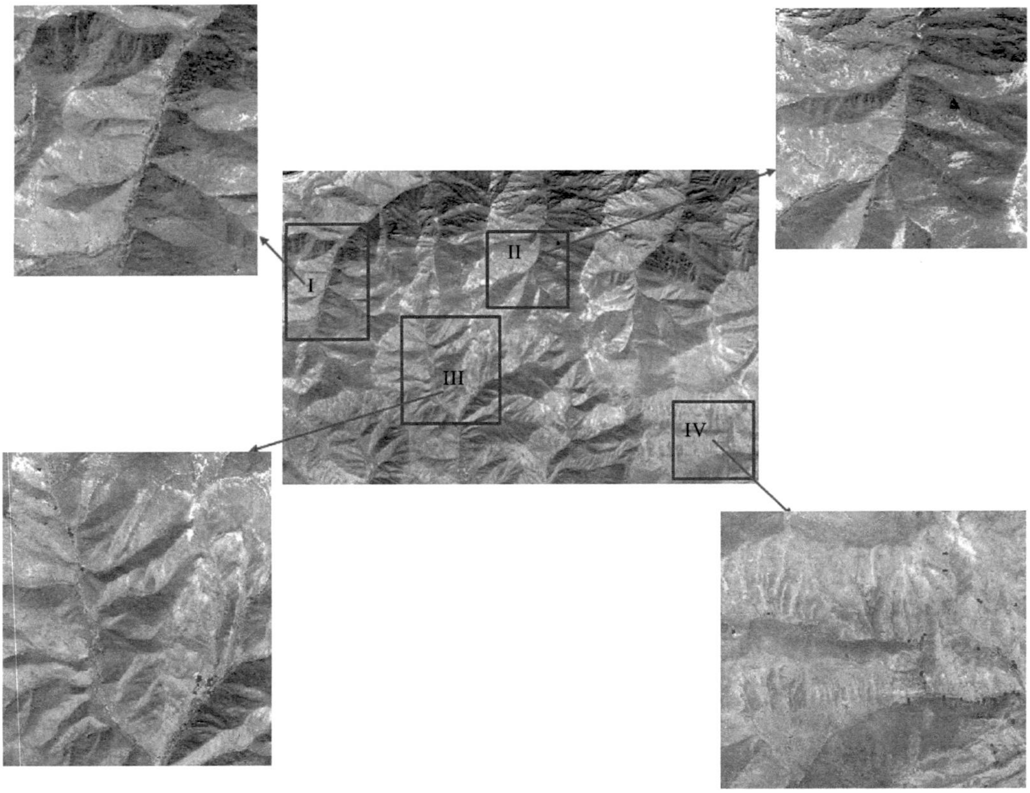

图 8.15　YOLOv3 水源地检测结果细节

图上点代表识别的水源地

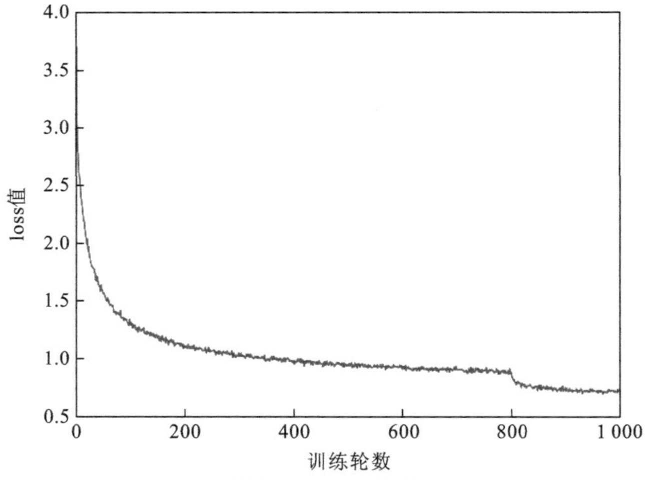

图 8.16　loss 曲线

mAP（mean average precision），即平均 AP 值，是对多个验证集个体求平均 AP 值，作为目标物检测（object dection）中衡量检测精度的指标。

IOU（intersection-over-union）即交并比，是目标检测中使用的一个概念，是一种测量在特定数据集中检测相应物体准确度的一个标准。IOU 表示了产生的候选框（candidate bound）与原标记框（ground truth bound）的交叠率或者说重叠度，也就是它们的交集与并集的比值。相关度越高该值越大。最理想情况是完全重叠，即比值为 1。

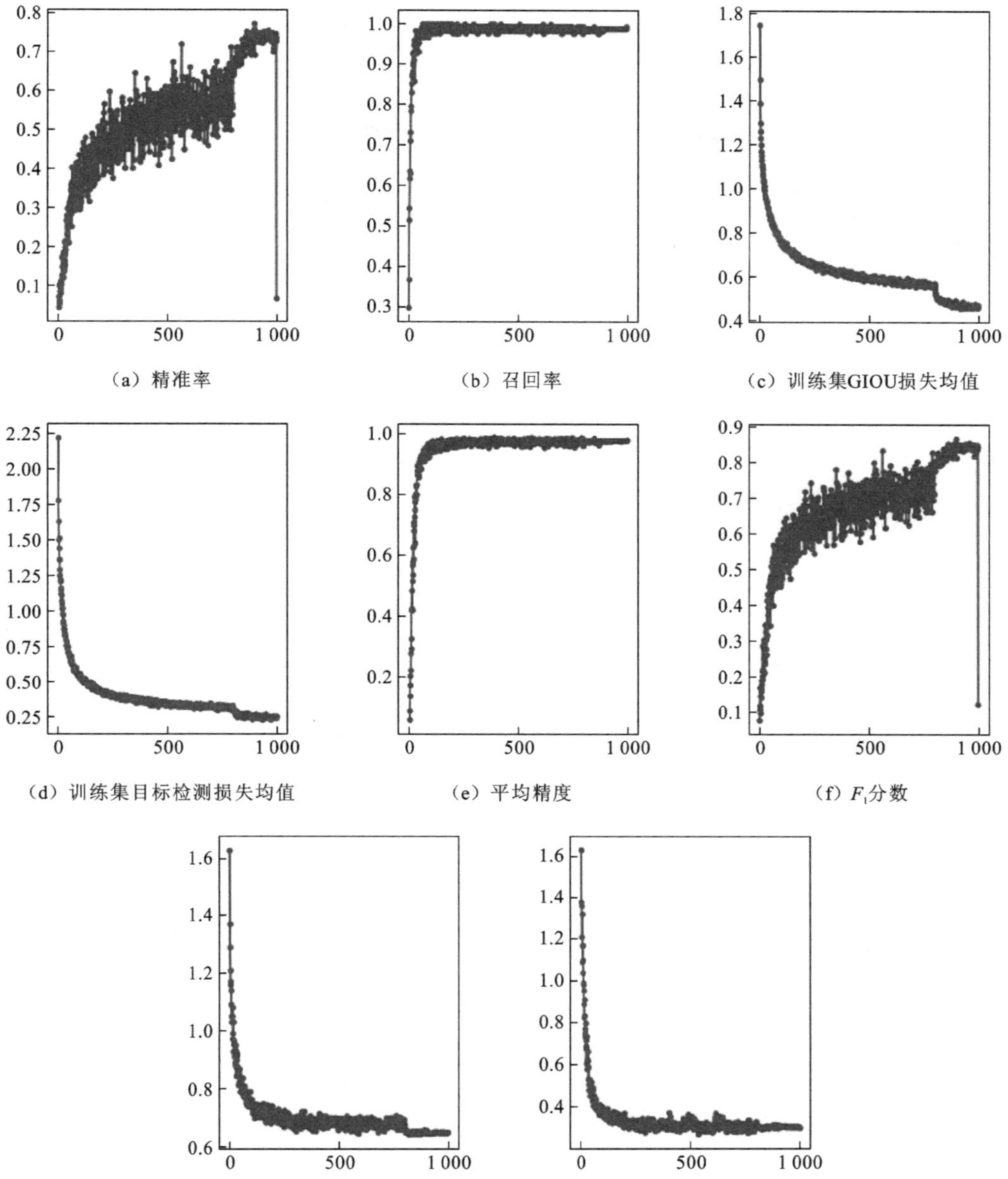

（a）精准率　（b）召回率　（c）训练集GIOU损失均值

（d）训练集目标检测损失均值　（e）平均精度　（f）F_1分数

（g）验证集GIOU损失均值　（h）验证集目标检测损失均值

图 8.17　各指标曲线图

8.2　区域场景异常变化分析

为了实现关注区域场景内的目标异常行为检测分析，需要结合历史行为事件的时空变化规律和关注区域的遥感时空变化特征及相应的异常语义知识，实现关注目标的识别和异常变化的检测。

由于获取的时间、光照、角度等成像条件对遥感影像造成的差异，需要在变化检测之前进行预处理，预处理的过程主要包括图像配准和光谱辐射校正等。

8.2.1 典型区域遥感影像配准

配准误差是变化检测最主要的误差来源之一。为保证变化检测结果的精度，需要对不同时期遥感影像进行配准，确保配准精度达到亚像素级。尤其是山区影像，由于地形起伏的影响，图像几何畸变大，需要在配准之前利用数字高程模型进行正射校正，可以极大地去除传感器成像时产生的变形。

采用 5 种不同的实际场景下大视角差图像序列数据进行实验，参数设置与标准数据集一致，具体匹配结果如图 8.18 所示。

（a）本章方法

（b）D2-Net

（c）ASIFT

（d）R2D2

（e）CMM-Net

（f）ASLFeat

图 8.18　匹配结果

图 8.18 展示了 6 种方法的匹配结果，基于手工设计的 ASIFT 方法对视角差异显著的影像序列具有较好的适应性，但当视角差异约 50°或者更大时，存在较多误匹配，甚至失败的情况。基于深度学习的 D2-Net、R2D2、CMM-Net 和 ASLFeat 方法对视角差异较大的图像对较为敏感，匹配点对稀少或者匹配失败，但在尺度差异大的影像序列上，均取得了较好的匹配效果。由此可知，对比方法能够适应一定视角差异的影像匹配，但当视角差异超过 50° 时，匹配效果急剧下降，出现匹配失败的情况，视角差异较大的影像序列匹配鲁棒性较弱。而本章方法在 5 种场景的所有图像序列中均得到数量丰富的正确匹配点，对于角差异超过 50° 的影像和尺度差异大的影像匹配，识别到的同名点均较为充足且分布均匀，说明本章方法在不同视点的倾角变化较大的影像匹配中有着较好的稳健性。

表 8.2 重点从匹配精度方面统计了精提纯后特征点数量占粗匹配特征点数量的比率和匹配点对的均方根误差。分析表中数据可知，以成像视角差异为主的场景 1、场景 2 和场景 4 中，本章方法相较于其他方法具有较高的比率，且能够得到较为可靠的均方根误差，而其他方法在场景中均出现匹配率低下、均方根误差结果值较大等情形。以尺度差异为主的场景 3 和场景 5 中，本章方法和其他对比方法的比率和均方根误差均具有较好的结果。表明本章方法相对于其他方法能够很好地适应视角差异较大的大倾角影像序列匹配，对于尺度差异显著的影像序列，本章方法和对比方法表现相当。

表 8.2 不同场景匹配精度对比

场景	影像对	指标	本章方法	D2-Net	ASIFT	R2D2	CMM-Net	ASLFeat
场景 1	列 1	比率/%	22.27	20.58	2.57	11.34	5.0	20.74
		均方根误差	2.71	3.11	3.51	3.37	3.58	3.16
	列 2	比率/%	4.44	2.50	0.63	2.31	1.1	无
		均方根误差	6.55	—	7.70	—	—	—
	列 3	比率/%	3.27	2.11	0.39	无	1.7	无
		均方根误差	7.34	—	—	—	—	—
场景 2	列 1	比率/%	34.36	31.44	0.56	30.33	6.22	13.28
		均方根误差	2.98	3.75	2.93	7.29	5.19	4.22
	列 2	比率/%	7.46	4.24	2.07	7.43	6.70	1.44
		均方根误差	4.08	—	5.76	—	—	—
	列 3	比率/%	12.00	1.22	1.14	4.51	无	0.26
		均方根误差	6.62	—	6.98	—	—	—
场景 3	列 1	比率/%	60.07	47.30	3.67	64.31	31.80	10.96
		均方根误差	1.34	1.53	1.86	1.51	2.14	1.48
	列 2	比率/%	33.71	36.33	2.69	54.01	18.67	30.22
		均方根误差	1.95	2.16	2.13	2.44	3.65	2.13
	列 3	比率/%	37.0	50.25	3.41	85.73	19.93	7.78
		均方根误差	1.11	0.95	1.62	0.77	1.78	1.01

续表

场景	影像对	指标	本书方法	D2-Net	ASIFT	R2D2	CMM-Net	ASLFeat
场景 4	列 1	比率/%	50.26	45.02	1.15	39.23	23.07	6.14
		均方根误差	3.61	3.88	3.63	4.31	3.92	3.74
	列 2	比率/%	16.80	12.76	1.80	11.50	9.56	8.00
		均方根误差	5.96	5.48	6.69	—	8.09	9.66
	列 3	比率/%	8.25	4.97	0.52	7.17	3.87	0.26
		均方根误差	6.52	—	—	—	8.61	—
场景 5	列 1	比率/%	82.67	82.50	52.60	91.24	41.13	20.24
		均方根误差	0.90	0.94	0.84	1.08	0.87	0.84
	列 2	比率/%	58.77	71.56	2.35	86.42	20.78	9.94
		均方根误差	0.91	0.79	0.82	0.83	0.79	0.86
	列 3	比率/%	34.29	41.82	1.31	68.32	17.52	5.42
		均方根误差	2.06	2.41	2.18	1.87	2.31	2.11

注：“—”表示均方根误差结果值大于 10，得到的匹配精度不可靠。

由于卷积神经网络的特性，不同网络层的输出具有不同抽象程度的图像视觉表征能力，一般来说，基于深度卷积特征的图像匹配方法更关注于研究一种有效的深度卷积特征聚合方法，通过增加空间位置信息或激活响应分布信息，采用不同的池化方法，对深度卷积特征进行加权聚合，增强深度特征的表征能力。在引入 D2-Net 特征提取基本思想上，设计一种新的基于深度学习特征的异源遥感影像配准算法，希望能够通过卷积神经网络提取的高层语义特征，形成新的具有较好鲁棒性的异源遥感影像匹配算法，并利用原始图像与降采样后影像的关系矩阵及其变换关系，从高层特征图中恢复低层特征图，以最少的人工干预实现一种由粗到精的异源遥感影像高精度配准。因此，围绕多模态遥感影像高精度快速配准需求，通过改进 VGG16 网络，提取深度学习特征，完成异源影像匹配，并综合仿射变换模型和重叠区域分块技术，实现异源影像高精度配准，解决多模态遥感影像在平原、丘陵、山地的配准问题，实现多源异构遥感影像数据的智能融合。处理流程如图 8.19 所示。

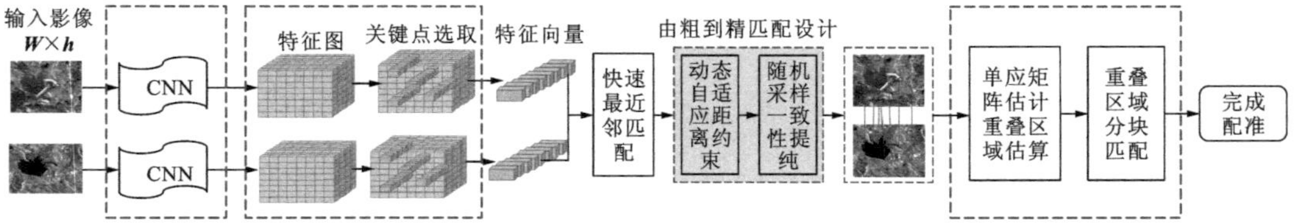

图 8.19　处理流程图

详细流程描述如下。

（1）通过获取待处理的光学影像、SAR 影像数据等，启动多模态遥感影像配准处理功能。

（2）对于大幅面遥感影像，首先进行动态自适应降采样操作，完成多尺度卷积神经网络快速获取影像深度学习特征。

（3）利用多尺度卷积神经网络提取多模态遥感影像的深度学习特征，获取其特征的稀疏向量表示，并使用快速最近邻匹配算法进行匹配，在匹配过程中加入动态自适应距离约束和随机采样一致性误匹配剔除，得到精匹配结果。

（4）利用精匹配结果估算的单应矩阵，估算遥感影像的重叠区域，并在基准影像上分块重叠区域，并以此计算原始影像的仿射变换矩阵，最终得到多模态配准影像。

对于遥感影像而言，一般采用卷积神经网络进行深度特征提取，面对各方面差别巨大的异源遥感影像，选取卷积神经网络中的VGG16网络模型并对其进行适应性改造。VGG16模型共5个block，每个block看作一个卷积网络，即该模型一共包括5个卷积网络，并且网络的前几层感受野很小，得到的特征是相对底层的局部特征，提取的特征多为边缘、角点等特征，定位精度较高；网络层数越高，提取的特征越抽象，信息越全局，越能抵抗异源影像带来的干扰，但定位精度越差。因此，为了能够使特征点既有足够抽象性、也可以获得较高的定位精度，选取了改进VGG16网络模型，即将VGG16网络模型中间第4个block的最后一个（第三个）卷积层Conv4_3输出作为特征图。

在特征点提取阶段，通过设置阈值对特征点进行初步筛选。已有的后处理技术大多采用特征点匹配本身形成的几何拓扑约束条件或者随机采样一致性统计方法删除离群匹配。在原始影像上提取深度特征，特征匹配方法采用快速最近邻搜索方法。由于异源影像差异较大，存在大量误匹配的情况，采用动态自适应距离约束条件和随机采样一致性约束结合的误匹配点剔除方法。具体过程如下。

通过快速最近邻搜索方法搜索选取的关键点和特征描述符，确定出待筛选的匹配对，其中包含欧氏距离最近的第一匹配点和次近的第二匹配点。通常认为，对于待筛选的匹配对中的第j个匹配对，第一匹配点距离dis_j比第二匹配点距离dis'_j越小，说明匹配质量越好。

传统的算法都采取固定比例因子t作为阈值，即当满足$\mathrm{dis}_j < t \cdot \mathrm{dis}'_j$时，选入候选匹配对。但由于不同传感器和时相的影像差距较大，卷积神经网络特征进行欧氏空间距离搜索时，欧氏距离差分布范围很难预料。因此，每一对影像需要不断手动调整阈值t到合适数值，才能筛选出优质的匹配对。为解决这一问题，提高算法的适应性，本节设计动态自适应欧氏距离约束方法，该方法针对待提纯的匹配对数据进行统计，根据数据的特点自动地配置相应参数。首先，从快速最近邻搜索方法搜索出来的N个包含大量误匹配的匹配对中统计第一匹配点和第二匹配点距离差的均值：

$$\mathrm{avgdis} = \left(\sum_{j=1}^{N} \mathrm{dis}'_j - \mathrm{dis}_j \right) \Big/ n \tag{8.5}$$

然后对每一个待筛选匹配对，是否剔除的条件为第一匹配点距离小于第二匹配点距离与距离差的均值avgdis之差，公式如下：

$$\mathrm{dis}_j < \mathrm{dis}'_j - \mathrm{avgdis} \tag{8.6}$$

将从数据中统计得到的距离差均值作为判别比较标准，可以很好地适应不同来源的像对之间的差异，能够很好地进行第一轮筛选，保留优质匹配点。

当影像尺寸较大时，检测两幅影像重叠区域的算法并未直接在原始影像上进行，而是以缩放比例因子为λ对两幅原始影像进行降采样，形成大小为原始影像$1/\lambda$的缩小影像。计算出两幅缩小影像，然后进行深度学习特征提取，并利用随机采样一致性算法估计两幅缩小影像间的透视变换参数。在估计得到两幅影像间单应矩阵后，计算出右影像上对应左影像上的 4 个角点坐标的透视变换坐标，以这 4 个透视变换坐标为顶点的四边形即为右影像上这两幅影像的重叠区域。同理可求得左影像上两幅影像的重叠区域。取得左右两幅影像重叠子区域范围之后，对该同名子区域进行特征点提取和匹配，利用随机采样一致性算法剔除匹配点后输出同名点信息。依次对所有子区域进行如上操作，将所有子块所提取的同名点信息进行合并，即可以得到原始像对的同名点匹配结果。

实验利用的影像配准数据共有 53 组 106 幅影像，山地、丘陵、平原每种地形均匀分布，影像覆盖平原地区、丘陵地区、山地地区；影像数据来源包括高分 1 号、高分 2 号、高分 3 号、资源 3 号、JB11、JB14、JB16、谷歌，Landsat8、机载 SAR、机载热红外、机载高光谱影像；影像尺寸大小从 2 000×2 000 到 30 000×30 000；影像分辨率从 0.5 m 到 30 m。实验数据和配准结果如图 8.20 和图 8.21 所示。

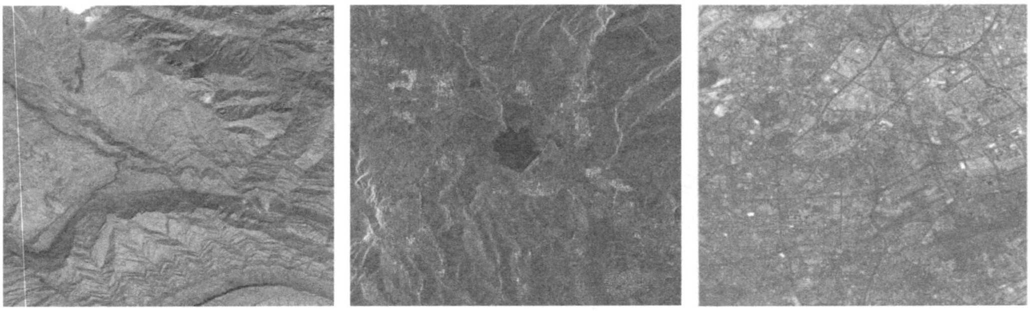

（a）高分1号山地地区（5 800×5 302）　（b）资源3号山地地区（9 749×8 716）　（c）高分2号平原地区（4 071×3 872）

（d）高分3号丘陵地区（2 940×2 880）　（e）高分3号平原地区（8 060×8 616）　（f）机载Ka波段SAR丘陵地区（2 934×2 872）

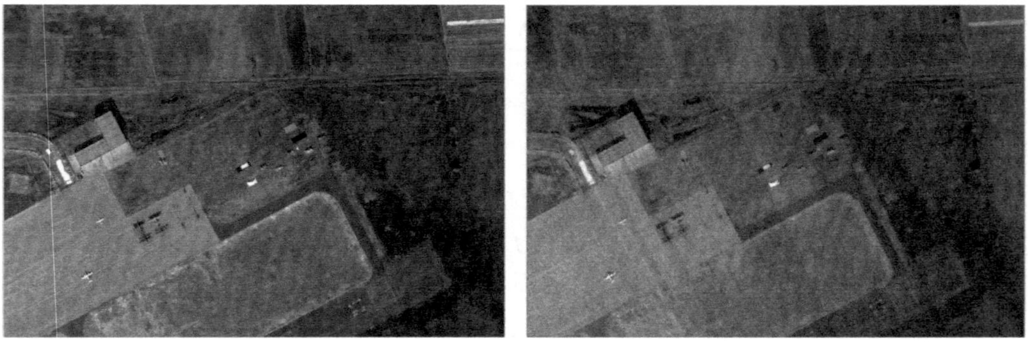

（g）机载高光谱影像　（h）机载热红外影像

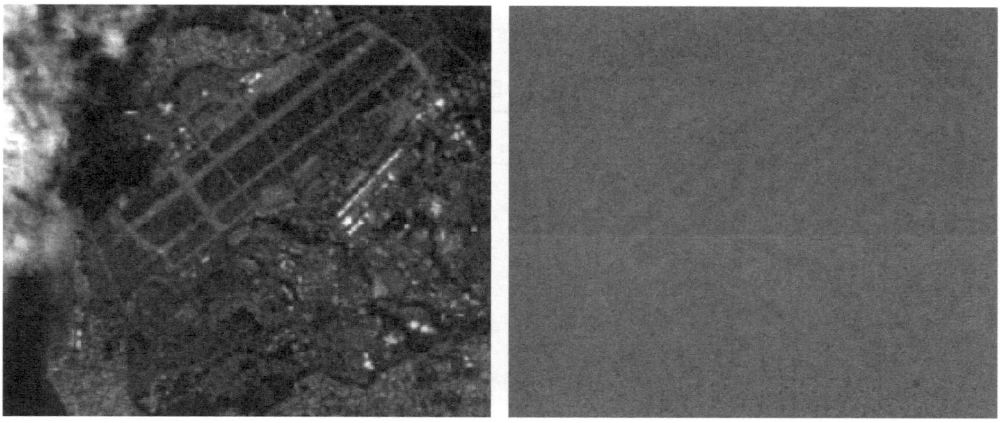

（i）星载高光谱影像　　（j）星载热红外影像

图 8.20　部分实验影像数据

（a）高分1号山地地区　　（b）资源3号山地地区　　（c）高分2号平原地区

（d）高分3号丘陵地区　　（e）高分3号平原地区　　（f）机载Ka波段SAR丘陵地区

（g）某机场红外与高光谱影像配准　　（h）横须贺港光学与SAR影像配准

图 8.21　部分配准结果

表 8.3 所示主要为配准结果。

表 8.3　配准结果

配准数据	地貌类型	平均配准精度/像素	要求精度
分辨率 0.5 m SAR 影像与分辨率 1 m SAR 影像	平原	0.311	优于 0.5 个像素
	丘陵	1.601	优于 2 个像素
	山地	3.676	优于 4 个像素
可见光影像与 SAR 影像	平原	0.430	优于 0.5 个像素
	丘陵	1.138	优于 2 个像素
	山地	1.887	优于 4 个像素

8.2.2　典型区域遥感影像异常变化分析

1. 影像预处理

在遥感成像时，由于传感器成像方式、地形起伏、地球曲率、大气折射及地球自转等因素的影响，同种地物在不同的时间成像，也可能出现不同的光谱特征。如果不进行遥感影像的辐射校正，容易产生很多伪变化信息。不同时相的遥感影像的辐射校正一般采用直方图匹配的方法来进行。

2. 特征提取与挖掘

由遥感数据衍生出来的多种特征，往往表现出性质稳定、受辐射差异影响小、不易受遥感影像时相变化影响等特点。利用物体的空间或光谱特征来检测物体或区域状态的变化，已成为研究人员关注的热点。此外，由于高分辨率遥感影像中“同物异谱，同谱异物”现象的大量存在，检测建筑物或道路等小而复杂的物体的难度加大。新兴的深度学习方法虽然提供了在复杂的场景中描绘区域场景特征的潜力，但是以卷积运算为代表的深度学习特征提取手段，只是通过卷积层数的不断加深提取原始影像的抽象特征，并没有考虑提取地物有用的衍生特征（Li et al.，2019；Pang et al.，2018）。为了给网络提供更加细致、全面的可信赖数据，在颜色、纹理、形状三个方面，从原始影像中提取多种特征，并将这些特征与原始影像组合，作为网络的输入，进行建筑物的变化检测。

1）颜色特征

颜色特征是彩色影像中使用最广泛的视觉特征，它在影像检索和视频检索中有着广泛的应用，并且其对影像的尺寸、方向和角度的依赖性较小，表型稳定且对影像退化和分辨率的变化具有很强的鲁棒性（赵捷，2015）。由于影像中的颜色信息大多分布在影像的低阶矩中，所以本小节通过计算影像的一阶矩（均值）、二阶矩（方差）、三阶矩（斜度）来提取影像的颜色特征，计算公式如下：

$$\text{Mean} = \mu_i = \frac{1}{N}\sum_{j=1}^{N} p_{i,j} \tag{8.7}$$

$$\text{Variance} = \sigma_i = \left(\frac{1}{N}\sum_{j=1}^{N}(p_{i,j}-\mu_i)^2\right)^{1/2} \tag{8.8}$$

$$\text{Skewness} = s_i = \left(\frac{1}{N}\sum_{j=1}^{N}(p_{i,j}-\mu_i)^3\right)^{1/3} \tag{8.9}$$

式中：Mean、Variance、Skewness 分别为均值、方差和斜度；$p_{i,j}$ 为影像中第 j 个像元的第 i 个颜色分量；N 为影像中像元的个数。

2）纹理特征

纹理特征是反映影像中同质现象的视觉特征，它能够体现地物表面周期性变化的结构组织排列属性。它能够通过影像像元灰度值在一定范围内的变化规律获得，并用于更好地分析和理解原始影像。其中，局部纹理特征通过像元及其邻域内像元的灰度分布来表现，全局纹理特征是局部特征的重复。因此，影像中两个不相邻像元之间可能存在某种灰度关系，即灰度空间相关特性。捕捉并定量描述这种空间相关特性，有助于从纹理层面分析原始影像。灰度共生矩阵（gray-level co-occurrence matrix，GLCM）能够以影像中的灰度空间相关特性，定量描述影像的纹理特征（Solorzano et al.，2018；Huang et al.，2014）。灰度共生矩阵主要通过影像灰度级之间的条件概率密度来提取纹理，是一种特殊的矩阵，它描述了影像间相邻像元或距离为某个值的邻近像元之间，其灰度呈现的某种关系，通常用一些标量来表征灰度共生矩阵的特征。采用方差、同质性、对比度、异质性、熵 5 种标量来描述影像纹理特征。计算公式如下：

$$\text{GLCM}_{\text{方差}}=\Sigma_i\Sigma_j p(i,j)(i-\mu)^2 \tag{8.10}$$

$$\text{GLCM}_{\text{同质性}}=\frac{\Sigma_i\Sigma_j p(i,j)}{1+(i-j)^2} \tag{8.11}$$

$$\text{GLCM}_{\text{对比度}}=\Sigma_i\Sigma_j (i-j)^2 p^2(i,j) \tag{8.12}$$

$$\text{GLCM}_{\text{异质性}}=\Sigma_i\Sigma_j (i-j) p(i,j) \tag{8.13}$$

$$\text{GLCM}_{\text{熵}}=-\Sigma_i\Sigma_j p(i,j)\log_2 p(i,j) \tag{8.14}$$

式中：$p(i,j)=p(i,j,\delta,\theta)=\{(x,y),(x+\mathrm{d}x,y+\mathrm{d}y)\in N\times N \mid f(x,y)=i, f(x+\mathrm{d}x,y+\mathrm{d}y)=j\}$，$(x,y)$ 为基准像元，$(x+\mathrm{d}x,y+\mathrm{d}y)$ 为偏移像元，$f(x,y)=i$ 表示基准点的灰度值为 i，$f(x+\mathrm{d}x,y+\mathrm{d}y)=j$ 表示偏移像元的灰度值为 j；按某一角度固定步长，δ 为偏移步长；θ 为偏移角度。

3）形状特征

形状特征是描述目标地物的重要信息，在目标地物的识别和检测过程中发挥着重要作用。它能够提供地物清晰的边缘信息、保留影像中重要的结构属性，在检测建筑物这种小而复杂的地物时，能够弥补光谱、纹理特征容易混淆、不易检测的不足（赵捷，2015）。本小节中，采用 Canny、Log、Prewitt、Roberts、Sobel 5 种边缘检测算子，在保留原有影像属性的情况下，通过减少影像的数据规模，以提取影像中的地物形状特征。

3. 网络结构设计及训练

1）双向对称结构

U-Net 在遥感影像分类、变化检测方面得到广泛应用，并取得了很好的效果。但其卷积的层数偏少，并缺少批量标准化（batch normalization）层，使其在应用时出现了学习效率低下、学习效果受初始数据分布影响大、反向传播过程容易出现梯度爆炸等问题。并且 U-Net 的单侧输入、单侧输出的网络结构，也限制了多源遥感数据的综合使用，使数据的输入变得单一，数据的特征提取局限于少量的卷积操作。虽然其跳跃连接策略能够合并低维特征和高维特征，但在数据类型复杂、数据特征多样化的情况下，很难兼顾特征的有效提取和数据的综合运用。

为了弥补 U-Net 的这些不足，设计双侧输入的 W 形网络，结构简图如图 8.22 所示。

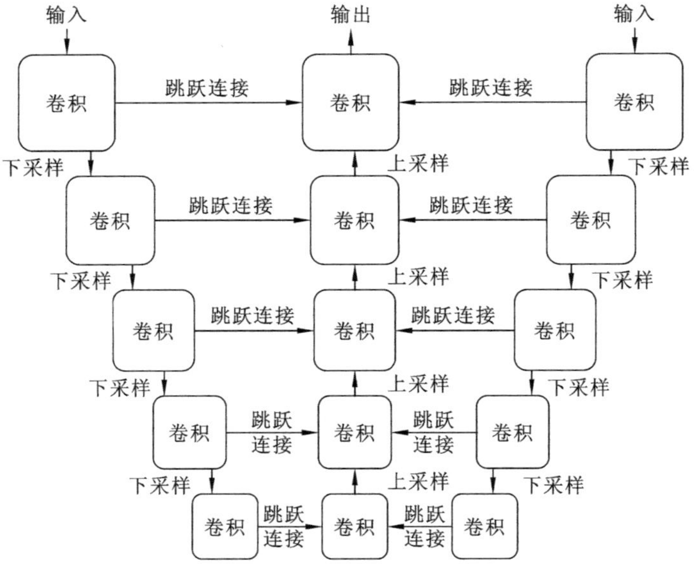

图 8.22　W 形网络结构简图

W 形网络包含两侧的收缩路径和中间的扩张路径，双侧的收缩路径都包含 4 组编码模块，但编码模块中加深了卷积的层数，并引入批量标准化层。扩张路径包含 4 组解码模块，同样加入了批量标准化层。其中，批量标准化层可以对每个批次的输入数据采用均值和方差进行归一化，使得每一层神经网络的输入保持相同的分布，这样能够加快模型训练的速度。另外，批量标准化层通过对每一层的均值和方差更新的思想，能够起到增加噪声的作用，进而增加模型的鲁棒性，有效减少过拟合现象。批量标准化层的计算如下：

$$\hat{x}^{(k)} = \frac{x^{(k)} - E[x^{(k)}]}{\sqrt{\mathrm{Var}[x^{(k)}]}} \tag{8.15}$$

式中：$\hat{x}^{(k)}$ 为第 k 个神经元变换后的激活值；$x^{(k)}$ 为每一批次训练数据神经元；$E[x^{(k)}]$ 为每一批次训练数据神经元的平均值；$\sqrt{\mathrm{Var}[x^{(k)}]}$ 为每一批次训练数据神经元激活度的标准差。

另外，为了满足变化检测任务的需求，在网络中使用了二元交叉熵函数作为 W 形网络的损失函数，其计算公式如下：

$$\text{Loss}=-\frac{1}{N}\sum_{n=1}^{N}y_n\cdot\lg(\hat{y}_n)+(1-\hat{y}_n)\cdot\lg(1-\hat{y}_n) \tag{8.16}$$

式中：N 为模型输出的预测值的个数；y_n 为样本标签；$\hat{y}_n$ 为模型对样本的预测标签。

W 形网络的跳跃连接策略拓展为双侧进行，即将两侧对称位置的低维特征复制到扩张路径中，与其高维特征组合并进行卷积运算。这种策略可以将不同数据源分成两端输入，避免数据的互斥性，更好地保留数据的原有特性，发挥出不同数据之间的优势最大化。并且两侧的收缩路径、网络权值相互独立，在网络反向传播过程中，在收缩路径的最低端将损失函数所得的误差项分别传递至两侧，同时对两侧的网络权值进行更新，起到同时学习多源数据非线性模拟的目的。

2）压缩-激励模块嵌入

由遥感数据衍生出的各种特征，侧重点有所不同，反映不同地物的信息强弱也有差异。另外，建筑物之间的差异较大，常规遥感处理手段难以同时描述光谱、纹理、形状和高度特征。将原始遥感数据与这些衍生特征进行组合，形成包含丰富影像信息的“特征+原始数据”输入形式。该形式作为网络的输入，可更好地利用深度学习的手段对原始遥感数据及特征进行抽象学习及深度特征提取，以达到细致、全面、精准描述待检测地物（建筑物）的目的。特征组合的形式采用交错排列、分组进行的方式，原始遥感影像与特征影像相互叠加，形成新的具有多个通道的合成影像。

对于特征通道之间的关系分析，注意力机制是一种比较有效的分析方法。注意力机制，是一种有偏向地将计算资源分配于信号信息丰富的分量的方法。压缩-激励的通道间全局信息显式建模方式，属于注意力机制的一种。引入注意力机制策略，使用全局信息显式地建模通道间的动态非线性关系，能够起到简化学习过程、增强网络表征能力的目的。注意力机制的主要功能是对各个通道进行权重的分配，增强重要信息、抑制次要信息。主要操作可分为三个部分：压缩操作 $F_{\text{sq}}(\cdot)$、激励操作 $F_{\text{ex}}(\cdot,W)$ 和融合操作 $F_{\text{scale}}(\cdot,\cdot)$，其操作流程如图 8.23 所示。

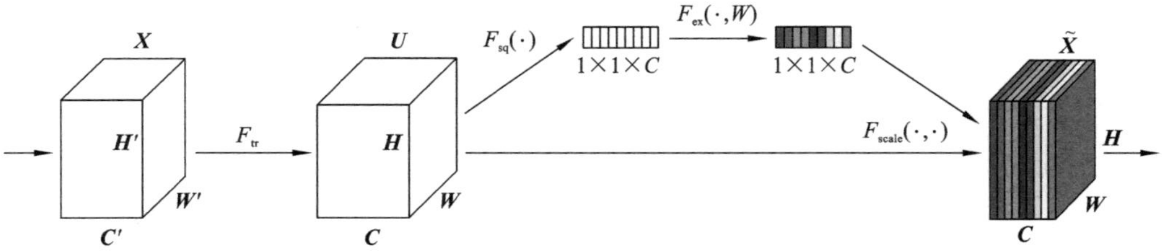

图 8.23　压缩-激励运算流程图

压缩操作是采用全局平均池化的方式，顺着空间维度对特征进行压缩，将每个 2D 特征通道缩放为一个实数，该实数具有全局的感受野，能够表征全局信息。当输入为 $\boldsymbol{X}\in\boldsymbol{R}^{H'\times W'\times C'}$ 时，经过正常卷积操作的输出为 $\boldsymbol{U}\in\boldsymbol{R}^{H\times W\times C}$，压缩操作基于 $\boldsymbol{U}$ 进行，可以将大小为 $\boldsymbol{H}\times\boldsymbol{W}\times\boldsymbol{C}$ 的输入压缩为 $1\times1\times\boldsymbol{C}$ 的特征描述。对于某一张特征图，压缩计算公式为

$$z_c = F_{\text{sp}}(u_c) = \frac{1}{\boldsymbol{H} \times \boldsymbol{W}} \sum_{i=1}^{\boldsymbol{H}} \sum_{j=1}^{\boldsymbol{W}} u_c(i, j) \tag{8.17}$$

式中：u_c 为第 c 个特征图；i, j 为特征图中的像素位置。

压缩操作得到的只是$1\times1\times\boldsymbol{C}$的全局描述符，不能作为每个特征通道的权重。而激励操作利用两个全连接层和 sigmoid 函数，能够比较全面地捕获通道间的相互依赖关系，其计算公式为

$$s = F_{\text{ex}}(z, \boldsymbol{W}) = \sigma(g(z, \boldsymbol{W})) = \sigma(\boldsymbol{W}_2 \delta(\boldsymbol{W}_1 z)) \tag{8.18}$$

式中：z 为全局描述；δ 为 ReLu 激活函数；$\boldsymbol{W}_1$、$\boldsymbol{W}_2$ 为两个全连接层的权值矩阵；σ 为 sigmoid 函数。

最后一步是融合操作，即将激励操作计算得到的通道权值与原始特征通道融合，计算公式为

$$\tilde{\boldsymbol{X}} = F_{\text{scale}}(u_c, s_c) = s_c * \boldsymbol{U}_c \tag{8.19}$$

式中：s_c 为第 c 个全局描述；u_c 为第 c 个原始特征通道。

W 形网络在 U-Net 的基础上进行了改进，扩充了数据输入的路径、加深了卷积操作、加快了模型的训练速度、提高了模型的鲁棒性并能有效防止过拟合，但卷积操作只能沿数据输入通道将空间和通道信息在局部感受域内融合的局限性却难以克服。另外，当对多源数据和由数据衍生的多元特征进行综合考量时，卷积操作的局部感受域信息特征构造方式，已很难建模数据的空间依赖性，缺乏空间注意力考虑的重复计算也无益于有效特征的提取。虽然 VGGNet、DenseNet、ResNet 等深度卷积网络通过增加网络层数提高了模型学习的能力，但所付出的计算代价及网络超参数和层配置的复杂性却有大幅度增加。因此，能完全捕捉通道间依赖关系的、轻量型的卷积优化策略，是值得考虑的网络性能提升途径。

本小节将压缩-激励模块嵌入 W 形网络的左右两个收缩路径中，在每个卷积之后增加一层压缩-激励层，进行特征通道依赖关系的学习，以提高网络的学习能力，更好应对多源、多特征数据的复杂性，获得鲁棒性更强、对特定地物更加敏感的网络。新构建的压缩-激励 W-Net 是双向对称的端到端网络结构，它在 U-Net 的基础上进行了多方面的改进，使得网络能够双侧输入数据、训练速度更快、鲁棒性更强并能防止过拟合现象。压缩-激励模块在 W 形网络中成功地嵌入，使得网络具备了学习特征通道依赖关系的能力。最终实例化出的压缩-激励 W-Net 结构示意图如图 8.24 所示。

3）网络参数及优化算法选择

在压缩-激励 W-Net 中，选择了性能优良的 Adam 优化算法。Adam 优化算法是结合了 AdaGrad 和 RMSProp 两种优化算法优点的深度学习网络模型优化算法。通过对梯度的一阶和二阶估计进行综合考虑，计算出参数更新的步长。相比于其他优化算法，Adam 优化算法具有的突出优点如下。

（1）算法复杂度低，计算效率高，对计算机内存消耗较小。

（2）对网络参数的更新不受梯度伸缩变换的影响。

（3）超参数的适应性较强，不须过多调整。

（4）步长的更新能够被限制在大致的范围之内。

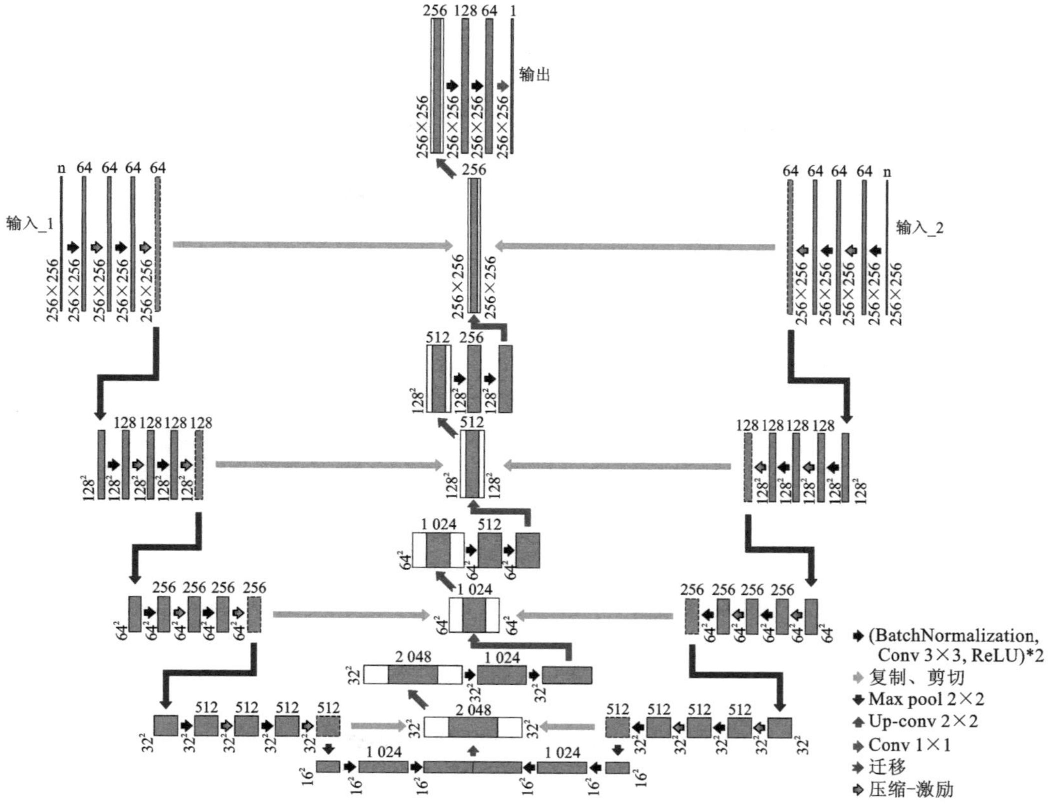

图 8.24　压缩-激励 W-Net 结构示意图

（5）对学习率有自动调整能力。

（6）对具有大规模数据或参数的情况非常适用。

（7）对不稳定的目标函数的鲁棒性较强。

（8）能够很好地解决梯度稀疏或梯度存在较大噪声的问题。

Adam 优化算法的执行步骤包括三个主要步骤：首先需要确定步长参数 a、矩估计指数衰减速率 β_1 和 β_2 及随机目标函数 $f(\theta)$；之后需要对一系列待定参数做初始化处理，包括参数向量 $\boldsymbol{\theta}_0$、时间参数 t、一阶矩向量 $\boldsymbol{m}_0$ 和二阶矩向量 $\boldsymbol{v}_0$；最后，是循环迭代部分，参数 θ 在未收敛时，循环迭代地对各部分参数进行更新。即，时间步 $t+1$、更新目标函数 $f(\theta)$ 在该时间步上对参数 θ 所求的梯度 g_t、更新偏差的一阶矩估计 $\boldsymbol{m}_t$ 和二阶原始矩估计 $\boldsymbol{v}_t$，再计算偏差修正的一阶矩估计和偏差修正的二阶矩估计，然后再用以上计算出来的值更新模型的参数 θ_t。

4. 典型区域的变化检测结果及分析

基于 TensorFlow 框架搭建压缩-激励 W-Net，网络的运行环境为 Intel(R) Core(TM) i9-990KF CPU，NVIDIA GeForce RTX 2080 SUPER GPU（8 GB）。在两组子实验中，网络左右端输入的训练样本大小均为 128×128 像素，学习率为 0.01，学习率衰减为 0.8，每个批次训练数据量为 16，每组实验的迭代次数设定为 100，实验用到的训练数据为 1 000 张。为了高效地发挥压缩-激励模块的性能，在网络中设定特征维度缩减率为 16。

第 1 组子实验的数据来自 WHU Building Dataset 的 Building Change Detection Dataset，数据为航拍影像，获取时间为 2011 年 4 月和 2016 年 4 月，分辨率为 0.075 m，包括红、绿、蓝三个波段。影像覆盖地区在 2011 年 2 月发生了 6.3 级地震，建筑物毁坏严重，2016 年重新获取该地区影像时，建筑物的数量有大幅度的增加，并且建筑物的类型丰富、形状各异。该数据集是进行建筑物变化检测的优质数据集。本次实验，从数据集中选取大小为 11 654×10 065 像素、具有较多建筑物变化的区域（矩形）作为实验区。实验区影像及参考变化图如图 8.25 所示。

（a）2012年影像

（b）2016年影像　（c）研究区-2012年　（d）研究区-2016年　（e）参考变化图

图 8.25　WHU Building Dataset 数据示意图

第 2 组子实验使用的是 Multi-temporal Scene WuHan（MtS-WH）Dataset，该数据集包括两幅由 IKONOS 传感器获得的大小为 7 200×6 000 像素的大尺寸 HR 遥感影像，覆盖范围为武汉市汉阳区。影像分别获取于 2002 年 2 月和 2009 年 6 月，经过盖师贝格-撒克斯通（Gerchberg-Saxton，GS）算法融合，分辨率为 1 m，包含 4 个波段（蓝，绿，红和近红外波段）。由于 MtS-WH 数据集主要用于进行场景变化检测的方法理论研究与验证，并且原始数据只提供了场景的类别标签，为了得到变化场景，通过对比场景类别并结合人工目视解译，得到了建筑区变化场景标签图。实验影像及标签如图 8.26 所示。

（a）2002年影像　（b）2002年影像场景类别标签　（c）2009年影像　（d）2009年影像场景类别标签　（e）参考变化图

图 8.26　Multi-temporal Scene WuHan Dataset 数据示意图

采用 7 种对比方法（分为 4 类），分别为传统方法改进的变化矢量分析（robust change vactor analysis，RCVA）、机器学习方法[支持向量机（SVM）和随机森林（random forest，RF）]、过渡方法深度置信网络（deep belief network，DBN）和深度学习方法（U-Net、SegNet、DeepLabv3+）。传统方法中，通过设定阈值得到变化检测二值图；机器学习方法中，通过手选训练样本点，训练分类器得到检测结果；过渡方法中，利用参考变化图选择适量训练样本，训练网络并得到检测结果；深度学习方法中，选择与本章方法等量的训练样本，并将 epoch 控制为 100 次，通过设定推荐的超参数，训练网络得到检测结果。其中，4 组实验的压缩-激励 W-Net 训练，设置的批量数据输入为 16 幅，验证数据在总训练数据中的占比为 0.2。经过 100 次的迭代训练后，两组实验中的压缩-激励 W-Net 均快速收敛，训练精度、验证精度均达到 0.95 以上，训练损失值和验证损失值均降低到较低水平，之后保存在 100 次迭代中验证精度最高的模型。两组压缩-激励 W-Net 训练结果如图 8.27 所示。

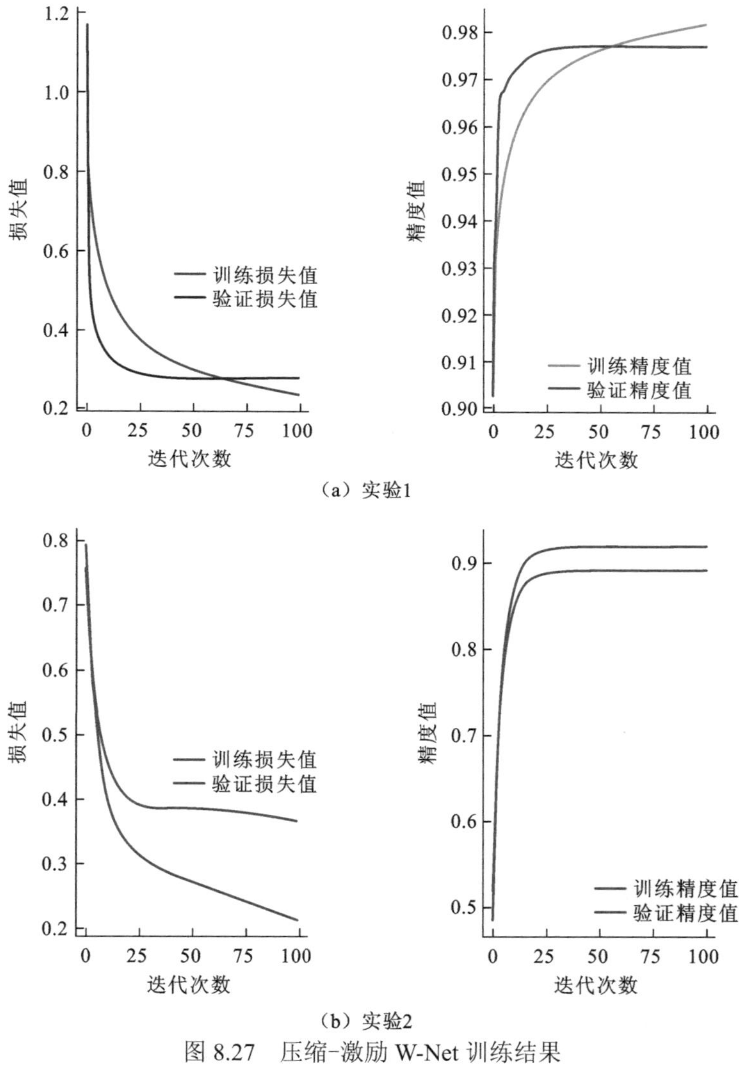

图 8.27　压缩-激励 W-Net 训练结果

实验中的原始数据只包含遥感影像，其中第一类、第二类和第三类方法的输入为两景原始遥感影像，第四类方法的输入为原始影像及其相关特征叠加而成的多特征数据。实验细节如表 8.4、表 8.5 所示，检测结果如图 8.28、图 8.29 所示。

表 8.4　实验 1 实验细节

方法类别	方法	实验细节	实验耗时/min
传统方法	RCVA	窗口大小：3×3，阈值：100	213.28
机器学习方法	SVM	样本点：建筑物 233，其他 266	99.54
	RF	决策树：108，最大深度：8	15.69
过渡方法	DBN	窗口大小：2×2，训练样本数量：5 000	9.44
深度学习方法	U-Net	最小损失值：0.62，最大精度值：0.974 4	16.38
	SegNet	最小损失值：0.11，最大精度值：0.963 0	36.35
	DeepLabv3＋	最小损失值：0.12，最大精度值：0.967 6	9.34
	本小节方法	最小损失值：0.27，最大精度值：0.974 4	34.06

表 8.5　实验 2 实验细节

方法类别	方法	实验细节	实验耗时/min
传统方法	RCVA	窗口大小：3×3，阈值：80	76.22
机器学习方法	SVM	样本点：建筑物 200，其他 230	241.91
	RF	决策树：108，最大深度：8	4.32
过渡方法	DBN	窗口大小：2×2，训练样本数量：5 000	5.32
深度学习方法	U-Net	最小损失值：0.56，最大精度值：0.781 8	25.48
	SegNet	最小损失值：0.51，最大精度值：0.815 5	35.59
	DeepLabv3＋	最小损失值：0.42，最大精度值：0.834 2	3.58
	本小节方法	最小损失值：0.36，最大精度值：0.887 6	33.05

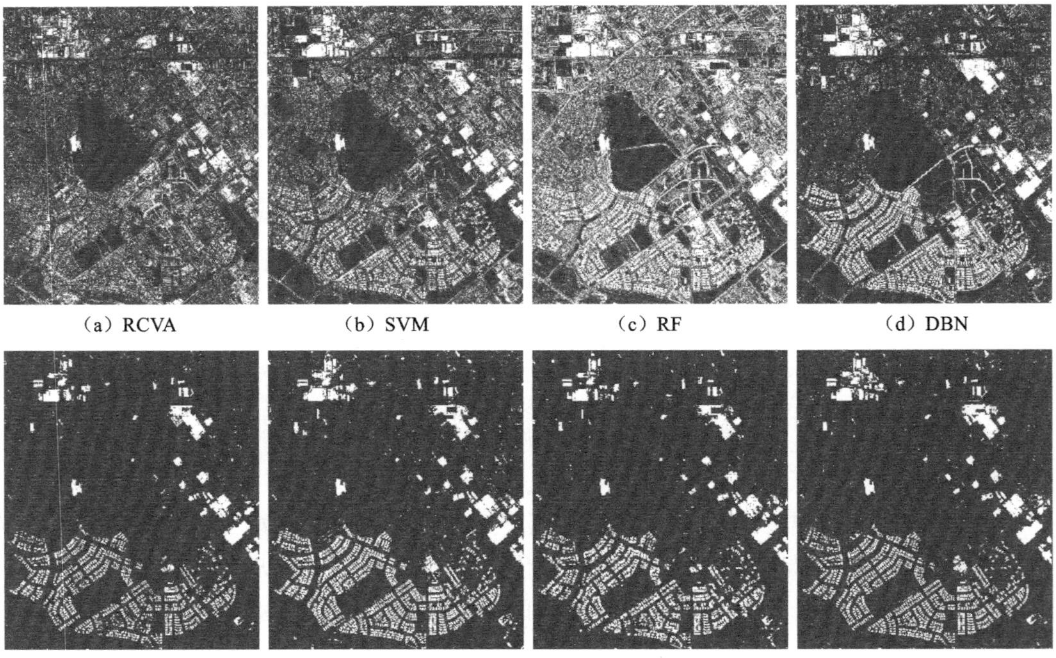

（a）RCVA　（b）SVM　（c）RF　（d）DBN

（e）U-Net　（f）SegNet　（g）DeepLabv3+　（h）本小节方法

图 8.28　实验 1 变化检测结果

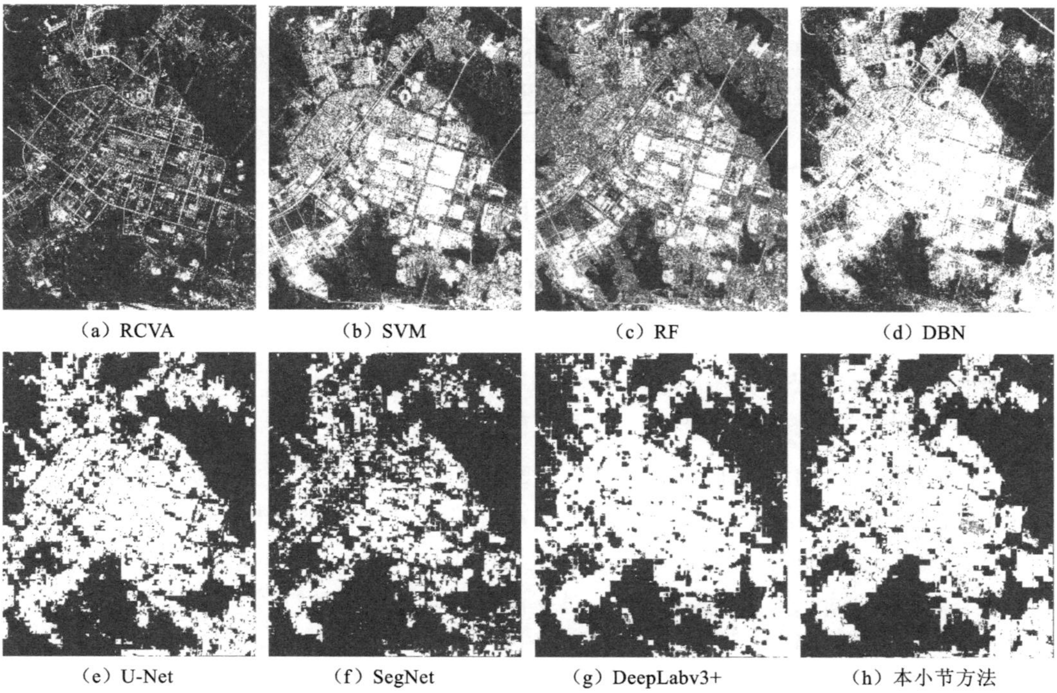

图 8.29　实验 2 变化检测结果

由于变化检测属于二分类问题，精度评价基于分类混淆矩阵来定量分析，二分类混淆矩阵如表 8.6 所示。

表 8.6　二分类混淆矩阵

项目	变化	未变化	总和
变化	TP	FP	PP
未变化	FN	TN	PN
总和	QP	QN	N

表 8.6 中，TP 表示被正确检测的实际变化的样本数量，FN 表示被错误检测为未变化的变化样本数量，FP 表示被错误检测未变化的未变化样本数量，TN 表示被正确检测为未变化的未变化样本数量，QP 表示真正变化的样本数量，QN 表示真正未变化的样本数量，PP 表示检测为变化的样本数量，PN 表示检测为未变化的样本数量，N 表示样本总量。

遥感影像变化检测一般采用的评价指标有总体精度（overall accuracy，OA）、召回率（recall，R）、虚警率（false alarm，FA）、漏检率（missing alarm，MA）、F_1 值及 Kappa 系数。各精度指标计算公式如下：

$$OA = \frac{TP + TN}{N} \tag{8.20}$$

$$FA = \frac{FP}{TN + FP} \tag{8.21}$$

$$\mathrm{MA}=\frac{\mathrm{FN}}{\mathrm{TP}+\mathrm{FN}} \tag{8.22}$$

$$F_1=\frac{2\times\mathrm{P}\times\mathrm{R}}{\mathrm{P}+\mathrm{R}} \tag{8.23}$$

$$\mathrm{P}=\frac{\mathrm{TP}}{\mathrm{TP}+\mathrm{FP}} \tag{8.24}$$

$$\mathrm{R}=\frac{\mathrm{TP}}{\mathrm{TP}+\mathrm{FN}} \tag{8.25}$$

$$\mathrm{Kappa}=\frac{p_0-p_\mathrm{e}}{1-p_\mathrm{e}} \tag{8.26}$$

$$p_0=\mathrm{OA},\quad p_\mathrm{e}=\frac{\mathrm{PP}\times\mathrm{OP}+\mathrm{PN}\times\mathrm{ON}}{N^2} \tag{8.27}$$

式中：OA 为对样本预测正确的数量；R 为变化样本预测正确率；FA 为未变化样本被分为变化样本在所有未变化样本中的比例；MA 为变化样本被分为未变化样本在所有变化样本中的比例；F_1 为准确率（P）和召回率（R）的调和平均值，是对二者的综合反映；Kappa 为衡量分类精度的指标，可用来对变化检测结果做一致性检验。

根据上述计算公式，分别计算两组实验检测结果所对应的评价指标值，如表 8.7 所示。

表 8.7　实验精度指标

方法	实验 1				实验 2			
	OA	F_1	MA	FA	OA	F_1	MA	FA
RCVA	0.809 7	0.282 1	0.621 1	0.143 1	0.623 3	0.308 7	0.791 6	0.095 8
SVM	0.841 1	0.486 0	0.238 5	0.150 2	0.700 8	0.621 5	0.391 5	0.236 6
RF	0.709 3	0.362 4	0.162 8	0.304 7	0.659 0	0.569 8	0.440 5	0.273 6
DBN	0.902 0	0.653 9	0.062 0	0.101 9	0.721 0	0.695 3	0.211 4	0.324 7
U-Net	0.964 6	0.801 4	0.277 1	0.008 9	0.774 2	0.738 7	0.209 1	0.237 2
SegNet	0.957 8	0.798 5	0.152 0	0.030 2	0.766 9	0.659 7	0.440 3	0.092 8
DeepLabv3 +	0.954 6	0.765 4	0.249 4	0.023 1	0.768 2	0.735 9	0.199 8	0.253 4
本小节方法	0.972 2	0.856 9	0.156 4	0.013 7	0.769 9	0.740 9	0.184 9	0.260 8

从表 8.7 可以明显看出，本小节提出的方法所得到的检测结果，除个别情况外，OA 和 F_1 均为最大值，MA 和 FA 均为最小值。

使用黎巴嫩贝鲁特军港和天津滨海新区爆炸光学遥感影像进一步测试模型的性能。分别从两个地区的光学影像中裁剪了 500 幅大小为 256×256 像素的贴片影像作为训练数据集，其中 400 幅作为训练数据、50 幅作为验证数据、50 幅作为测试数据。对多层次注意力网络进行 100 个周期的训练，得到具备变化信息智能提取的网络模型。对整幅影像的变化信息提取结果和精度分析如图 8.30、图 8.31 和表 8.8 所示。

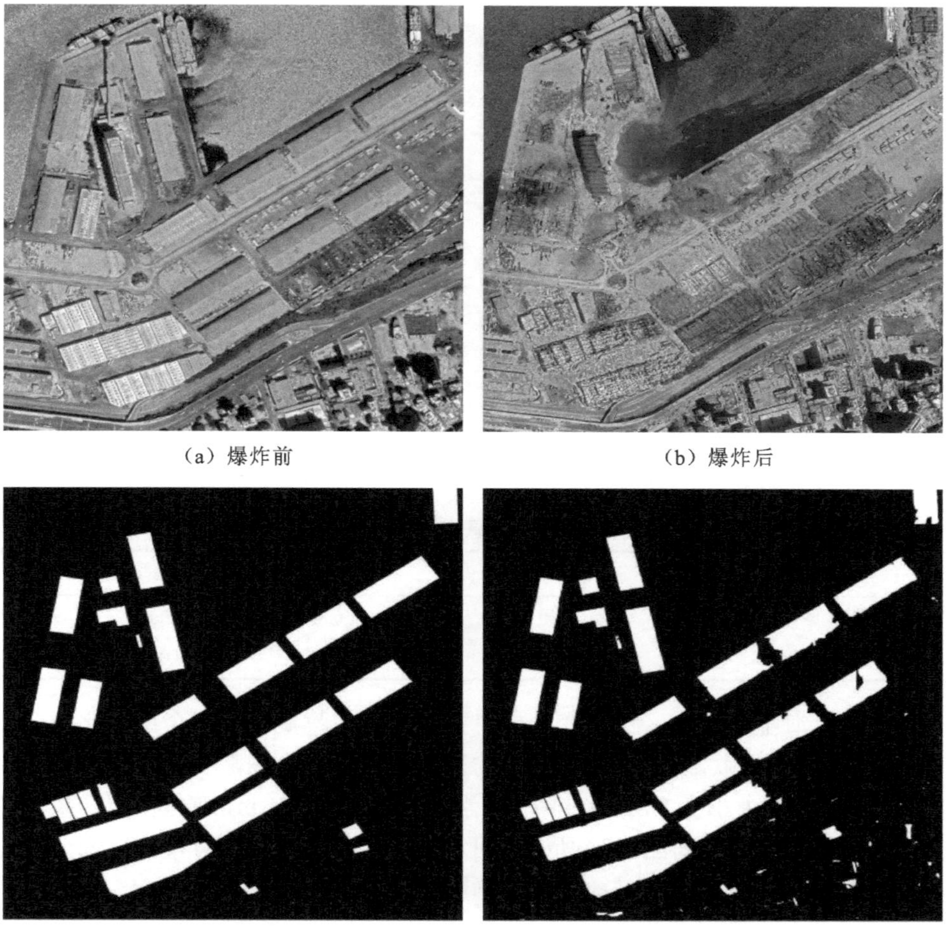

（a）爆炸前　　（b）爆炸后

（c）参考变化　　（d）预测结果

图 8.30　黎巴嫩贝鲁特军港变化信息提取结果

（a）爆炸前　　（b）爆炸后

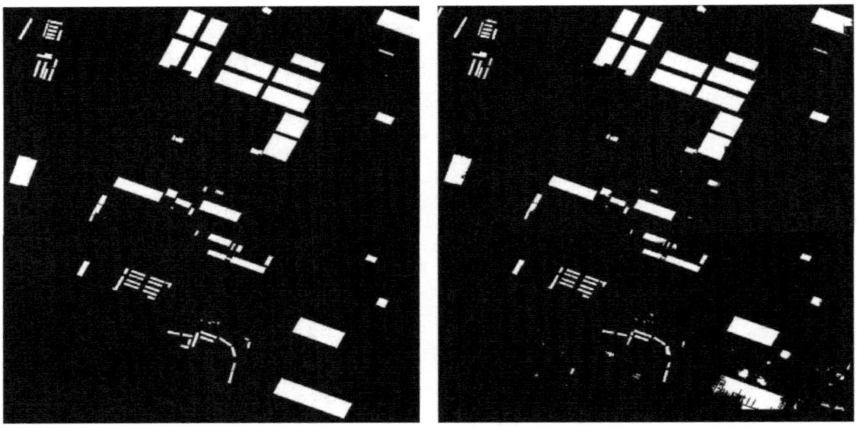

（c）参考变化　　　　　　　　　　　　（d）预测结果

图 8.31　天津滨海新区变化信息提取结果

表 8.8　变化信息提取精度分析表

区域	F_1	IoU	MA	FA
黎巴嫩贝鲁特军港	0.922	0.855	0.06	0.09
天津滨海新区	0.933	0.874	0.03	0.101

另外，对上海金山石化区进行变化信息提取实验。收集上海市金山石化区 2010 年、2014 年、2015 年的谷歌影像，与 2017 年的影像进行变化检测，以发现研究区工厂或化工品异常情况。影像大小为 5 825×3 883 像素，分辨率为 0.51 m，变化检测结果如图 8.32 所示。选取结果局部示例如图 8.33 所示，可以看出，本小节方法可检测出部分厂房屋顶变化、罐体变化，并对工厂烟雾敏感，可判断工厂的开工情况。

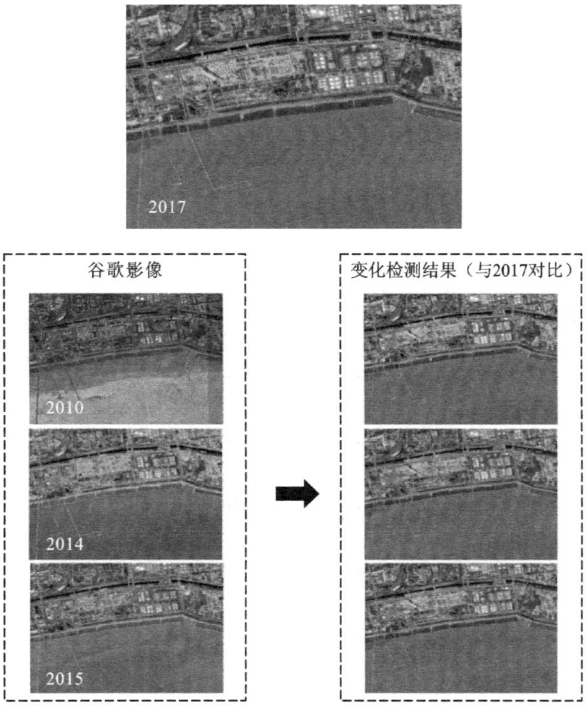

图 8.32　上海金山石化区变化检测结果

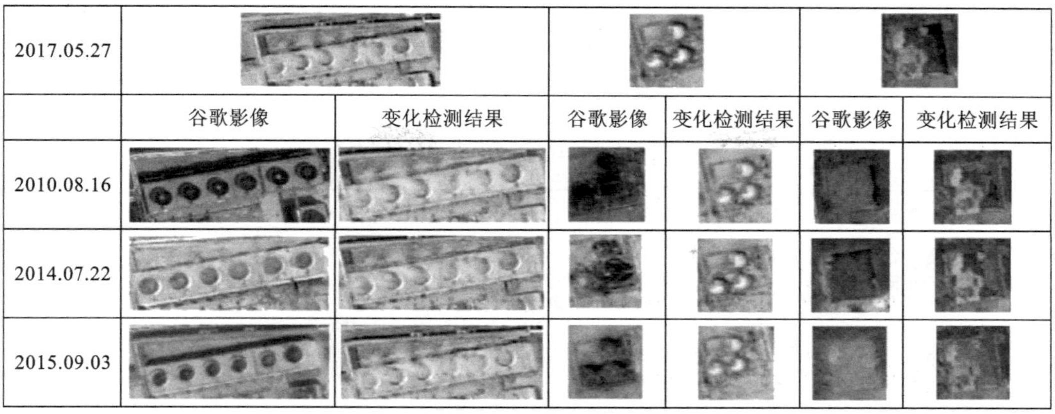

图 8.33　变化检测结果局部示例

8.3　城市企业安全生产风险评估

近年来，城市企业安全生产事故频发，如天津港瑞海公司危险品仓库火灾爆炸事故、深圳光明新区渣土受纳场滑坡事故等，对居民生命安全与社会经济造成了严重的威胁和损失。因此，亟须开展面向城市企业的安全生产风险评估，为城市企业安全生产重大风险预警防控提供决策支持。

8.3.1　数据获取

本节以某市为实验区域，综合利用该市企业数据及区域地理环境要素数据，量化评估该市企业安全生产风险。所用到的数据包括：从 OpenStreetMap（https://www.openstreetmap.org/）上获取的路网数据、某市行政区划矢量数据；通过爬虫技术从企查查（https://www.qcc.com/）及各大企业基础信息网站上获取的企业基本信息（包括人员情况、企业类别、企业规模、管理情况等），并进一步通过人工搜索方式从各大新闻补充每个企业历史安全生产事故信息，主要包含事故类型及风险等级，操作不当、设备故障等隐患记录信息，时间、地点、伤亡程度、经济损失，事故发生时的环境信息（温度、湿度、风力），火灾燃烧面积等；从高德地图获取的医院、警局、消防站及其他类别城市基础设施空间分布数据；从 WorldPop（https://www.worldpop.org/）获取的人口空间分布数据。

8.3.2　指标体系

关于城市安全风险的定义众多，定义不同，则指标体系与风险计算方式也不同。通过查阅相关资料，总结出部分风险的定义，如表 8.9 所示。

表 8.9　风险定义

序号	风险定义	形式描述
1	风险是致灾因子危险性、承灾体暴露度及承灾体的脆弱性共同作用的结果	风险 = 致灾因子危险性 × 承灾体暴露度 × 脆弱性
2	某一个或一系列重大事件发生的可能性或概率；也可指某一地区某一事件或多个事件造成的可能性损失或损坏的严重程度	风险 = 事件发生的概率 × 脆弱性
3	自然或人为因素诱发的致灾因子与承灾体脆弱性相互作用引发灾害发生的概率，其中致灾因子是造成危害的事件，例如，洪水、台风等，或者导致灾害系统发生的条件或诱发因素	风险 = 致灾因子 × 脆弱性

表 8.9 所给出的第一个风险定义被广泛应用于交通安全、事故灾害等领域，为此，本节首先基于该定义建立如图 8.34 所示的企业安全生产风险评估指标体系，进一步将该市划分为若干个 1 km×1 km 的规则网格，在每个网格区域量化风险评估指标体系。

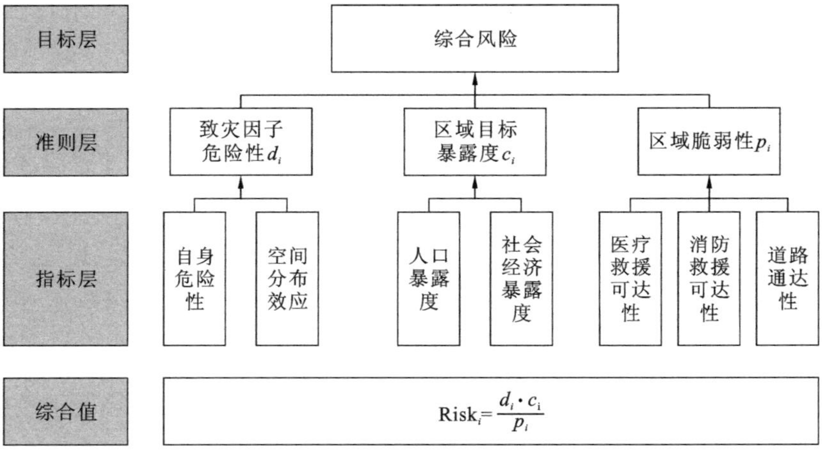

图 8.34　企业安全生产风险评估指标体系

1. 致灾因子危险性量化

表 8.10 中，dan_{ij} 表示区域 i 中第 j 类风险的风险值，$\text{dan}_{(j,\text{ ave})}$ 表示第 j 类风险的平均风险值；hidtrou_{ij} 表示区域 i 中第 j 类隐患的隐患值，$\text{hidtrou}_{(j,\text{ ave})}$ 表示区域范围 i 中第 j 类隐患的平均隐患值，C(a)表示区域范围内企业数量，I 表示一定区域范围内高危险企业的关联程度；AREA 表示区域面积。

表 8.10　致灾因子危险性量化表

一级指标	二级指标	量化方法	描述
致灾因子危险性	自身危险性	$\text{Risk}=\frac{\text{dan}_{ij}}{\text{dan}_{(j,\text{ave})}}\times\frac{\text{hidtrou}_{ij}}{\text{hidtrou}_{(j,\text{ave})}}$	由企业历史自身火灾、爆炸等风险及操作不当、设备故障等隐患衡量
	空间分布效应	$\text{vulnerability\_gdp}=\frac{C(\text{a})\times I}{\text{AREA}}$	由企业空间分布综合衡量

2. 区域目标暴露度量化

表 8.11 中，POP 表示一定区域范围内的人口数量，AREA 表示区域面积，$C(\text{poi})$表示区域范围内基础设施数量，I 表示一定区域范围内高危险企业的关联程度。

表 8.11　区域目标暴露度量化表

一级指标	二级指标	量化方法	描述
区域目标暴露度	人口暴露度	$\text{vulnerability\_pop} = \dfrac{\text{POP}}{\text{AREA}}$	由区域内人口密度衡量
	社会经济暴露度	$\text{vulnerability\_gdp} = \dfrac{C(\text{poi}) \times I}{\text{AREA}}$	由区域内基础设施密度及高危险企业的关联程度衡量

3. 区域脆弱性量化

表 8.12 中，min( )表示取最小值函数，distance_ambu 表示区域范围内距所有医院的路网距离组成的数组，distance_firepro 表示区域范围内距所有消防站的路网距离组成的数组，R_l 表示区域范围内的路网长度，AREA 表示区域面积。

表 8.12　区域脆弱性量化表

一级指标	二级指标	量化方法	描述
区域脆弱性	医疗救援可达性	$\text{Dist\_}a = \min(\text{distance\_ambu})$	由区域距综合医院路网距离衡量
	消防救援可达性	$\text{Dist\_}f = \min(\text{distance\_firepro})$	由区域距消防站路网距离衡量
	道路通达性	$\text{Ral} = \dfrac{R\_l}{\text{AREA}}$	由区域内道路密度衡量

8.3.3　结果分析

在上述多级指标量化的基础上，实现对某市企业安全生产的综合风险定量评估，其安全生产风险的致灾因子危险性、区域目标暴露度和区域脆弱性量化结果空间分布如图 8.35、图 8.36 和图 8.37 所示，下面将对三个因子和某市企业安全生产风险评估结果进行详细分析。

图 8.35　致灾因子危险性空间分布图

扫封底二维码见彩图

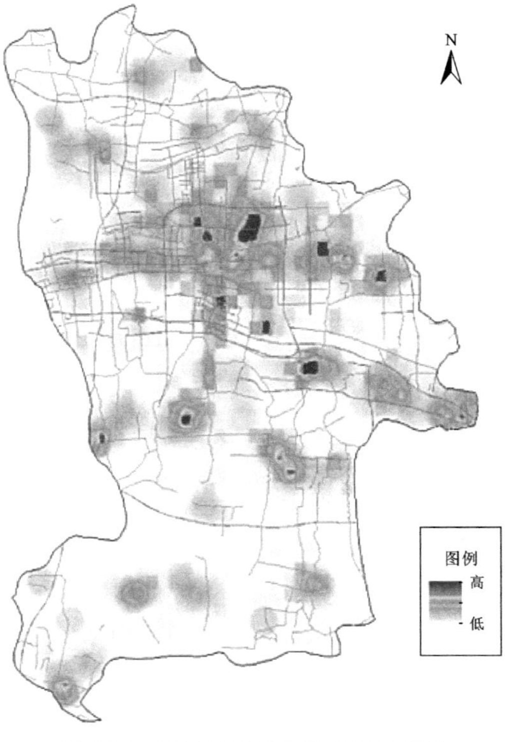

图 8.36　区域目标暴露度空间分布图

扫封底二维码见彩图

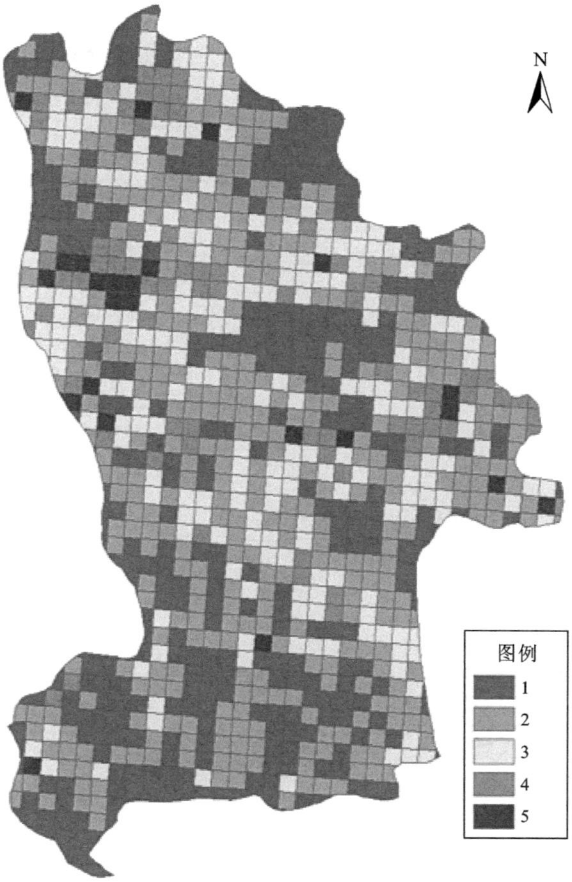

图 8.37　区域脆弱性空间分布图

扫封底二维码见彩图

图 8.35 为某市基于企业自身危险性及空间分布效应得出的致灾因子危险性的综合结果，红色表示危险性高，蓝色表示危险性低，白色表示危险性为零。

基于人口分布情况构建人口暴露度，以及基于公共设施、POI 数据等社会经济构建社会经济暴露度，综合以上两方面得出区域目标暴露度综合评价结果（图 8.36），红色表示区域目标暴露度高、蓝色表示区域目标暴露度低，白色表示并无暴露度，即表示该区域无人口、无公共设施等社会要素。

图 8.37 为某市区域脆弱性评价结果，即基于道路通达性、消防救援可达性及医疗救援可达性综合得出的一定区域范围内应对自然或社会灾害（火灾、爆炸等）的应对能力强弱的分级结果。分为 5 级，红色表示应对能力较强的区域，蓝色表示应对能力较弱的区域。

图 8.38 表示某市企业综合风险评估结果，即经过了目标层、准则层、指标层的完整描述，对致灾因子危险性、区域目标暴露度、区域脆弱性三方面进行综合计算，得到某市企业综合风险评估结果，红色表示风险值高，蓝色表示风险值低，白色表示无风险。

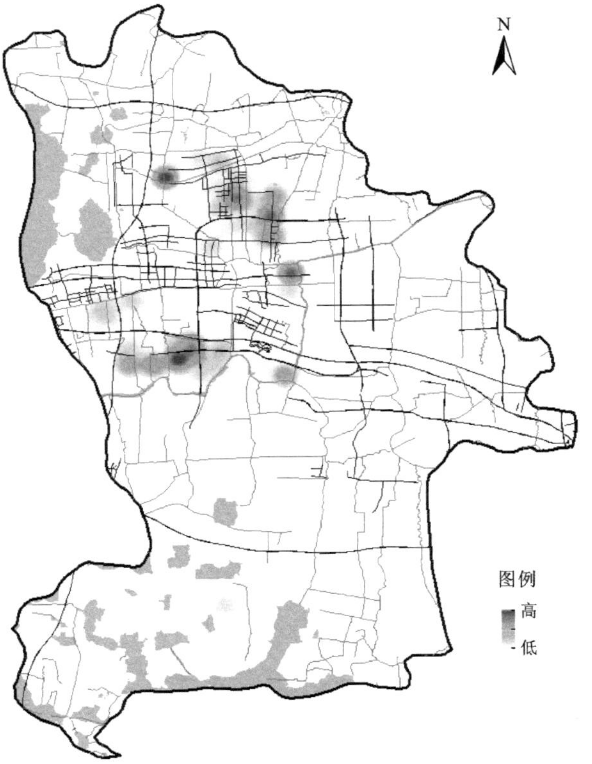

图 8.38　综合风险空间分布图

扫封底二维码见彩图

8.4　安保突发事件风险评估

随着全球突发事件频发，公共安全事件越来越受到重视。恐怖袭击作为一种典型的安保突发事件，引起了全球高度关注。埋伏狙击为恐怖主义的重要行为之一，在任何国家和地区，这种恐怖主义行为都是目标保护者所尽力避免的事情。通常避免的手段在于提前预警和防范。城市一般是恐怖主义的重点攻击对象，城市具有人口密集、环境复杂、交通便利等特点，一旦发生恐怖袭击，将会造成重大人员伤亡和恐慌。但是安保管控的人力物力资源有限，无法同时顾及城市中的多处隐患。例如举办重要活动时，高层建筑对地面的狙击威胁无法忽视，按照传统方法利用经验进行侦察和检查难免会存在疏漏，特别是保护人员不足的情况下尤为严重。因此，为保障目标生命安全、维护城市运行安全,准确评估安保突发事件风险并制订预防方案是反恐安保工作中需要解决的重要问题。

地理信息系统（GIS）提供了强大的地理空间分析和可视化工具，现阶段鲜少有研究从 GIS 视角分析恐怖主义狙击事件。尽管许多研究使用 GIS 分析犯罪时空规律、评估犯罪风险，从而预防和打击犯罪，然而大多数都局限于二维环境中，关注热点识别或地理区域中的地图趋势。城市中具有高度的三维建筑物为埋伏狙击提供了天然的制高点，因此，需要从三维视角评估安保区域埋伏狙击事件风险。本节基于 GIS 强大的三维视域分析功能，提出通视强度综合分析的狙击风险评估模型，评估安保区域埋伏狙击风险；

在此基础上，发展基于加权 Dijkstra 算法的安全路径规划模型，为安保决策提供支撑。

8.4.1 基于通视强度综合分析的狙击风险评估模型

1. 研究方法

通视强度综合分析的狙击风险评估模型，一方面顾及了矢量数据的精细特点，不需要考虑构建格网的细粒度对可视分析结果的影响，另一方面可调整的扫描线方法可以在精度和计算速度之间进行取舍，达到预期的计算结果。其具体方案如下。

（1）根据某一区域的建筑物轮廓矢量数据，使用视线扫描的方法，计算区域上某一点的视域风险值，主要包括以下步骤。

第一，使用均匀的角度划分方法，将 360° 视线范围均匀切分为 n 个扇形视角，每条扇形的中心射线代表该扇形的视线方向。

第二，在区域内选取一个点 A，以该点作为坐标中心点，计算通过该点的每一条中心射线的极坐标公式：

$$\theta=\frac{2\pi}{n},\quad 0\leqslant\rho\leqslant L \tag{8.28}$$

式中：n 为扇形的分割数；ρ 为视线范围距离；L 为视线的最大范围。

第三，对建筑物轮廓数据进行处理，按照读取顺序进行排序并赋予其 id，计算每条射线与每个建筑物是否相交并计算其第一个相交点的坐标 (id,x,y,ρ)，每条射线与建筑物的交点为列表 $\theta_i=\left[(\mathrm{id}_0,x_0,y_0,\rho_0),(\mathrm{id}_1,x_1,y_1,\rho_1),\cdots\right]$，将其按照 ρ 值由小到大排序。

第四，分别对单条射线进行可视分析，理想化的视线为直线且无偏折，故使用函数 $y=ax+b$ 表达，b 表示的是被视对象的高度，假设道路上目标高度为 1.5 m，即 $b=1.5$，如果视线上无建筑物与其相交则不计算，如果视线上有建筑物与其相交则计算 $a=(\mathrm{height}_{\mathrm{id}_0}-b)/\rho_0$， height id_0 为建筑物的高度， ρ_0 为建筑物与视线的交点到点 A 的距离，对于该射线视线函数为

$$y=\frac{(\mathrm{height}_{\mathrm{id}_0}-b)}{\rho_0}x+b \tag{8.29}$$

若该射线与一个以上建筑物相交，则逐个对相交建筑物的 height 值进行判断，其在视线函数以下的不进行计算，在大于该点函数值的交点处重新计算该射线新的视线函数：

$$y_{\mathrm{new}}=\frac{(\mathrm{height}_{\mathrm{id}_i}-b)}{\rho_i}x+b \tag{8.30}$$

并替换原有的视线函数，同时计算该相交建筑物的可视高度范围 rh 并记录在该建筑物 id 的信息中。以此对该射线所有相交建筑物进行计算。

第五，对所有的射线进行上述分析之后，对所有建筑物的结果根据 id 进行合并，保留每个 id 的最低可视高度，最低可视高度到建筑物总高度即为该建筑物对道路上点 A 的可视高度范围。单个建筑物的视域风险：

$$w_i=\mathrm{rh}_i\cdot\mathrm{area}_i \tag{8.31}$$

式中：rh_i 为可视建筑的可视高度， area_i 为建筑物的单层面积。

综上所述，点 A 的视域风险值可计算为

$$W_A=\sum_{i=0}^{k}w_i=\sum_{i=0}^{k}\mathrm{rh}_i\cdot\mathrm{area}_i \tag{8.32}$$

式中：k 为所有可视建筑物的数量。

（2）对某一区域内的道路进行区域范围视域风险分析与评估，主要包括以下步骤。

第一，确定区域的范围，并获取区域内的道路分布，对道路进行分段获取节点，采用均匀间隔的方法，每隔 5 m 取一个节点，不足 5 m 长度的路段为一个节点。

第二，计算每个节点的可视建筑物及高度，对每个建筑物 id 利用式（8.31）进行计算并保存结果，利用式（8.32）对每个节点计算其视域风险值，取风险值最高的 5 个节点作为该地区视域高风险区域。

第三，对该风险地区的所有节点的可视建筑物按照 id 进行汇总：

$$w_{\mathrm{id}}=\sum_{i=0}^{j}w_{i,\mathrm{id}} \tag{8.33}$$

式中：j 为区域内所有的节点数；$w_{i,\mathrm{id}}$ 为第 i 个节点中同一个 id 建筑物的风险值。计算得到的结果由大到小排序，取前 5 个风险最高的 id，表示对该区域风险威胁最大的 5 个建筑物。

通常的可视性分析的工作应用较少涉及安保风险防范领域，城市内的安保防范对城市治安防护与降低城市大型活动的风险有着至关重要的作用。以可视性分析为基础的安保风险分析工作，可以准确发现区域内的高风险与高威胁区域或者建筑，减少必要的人力物力支出，达到减少安保防范漏洞和节约资源的目的。可以对城市内的安保风险防范提出专业的指导性意见和合理的建议。

2. 实验数据

实验数据包括建筑物轮廓数据（shp 格式数据）、DEM 数据、道路网、POI 数据。其中建筑物轮廓数据是城市中所有具有高程的建筑物的矢量数据，该数据包含所有建筑物的轮廓坐标和建筑物的层高即高程数据，是本模型所使用的关键数据。DEM 数据为辅助补充数据，建筑物轮廓数据一般只具有相对的高程信息，对于高程起伏较大的地区可能存在较多误差，所以可以加以 DEM 数据来降低误差，以此在建筑物轮廓数据的基础上作为补充数据。道路网数据为 OpenStreetMap 的矢量道路数据，包含道路的起始和长度信息。POI 数据为百度地图的 POI 点数据，包括但不限于政府机关、地标建筑等，包含坐标点经纬度信息和 POI 点的属性信息。

3. 实验结果

图 8.39～图 8.42 展示了基于上述类别实验数据得到的我国某城市区域内两个视点在二维平面上的可视范围和局部放大图。图 8.43 和图 8.44 分别展示了根据本节方法得到的一可视点的三维可视范围，以及区域风险。从结果中可以看到，对于单视点的模型计算，在实验区域内选择一个视点进行通视分析，根据通视强度综合分析的狙击风险评估模型，可以得到对于该视点存在狙击威胁的建筑，根据实际情况及可视化结果的分析，模型的结果准确，具有合理性。对于区域的狙击风险计算结果图，可以看到选择区域的

狙击威胁最高的 5 栋建筑，以及它们的可视范围，根据实际情况进行判断，可以认为模型是具有合理性的。

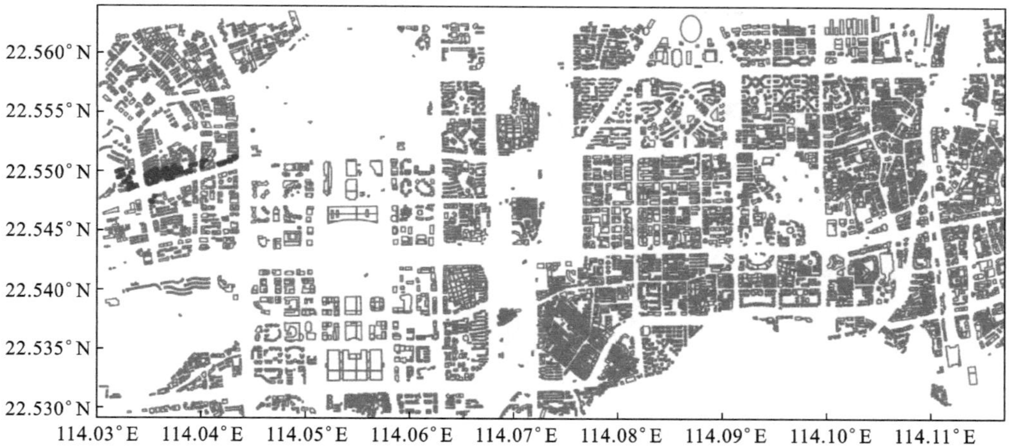

图 8.39　视点一通视范围图

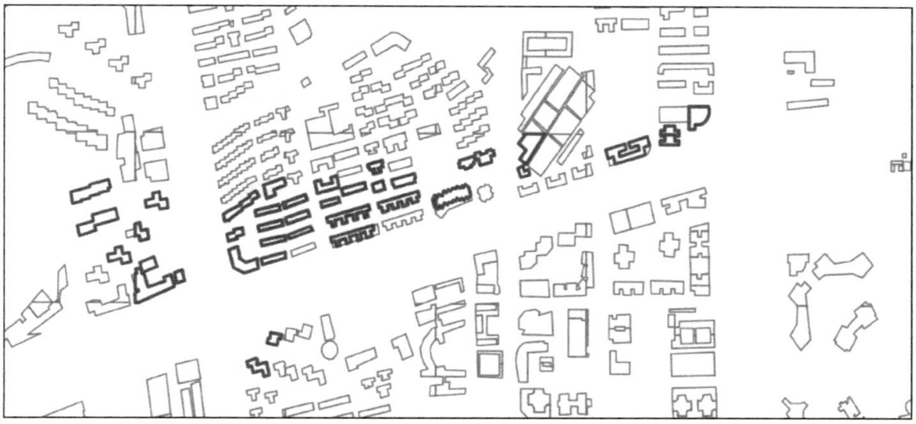
图 8.40　视点一通视范围局部放大图

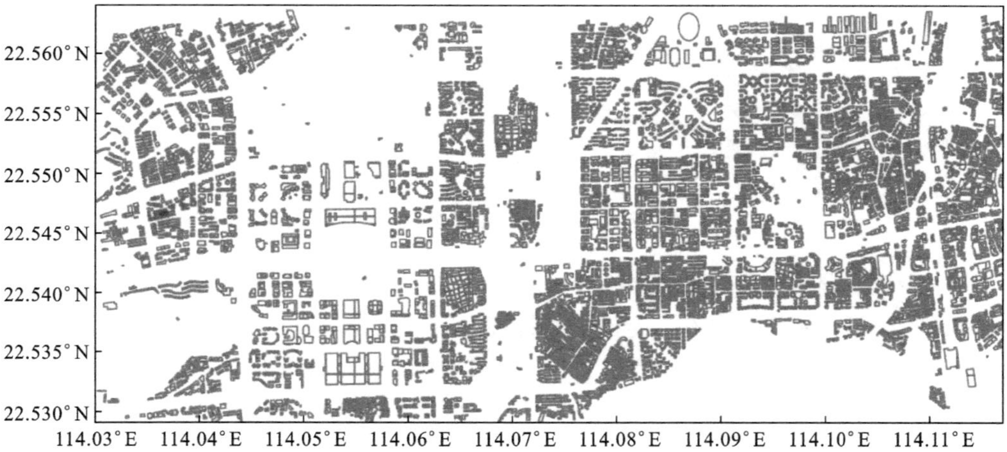

图 8.41　视点二通视范围图

图 8.42　视点二通视范围局部放大图

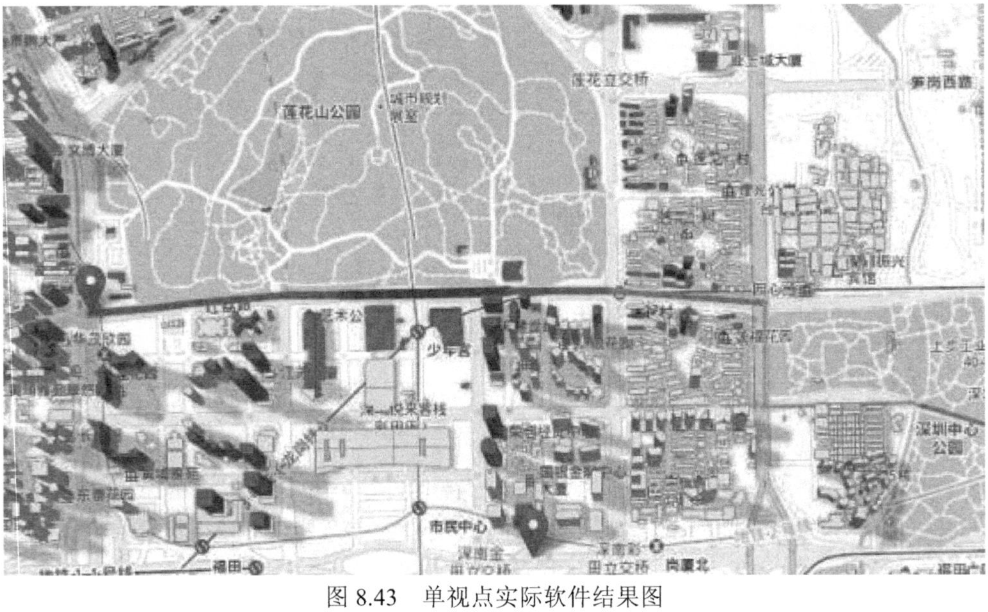

图 8.43　单视点实际软件结果图

进一步对比分析发现，现有的针对安保风险的模型方法未发现对城市地区的狙击风险进行分析的模型，本模型具有一定的创新性和可行性。现将基于 DEM 的视域分析方法应用在狙击风险的分析中，精度较低（30 m）的 DEM 数据无法适应城市地区的视域分析工作，结果无法准确定位，从而无法分析单视点和区域的狙击安保风险分析。精度较高（1～5 m）的 DEM 数据较难获取，根据其他地区的高精度 DEM 数据进行处理分析可以得知，大范围的视域分析耗时较长，从效率角度，本模型的矢量数据建模具有一定的优势。

图 8.44　区域风险软件结果图

8.4.2　基于加权 Dijkstra 算法的安全路径规划模型

道路是城市的重要组成部分，为城市不同的地区提供了连通性。在城市中移动需要依托路网的运输通行能力，合适的路径选择可以对安保风险的降低起到一定的影响。由于城市建筑物具有高程，结合狙击活动的威胁范围，对城市中的道路进行风险评估时，往往不能只是单一考虑地面的风险，还需要考虑可以看见道路的区域，例如高层建筑，这些区域往往会被忽略。因此基于通视强度综合分析方法的狙击风险评估模型对城市中的道路进行分析，结合道路的安保风险分析结果对道路段进行加权赋值，以此形成基于加权 Dijkstra 算法的安全路径规划模型，为安保辅助提供决策帮助。

1. 研究方法

首先对城市的路网按照一定的长度规则进行切割，得到的路段节点根据基于通视强度综合分析方法的狙击风险评估模型，对城市路网的每个节点进行风险度计算：

$$W_A = \sum_{i=0}^{k} w_i = \sum_{i=0}^{k} \mathrm{rh}_i \cdot \mathrm{area}_i \tag{8.34}$$

式中：rh_i 为可视建筑的可视高度；area_i 为建筑物的单层面积。

根据计算所得的区域路段风险值，基于道路视域风险的最低风险来进行合理的安保路径规划，主要包括以下步骤。

（1）对所有的节点构建两个集合 S 和 U。S 是记录已求出最短路径的节点包括权重最小路径的权重，此时的路径权重为该路段上节点风险之和：

$$w_{\mathrm{road}} = \sum_{j=0}^{m} w_j \tag{8.35}$$

式中：m 为路段上的节点个数；w_j 为单个节点的风险值。U 记录还未求出最短路径的顶点包括最短路径的权重。选择初始点 s 和终止点 e，开始 S 只包含起点 s，U 包含除 s 外的其他顶点，且 U 中顶点的权重距离为从初始点到该顶点的权重距离，不相邻则为 ∞。

（2）从 U 中选择距离最小权重的顶点 j，并将 j 从 U 中移除并添加至 S 中。更新 U 中各个顶点到初始点 s 的距离，确保经过 j 的顶点为权重最小的路径，并记录该路径所经过的顶点。

（3）重复步骤（2），直到所有的顶点遍历完成，即可得到由 s 至 e 的风险最小的路径及该路径的风险值。

Dijkstra 算法是经典的路径规划算法，已经在很多应用中证明了其可用性，基于安保风险的权重可以充分顾及路径过程中可能存在的风险对路径选择的影响，可以对城市内的安保风险防范提出专业的指导性意见和合理的建议。

2. 实验数据

实验数据包括建筑物轮廓数据、道路网。其中建筑物轮廓数据是城市中所有具有高程的建筑物的矢量数据，该数据包含所有建筑物的轮廓坐标和建筑物的层高即高程数据，是本模型所使用的关键数据。道路网数据为 OpenStreetMap 的矢量道路数据，包含道路的起始和长度信息。

3. 实验结果

图 8.45～图 8.48 分别展示了一城市区域中在路网约束下的全局安保风险热力图，以及三种安全路径规划。可以直观地根据热力图发现区域西南部分的风险较低，而东部城市中心的风险相对较高，东部区域城市内的建筑物密度高，人口分布集中，埋伏狙击事件一旦发生，将可能造成社会恐慌和巨大的经济损失，因此东部区域应当加强警力资源部署。

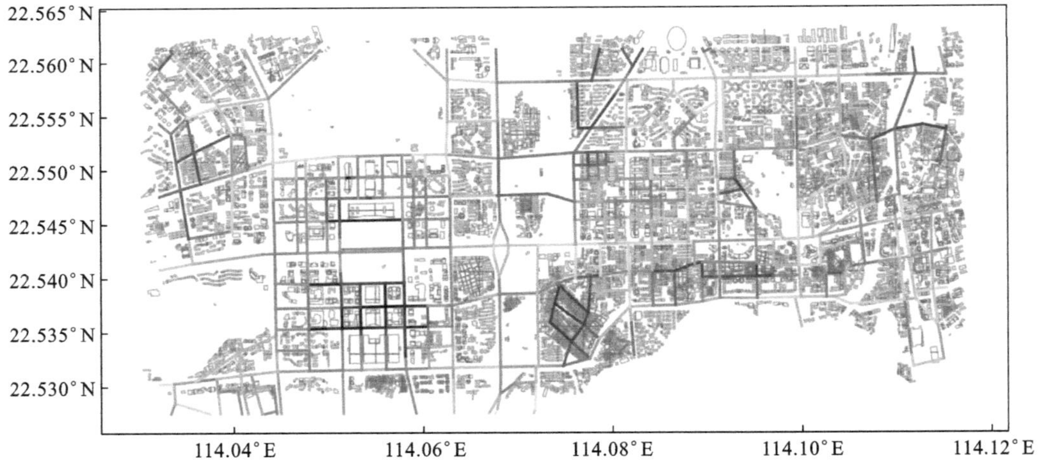

图 8.45　路网约束的全局安保风险热力图

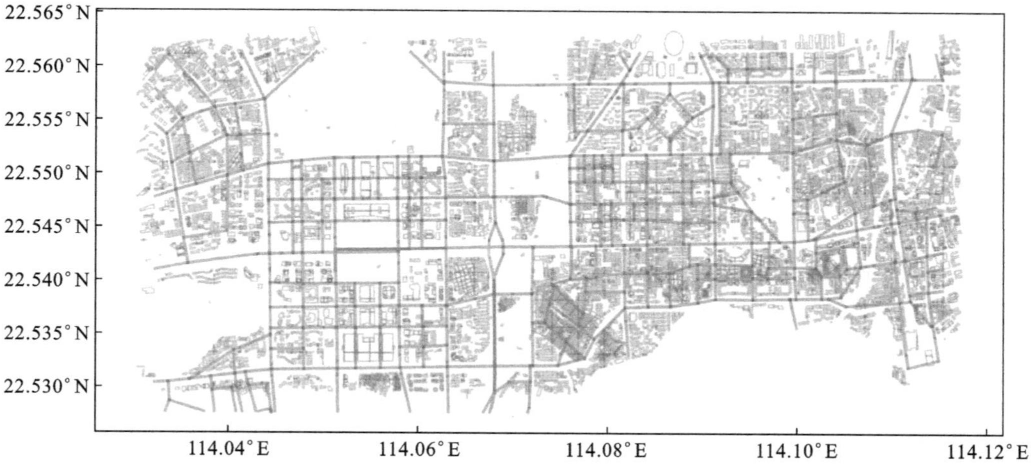

图 8.46　安全路径规划例一

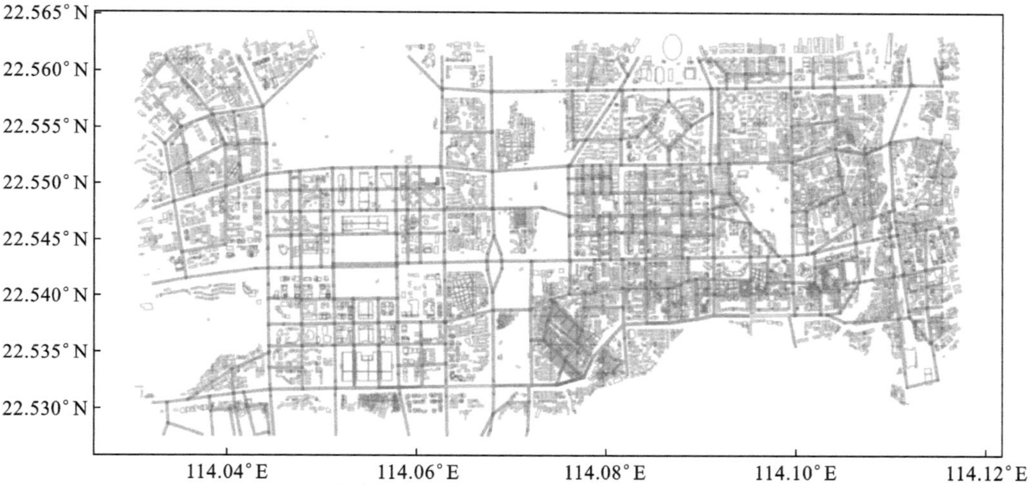

图 8.47　安全路径规划例二

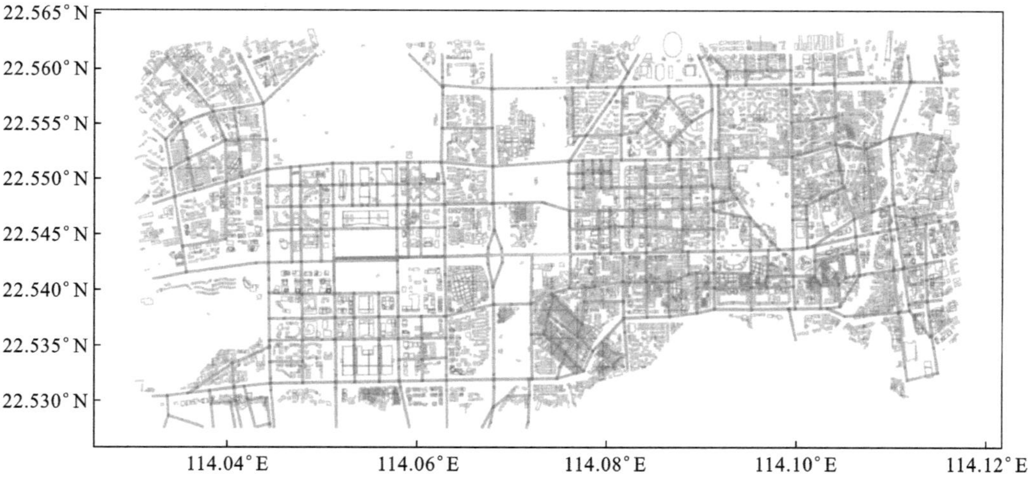

图 8.48　安全路径规划例三

进一步举例说明本模型的有效性，假设城市区域内火车站为初始点，会展中心为目标节点，在任意路口可以调头。据此，对于“火车站—会展中心”这一场景，路网距离约束下和风险值最小约束下最优路径分别如图 8.49 和图 8.50 所示。分析发现，图 8.49 中，在车辆行驶速度理想的状态下，从火车站到会展中心的距离为 6.4 km，距离约束模式下路径的安保风险值为 15.3（归一化结果），平均每百米 2.4 个风险单位；图 8.50 中，在安保风险模式约束下的路径距离为 7.1 km，风险值为 10.8，平均每百米 1.52 个风险单位。因此，本节所提模型实际应用效果优于传统基于距离约束的路径规划模型，对城市地区的安保规划具有一定的参考价值。

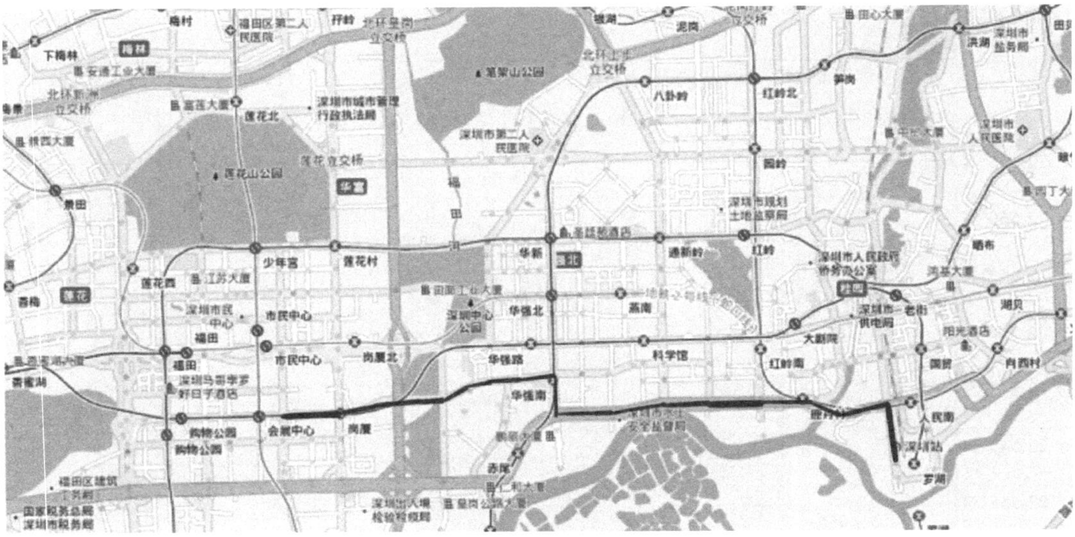

图 8.49　距离约束的最优路径

图 8.50　风险值约束的最优路径

8.5 化工厂爆炸事故安全风险分析

本节将提出基于遥感影像的化工厂爆炸事故影响评估与风险分析模型，通过遥感影像目视毁伤解译和 GIS 空间分析结合的方法构建爆炸损毁距离、毁伤程度与 TNT 当量的函数关系模型，并基于此模型对某化工厂进行爆炸损毁距离和建筑物毁伤程度预测模拟。预测结果可为相关政府部门的监测工作提供科学合理的监测范围与风险预估结果，避免化工厂爆炸造成重大人员伤亡和财产损失。

8.5.1 遥感影像变化信息提取与 GIS 空间分析

1. 数据来源

本节使用的数据主要包括历史化工厂爆炸事故的新闻报道资料和爆炸前后当地的卫星影像。

以下 6 件爆炸事故为本节研究的样本。

（1）训练样本：2015 年 8 月 12 日，天津市滨海新区天津港爆炸事故（训练样本 1）；2014 年 8 月 2 日，江苏省苏州市昆山市昆山经济技术开发区粉尘爆炸事故（训练样本 2）；2019 年 9 月 8 日，连云港市东海县张湾乡四营村爆炸事故（训练样本 3）；2019 年 3 月 21 日，江苏省盐城市响水县陈家港镇工业园区爆炸事故（训练样本 4）。

（2）检验样本：2018 年 11 月 28 日，河北省张家口市盛华化工有限公司爆炸事故（检验样本 1）；2020 年 8 月 4 日，黎巴嫩重大爆炸事故（检验样本 2）。

以上爆炸事故的新闻报道资料主要来自新华网、人民网、新京报、澎湃新闻等官方媒体渠道。爆炸前后的卫星遥感影像数据来自 BIGEMAP，截取以上 6 起爆炸事故发生前后当地的卫星影像，空间分辨率均为 96 dpi。

2. 遥感影像变化信息提取

1）建筑物倒塌评价指标体系及等级划分

由于不同建筑材料的耐高温性能和结构牢固程度不同，将同一爆炸事故中受损的建筑物按建筑结构分类讨论。

根据卫星影像，将化工厂爆炸波及范围内的建筑物归纳总结为两种不同结构类型建筑物：砖混结构建筑物、工业厂房。

（1）砖混结构建筑物空间尺度适中，几何形状大多数为矩形等规整的形状，屋顶大多为平顶，若是高楼层则阴影较长，颜色统一且大部分为水泥灰色。

（2）工业厂房主要为钢结构厂房，在遥感影像上一般表现为跨空间尺度较大，几何形状为规则的长矩形，屋顶为平面，大多用彩钢瓦覆盖，颜色以蓝色、白色为主。

建筑物损毁程度划分为两个等级：一级，建筑物完全倒塌；二级，建筑物部分倒塌。

2）基于目视解译的遥感影像变化信息提取

对同一爆炸事故前后两张高分辨率遥感影像进行比对和目视判读，判断建筑物类型和损毁程度等级。

3. 空间分析

空间分析的目的是从特定爆炸事故的高分辨率遥感影像中提取出 4 个数据，即两种建筑物不同损毁程度的最远距离。本小节主要运用叠加分析及距离分析，其中距离分析只分析点到点的直线距离。

获得建筑物的矢量图层，以遥感影像为底图，比对爆炸事故前后的遥感影像，在新矢量图层上勾勒损毁建筑物轮廓。录入目视判读得到的建筑物类型及损毁程度，通过 GIS 提取重心得到建筑单元的中心。

记录爆炸点位置，计算爆炸点到每个建筑物中心的直线距离，分别导出爆炸点到不同建筑类别和不同损毁程度的建筑物的 4 个表格，升序排列，去掉最高值，记为分级损毁距离的最终结果。

8.5.2 爆炸损毁距离模型构建

1. 基于 MATLAB 的模型拟合

将化工厂爆炸的威力用 TNT 当量数值化表示，并选取合适的爆炸模型来拟合分级损毁距离与 TNT 当量的函数关系。选定如下常规的炸药爆炸模型来拟合：

$$r_a = k_a \sqrt{W} \tag{8.36}$$

式中：r_a 为炸药爆炸对目标造成破坏的最大距离，即建筑物损毁最远距离；W 为 TNT 当量，t；k_a 为待求系数，其值与目标有关。

将 8.5.1 小节获取的分级损毁距离的 4 组最终结果数据导入 MATLAB 的工作空间。这 4 组参照数据分别代入上述炸药爆炸模型进行拟合，计算出 4 个 k_a 值。以工业厂房二级损毁为例，最终得到拟合图如图 8.51 所示。

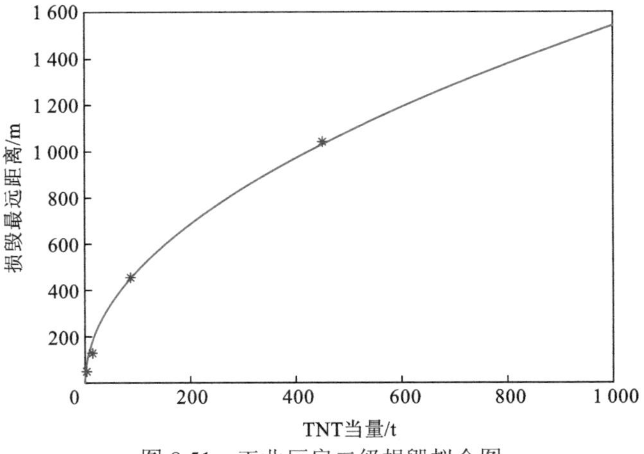

图 8.51　工业厂房二级损毁拟合图

图中横轴表示爆炸时产生的 TNT 当量，纵轴表示在该 TNT 爆炸当量下，工业厂房二级损毁最远距离。计算出来的 k_a 值为 48.81，95%的置信区间为（44.75，52.87）。

2. 模型评价

（1）工业厂房一级损毁：$r_a = 34.77\sqrt{W}$，拟合图如图 8.52 所示。

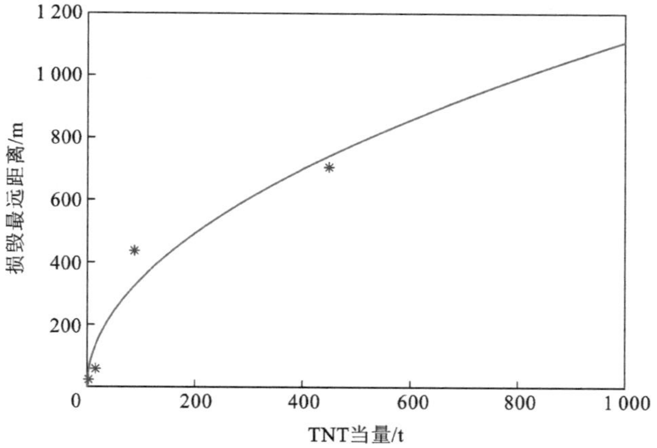

图 8.52　工业厂房一级损毁拟合图

（2）砖混结构建筑物二级损毁：$r_a = 26.45\sqrt{W}$，拟合图如图 8.53 所示。

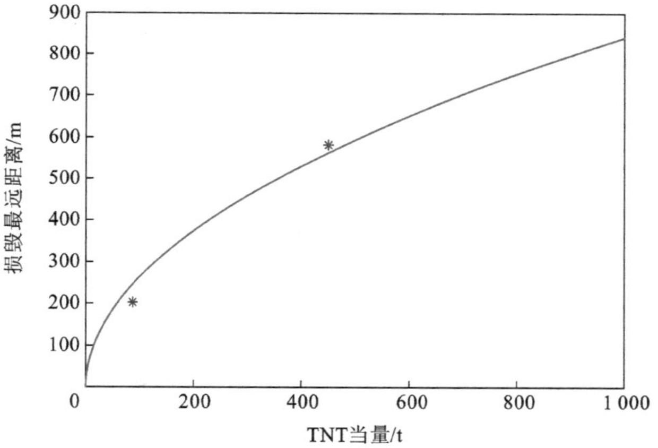

图 8.53　砖混结构建筑物二级损毁拟合图

（3）砖混结构建筑物一级损毁：$r_a = 21.76\sqrt{W}$，拟合图如图 8.54 所示。

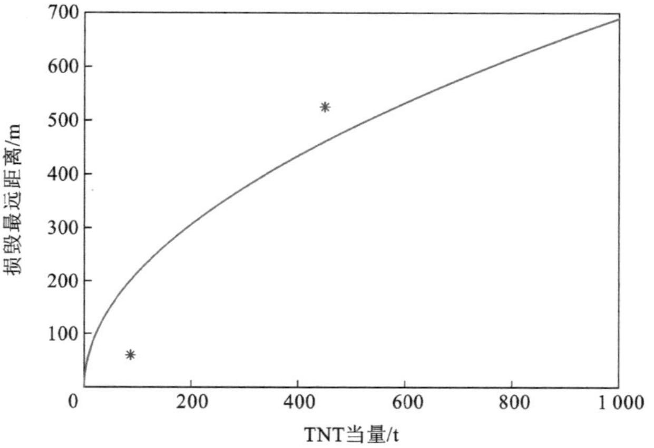

图 8.54　砖混结构建筑物一级损毁拟合图

不同TNT当量下训练样本的原始值、预测值、相对误差和平均相对误差如表8.13所示。

表8.13 训练样本误差表

项目		训练样本1	训练样本2	训练样本3	训练样本4	平均相对误差
TNT当量/t		450	1.6	14.15	87	—
工业厂房二级损毁	原始值/m	1 043.125	53.706	132.987	459.193	0.105 471 921
	预测值/m	1 035.416 46	61.740 309 04	183.606 066 9	455.269 371 6	
	相对误差	0.007 444 869	0.130 130 69	0.275 693 869	0.008 618 257	
工业厂房一级损毁	原始值/m	702.092	27.465	59.155	436.149	0.329 050 474
	预测值/m	737.583 083 5	43.980 957 7	130.792 520 9	324.312 969 7	
	相对误差	0.048 118 082	0.375 525 195	0.547 718 787	0.344 839 833	
混砖结构建筑物二级损毁	原始值/m	580.331	无	无	202.935	0.105 862 948
	预测值/m	561.089 230 9	无	无	246.709 176	
	相对误差	0.034 293 599	无	无	0.177 432 298	
混砖结构建筑物一级损毁	原始值/m	524.533	无	无	59.667	0.421 179 892
	预测值/m	461.599 306 8	无	无	202.963 768 2	
	相对误差	0.136 338 362	无	无	0.706 021 422	

注：绝对误差=|预测值-原始值|，相对误差=绝对误差/预测值，平均相对误差=Σ相对误差/个数

从4个模型的拟合图来看，爆炸损毁距离模型拟合效果较好，整体上没有出现太大的偏差；从相对误差来看，拟合精度不高，存在较大误差，特别是工业厂房一级和混砖结构建筑物一级，但在可接受的范围内。

利用两个检验样本检验模型预测精度，结果如图8.55～图8.58所示。

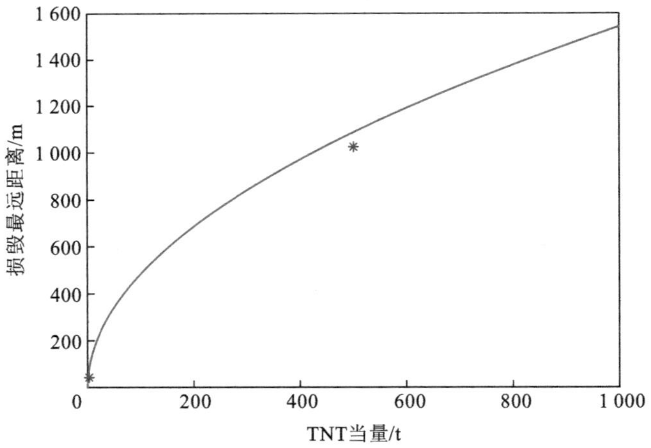

图8.55 工业厂房二级损毁预测图

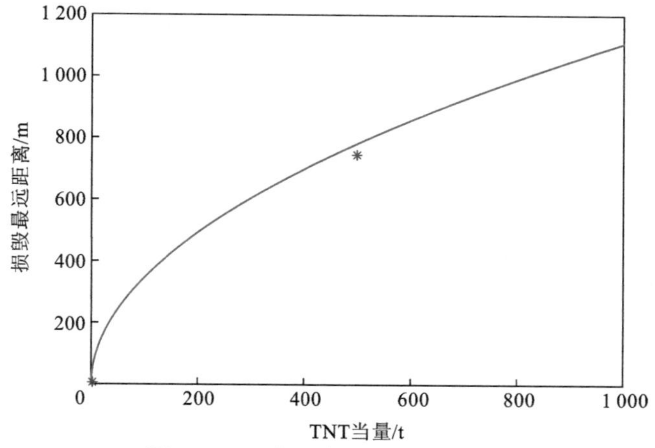

图 8.56　工业厂房一级损毁预测图

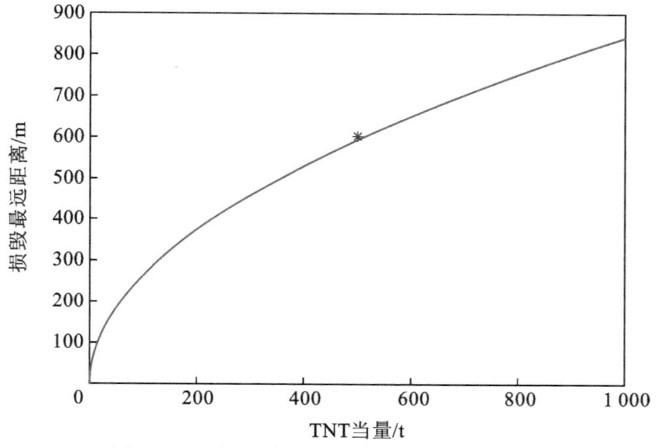

图 8.57　砖混结构建筑物二级损毁预测图

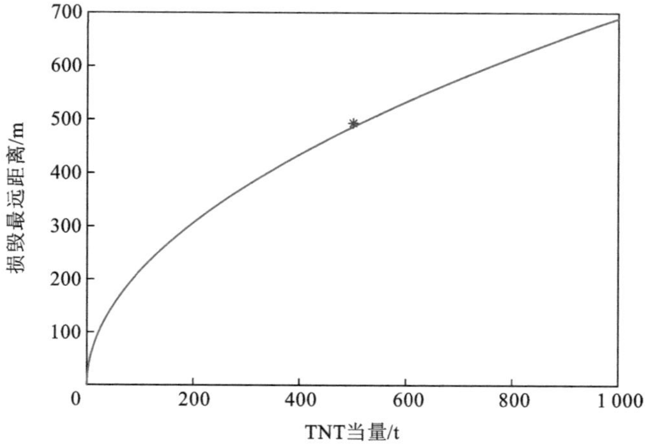

图 8.58　砖混结构建筑物一级损毁预测图

不同 TNT 当量下检验样本的原始值、预测值、相对误差、平均相对误差如表 8.14 所示。

表 8.14　检验样本误差表

项目		检验样本 1	检验样本 2	平均相对误差
TNT 当量/t		1	500	—
工业厂房二级损毁	原始值/m	43.303	1 027.008	0.085 923 028
	预测值/m	48.81	1 091.424 78	
	相对误差	0.112 825 241	0.059 020 815	
工业厂房一级损毁	原始值/m	10.798	744.950	0.365 643 129
	预测值/m	34.77	777.480 835 8	
	相对误差	0.689 444 924	0.041 841 335	
混砖结构建筑物二级损毁	原始值/m	无	602.144	0.018 098 235
	预测值/m	无	591.439 98	
	相对误差	无	0.018 098 235	
混砖结构建筑物一级损毁	原始值/m	无	491.981	0.011 124 044
	预测值/m	无	486.568 391 9	
	相对误差	无	0.011 124 044	

从预测图上看预测效果不错，预测值与原始值没有较大偏差。从相对误差上看，工业厂房一级损毁预测误差较大。其余预测结果误差均比较小，在可接受的范围内，相对误差不超过 50%。

模型拟合偏差较大和预测结果偏差较大的原因主要有三个。一是在构建模型时使用的样本数量较少。此次模型拟合的样本数量只有 4 个，数据量较少导致构建的模型精度不高，求出的置信区间较长。二是此次选用的爆炸模型参数较少，而化工厂爆炸是一个复杂的过程，爆炸波及范围不仅与当地的地形地貌、当时的风向风速等自然条件有关，还与附近楼层的建筑高度、结构有关。三是爆炸波及范围内建筑物密度不够大，或是建筑类型不齐全，从而导致损毁距离的取值出现偏差甚至没有数据。

总体上模型拟合效果较好，误差在可接受的范围内。

3. 人员伤亡估计

以冲击波对人员的毁伤作用作为结构机能毁伤的依据。根据爆炸事故伤害效应指标的分析，取在冲击波作用下头部撞击致死半径为死亡半径，在冲击波作用下 50%耳鼓膜破裂半径为重伤半径，在爆炸波作用下 1%耳鼓膜破裂半径为轻伤半径，计算公式如下：

死亡半径

$$R_1=0.961W^{0.429} \tag{8.37}$$

重伤半径

$$R_2=4.774W^{0.332} \tag{8.38}$$

轻伤半径

$$R_3=1.8R_2 \tag{8.39}$$

式中：R_1、R_2、R_3 为人员毁伤半径，m；W 为炸药质量，kg。

样本的人员伤亡估计如表 8.15 所示。

表 8.15　人员伤亡估计表

项目	训练样本 1	训练样本 2	训练样本 3	训练样本 4	检验样本 1	检验样本 2
TNT 当量/t	450	1.6	14.15	87	1	500
死亡半径/m	255.830 050 2	22.766 216 43	57.995 981 2	126.408 753	18.609 015 07	267.658 795 7
重伤半径/m	359.541 453	55.290 465 83	114.007 534 2	208.354 462 5	47.302 317 05	372.340 653
轻伤半径/m	647.174 615 5	99.522 838 49	205.213 561 6	375.038 032 5	85.144 170 69	670.213 175 5

8.5.3　化工厂爆炸事故仿真模拟

1. 参数设置

通过相关专业人士的计算与评估，可以得到某化工厂发生爆炸事故对应的最大 TNT 当量，以 300 t TNT 当量为例（图 8.59）。

图 8.59　输入 TNT 当量

2. 评估结果

1）建筑物损毁预测

严重损毁（一级）为红色、轻度损毁（二级）为粉色；厂房范围界限为实线、水泥建筑为虚线（图 8.60）。

图 8.60　建筑物损毁预测图

扫封底二维码见彩图

2）人员伤亡情况估计

死亡半径为红色、重伤半径为粉色、轻伤半径为绿色（图 8.61）。

图 8.61　人员伤亡估计图

3）预测结果下载

图 8.62 为某化工厂爆炸预测导出文件。

某化工厂预测.txt - 记事本
文件(F) 编辑(E) 格式(O) 查看(V) 帮助(H)
TNT当量/t:100
爆炸点坐标:
经度:121.28307117170134
纬度:30.7301518473215
厂房:
轻级损毁区域半径/m:488.1
严重损毁区域半径/m:347.70000000000005
水泥建筑:
轻级损毁区域半径/m:264.5
严重损毁区域半径/m:217.60000000000002
人员伤亡半径
死亡半径/m:6.929842874947665
重伤半径/m:22.02330100951251
轻伤半径/m:39.64194181712252
第 1 行，第 1 列 100% Windows (CRLF) ANSI

图 8.62　某化工厂爆炸预测导出文件

3. 分析评价

由预测结果可知，在同等 TNT 当量的情况下，砖混结构建筑物的损毁范围比工业厂房的损毁范围小得多，砖混结构建筑较之工业厂房结构更加坚固不易损坏。以某化工厂为例，对化学药品等重大危险源进行安全监测与风险评估，该预测结果为相关政府部门的监测工作提供科学合理的监测范围与风险预估结果，为工厂选址、房地产开发等建设提供决策依据，避免化工厂爆炸造成重大人员伤亡和财产损失。

8.5.4　结果分析

现有的化工厂爆炸事故影响评估和风险分析的研究方法，通常需要进行实地调研，要耗费大量人力、物力和财力，本节的研究方法在保证误差在可接受范围的前提下，实现了通过爆炸前后的遥感影像对比和目视解译快速提取较为准确的爆炸造成的建筑物的损毁信息用于构建爆炸模型而无须进行实地调研，节省了大量人力、物力和财力；同时节省时间，提高了工作效率。虽然本节中使用的遥感信息提取方法和爆炸模型构建方法都较为简单，但是该方法的顺利应用证实了遥感影像信息提取方法和爆炸模型构建方法结合应用的可行性，为之后的研究提供方向，相信通过进一步优化方法，一定能更快更好地实现对化工厂爆炸事故的影响评估和风险分析。

参考文献

陈鹏, 瞿珂, 陈刚, 等, 2018. 反恐背景下的个人特征数据构成与涉恐个体的挖掘分析. 情报杂志, 37(4): 38-41.

陈清光, 陈国华, 段伟利, 等, 2014. 基于免疫机理的化工园区安全生产预警预测模型研究. 高校化学工程学报, 28(3): 626-633.

顾险峰, 2016. 人工智能中的联结主义和符号主义. 科技导报, 34(7): 20-25.

郭纯平, 2011. 新世纪国内群体性事件研究. 北京: 中国社会科学院研究生院.

侯北平, 朱文, 马连伟, 等, 2010. 基于形状特征的移动目标实时分类研究. 仪器仪表学报, 31(8): 1819-1825.

胡凤苓, 孙少超, 2015. 智能视频监控中的群体异常事件检测研究. 公安海警学院学报, 14(4): 75-77.

胡潇, 2016. 社会行为不确定性的认识论解析. 中国社会科学(11): 70-86, 206-207.

焦李成, 杨淑媛, 刘芳, 等, 2016. 神经网络七十年: 回顾与展望. 计算机学报, 39(8): 1697-1716.

李希若, 2016. 中东恐怖活动态势及其根源探析. 党建(2): 63-65.

李寅, 王贵锦, 林行刚, 2013. 结合局部和全局特征的人群密度估计算法. 清华大学学报(自然科学版), 53(4): 542-545.

刘威, 唐常杰, 乔少杰, 等, 2007. 基于概念邮件系统的犯罪数据挖掘新方法. 计算机科学, 34(2): 213-215.

刘知远, 孙茂松, 林衍凯, 等, 2016. 知识表示学习研究进展. 计算机研究与发展, 53(2): 247-261.

毛振军, 郭杰, 2010. 非法集会、游行、示威存在的风险与成因及对策. 新疆警察学院学报, 30(1): 14-18.

覃勋辉, 王修飞, 周曦, 2013. 多种人群密度场景下的人群计数. 中国图象图形学报, 18(4): 392-398.

苏丽, 孙雨鑫, 苑守正, 2022. 基于深度学习的实例分割研究综述. 智能系统学报, 17(1): 1-15.

眭海刚, 冯文卿, 李文卓, 等, 2018. 多时相遥感影像变化检测方法综述. 武汉大学学报(信息科学版), 43(12): 1885-1898.

王锦, 2007. 监控视频中异常事件检测方法研究. 武汉: 华中科技大学.

王凯, 2017. 基于深度学习的英文事件抽取研究. 苏州: 苏州大学.

王雅琳, 2013. 基于灰度共生矩阵的人群密度估计算法研究. 西安: 西安科技大学.

魏玖长, 韦玉芳, 周磊, 2011. 群体性突发事件中群体行为的演化态势研究. 电子科技大学学报(社科版), 13(6): 25-30.

吴群, 王田, 王汉武, 2016. 现代智能视频监控研究综述. 计算机应用研究, 33(6): 1601-1606.

游鹏飞, 寇玮华, 2008. 浅析墨菲定律及海因里希法则对控制事故的作用. 安全、健康和环境(8): 14-15.

战兵, 韩锐, 2015. 基于隐马尔可夫的恐怖事件预测模型. 解放军理工大学学报(自然科学版), 16(4): 386-393.

张兵, 2016. 智能视频监控中人群密度分析及突发异常行为检测. 北京: 北京交通大学.

张朋跃, 张良, 2015. 结合光流法与信息熵的人群状态分析. 信号处理, 31(9): 1101-1105.

张青松，刘金兰，赵国敏，2008. 人群拥挤踩踏事故后果微观建模及模拟分析. 安全与环境学报，8(4): 164-168.
张青松，刘金兰，赵国敏，2009. 大型公共场所人群拥挤踩踏事故机理初探. 自然灾害学报，18(6): 81-86.
张赛宜, 2018. 群体性事件形成过程的社会心理学分析. 政法学刊, 35(3): 114-1121.
赵捷, 2015. 图像特征提取与语义分析. 重庆：重庆大学出版社.
周剑峰，曾静，2010. 基于时间序列相似性分析的管道风险评估权重设置方法研究. 石油工程建设，36(1): 1-4, 7.
周相坤，陈扬帆，王帅响，2016. 反恐情报中恐怖分子个人数据运用研究. 中国公共安全(学术版) (3): 18-21.
朱继召，乔建忠，林树宽，2018. 表示学习知识图谱的实体对齐算法. 东北大学学报(自然科学版), 39(11): 1535-1537.
ALI S, SHAH M, 2007. A Lagrangian particle dynamics approach for crowd flow segmentation and stability analysis. 2007 IEEE Conference on Computer Vision and Pattern Recognition: 1-6.
ANDRADE E L, BLUNSDEN S, 2006. Modelling crowd scenes for event detection. 18th International Conference on Pattern Recognition: 175-178.
BERNERS-LEE T, CONNOLLY D, KAGAL L, et al., 2008. N3Logic: A logical framework for the World Wide Web. Theory and Practice of Logic Programming, 8(3): 249-269.
BORDES A, USUNIER N, ALBERTO GARCIA-DURAN, 2013. Translating embeddings for modeling multi-relational data. Proceedings of the 26th International Conference on Neural Information Processing Systems, 2: 2787-2795.
CHEN H, ZHAO X, WANG T, 2016. Spatial-temporal context-aware abnormal event detection based on incremental sparse combination learning. 2016 12th World Congress on Intelligent Control and Automation: 640-644.
CHEN H R X, WU C, DU B, et al., 2020. Change detection in multisource VHR images via deep siamese convolutional multiple-layers recurrent neural network. IEEE Transactions on Geoscience and Remote Sensing, 58(4): 2848-2864.
CONG Y, YUAN J, LIU J, 2011. Sparse reconstruction cost for abnormal event detection. 2011 IEEE Conference on Computer Vision and Pattern Recognition: 3449-3456.
DAN X, RUI S, WU X, 2014. Video anomaly detection based on a hierarchical activity discovery within spatio-temporal contexts. Neurocomputing, 143(16): 144-152.
DONG X, XIN X, GUO P, 2019. Chinese NER by span-level self-attention. 15th International Conference on Computational Intelligence and Security (CIS): 68-72.
FRUIN J J, 1985. Crowd dynamics and the design and management of public places. International Conference on Building Use and Safety Technology: 110-113.
GUNDUZ A E, ONGUN C, TEMIZEL T T, 2016. Density aware anomaly detection in crowded scenes. IET Computer Vision, 10(5): 374-381.
HAN Z, GUO Y, LI T, 2019. Multifeature named entity recognition in information security based on adversarial learning. Security and Communication Networks(2): 1-9.

HOCHREITE S, SCHMIDHUBER J, 1997. Long short-term memory. Neural Computation, 98(8): 1735-1780.

HUANG X, LIU X B, ZHANG L P, 2014. A multichannel gray level co-occurrence matrix for multi/hyperspectral image texture representation. Remote Sensing, 6(9): 8424-8445.

HUGHES R L, 2002. A continuum theory for the flow of pedestrians. Transportation Research Part B: Methodological, 36(6): 507-535.

KIM J, MAHMASSANI H S, 2015. Spatial and temporal characterization of travel patterns in a traffic network using vehicle trajectories. Transportation Research Part C: Emerging Technologies, 59C(Oct.): 375-390.

KRATZ L, NISHINO K, 2009. Anomaly detection in extremely crowded scenes using spatio-temporal motion pattern models. IEEE Conference on Computer Vision and Pattern Recognition: 1446-1453.

KRUMM J, HORVITZ E, 2006. Predestination: Inferring destinations from partial trajectories. Proceedings of the 8th International Conference on Ubiquitous Computing: 243-260.

LERTNIPHONPHAN K, ARAMVITH S, CHALIDABHONGSE T H, 2011. Human action recognition using direction histograms of optical flow. 11th International Symposium on Communications & Information Technologies: 574-579.

LI L, WANG C, ZHANG H, et al., 2019. Urban building change detection in sar images using combined differential image and residual U-Net network. Remote Sensing, 11(9): 1091.

LIAO F, MA L, YANG D, 2019. Research on construction method of knowledge graph of us military equipment based on Bi-LSTM model. International Conference on High Performance Big Data and Intelligent Systems (HPBD&IS): 146-150.

MAURY B, ROUDNEFF-CHUPIN A, SANTAMBROGIO F, 2010. A macroscopic crowd motion model of gradient flow type. Mathematical Models and Methods in Applied Sciences, 20(10): 1787-1821.

MATHEW W, RAPOSO R, MARTINS B, 2012. Predicting future locations with hidden Markov models. Proceedings of the 2012 ACM Conference on Ubiquitous Computing. New York: Association for Computing Machinery: 1-10.

MEHRAN R, OYAMA A, SHAH M, 2009. Abnormal crowd behavior detection using social force model. IEEE Conference on Computer Vision and Pattern Recognition: 935-942.

MIKOLOV T, CHEN K, CORRADO G, et al., 2013. Efficient estimation of word representations in vector space. Computer Science, arXiv: 1301.3781v3.

OLSON M, 2009. The logic of collective action. Cambridge: Harvard University Press.

PANG S Y, HU X Y, CAI Z L, et al., 2018. Building change detection from bi-temporal dense-matching point clouds and aerial images. Sensors, 18(4): 966.

QIAO S J, LI T R, HAN N, et al., 2015. Self-Adaptive trajectory prediction model for moving objects in big data environment. ACM Sigcomm Computer Communication Review, 26(11): 2869-2883.

SOLORZANO J V, GALLARDO-CRUZ J A, GONZALEZ E J, et al., 2018. Contrasting the potential of Fourier transformed ordination and gray level co-occurrence matrix textures to model a tropical swamp forest's structural and diversity attributes. Journal of Applied Remote Sensing, 12(3): 036006.

TUNG F, ZELEK J S, CLAUSI D A, 2011. Goal-based trajectory analysis for unusual behaviour detection in intelligent surveillance. Image and Vision Computing, 29(4): 230-240.

WANG B, ZHANG D, ZHANG D, et al., 2017. Deep learning for real time crime forecasting. Chinese Annals of Mathematics: 1-15.

WANG D, KWOK N M, JIA X, 2010. A cellular automata based crowd behavior model. Proceedings of the 2010 International Conference on Artificial Intelligence and Computational Intelligence: 218-225.

WANG H W, ZHANG F Z, XIE X, 2018. DKN: Deep knowledge-aware network for news recommendation. 27th International World Wide Web: 1835-1844.

WANG H W, ZHANG F Z, ZHAO M, 2019. Multi-task feature learning for knowledge graph enhanced recommendation. Proceedings of the World Wide Web Conference: 2000-2010.

WANG W T, WU Y L, TANG C Y, et al., 2015. Adaptive density-based spatial clustering of applications with noise (DBSCAN)according to data. International Conference on Machine Learning and Cybernetics: 1.

WESLEY M, RUBEN R, BRUNO M, 2012. Predicting future locations with hidden Markov models. Proceedings of the 2012 ACM Conference on Ubiquitous Computing: 1-10.

ZENG L, XU X, CAI B, 2017. Multi-scale convolutional neural networks for crowd counting. IEEE International Conference on Image Processing: 465-469.

ZHANG F Z, YUAN N J, LIAN D F, 2016. Collaborative knowledge base embedding for recommender systems. Proceedings of the ACM SIGKDD International Conference on Knowledge Discovery and Data Mining: 353-362.

ZHANG X J, LIU Z T, LIU W, 2013. Chinese event classification for event ontology construction. Journal of Computational Information Systems, 9(9): 3511-3519.

ZHENG Y, LI X G, JIA B, 2019. Simulation of pedestrian's evacuation dynamics with underground flood spreading based on cellular automaton. Simulation Modelling Practice and Theory: 94149-94161.

ZHONG H, SHI J, VISONTAI M, 2004. Detecting unusual activity in video. Proceedings of the 2004 IEEE Computer Society Conference on Computer Vision and Pattern Recognition, 1: 8.